JUNE SOMMER STRASK

FANDENS FRILLER
HEKSENE VED DOMENFJELL

June Sommer Strask

FANDENS FRILLER
HEKSENE VED DOMENFJELL

Harbine- forlaget

© Barbmo-forlaget
Trykk og innbinding: CreateSpace, USA
Skrift: Baskerville, 12 pkt, 80 g
Omslagsdesign: Raino Sommer,
DEJAWOLF INDEPENDENT ART Sommer
ISBN 978-82-999214-2-8
    2   utgave 2018
    2. opplag 2018

PROLOG

Lenge etter at folket fikk forlate bålplassen, sev røyken fra bålet opp og spredde seg med vinden.

To småjenter, Ingeborg og Karen mistet sin mor og Iver sin gode kone, en høstdag i september.

Bålet var reist. En av slottssoldatene gikk fram og stakk den brennende fakkelen inn mellom treverket. Folk trakk seg unna da varmen økte i intensitet. De var møtt opp for å se Maren Sigvalds-datter få sin straff for trolldommen hun hadde utført. De som ikke møtte opp på Steilneset når bålet var klart, ble dømt til kraftige bøter, og hvisket om. Året før hadde de brent tjuetre kvinner.

Da Maren var godt knyttet fast til stigen, reiste soldatene den og kastet den inn mot flammene. Gnistfokket eksploderte og Dorthe skrek så høyt at det nesten overdøvde morens smertebrøl fra flammene.

Hun rev seg løs og stormet mot flammene. Noen av de voksne som sto nærmest, fanget henne. Lille Karen ropte på mamma. Hennes egen gode mamma. Armene og beina veivet i lufta. Hun spente den lille kroppen til den sto i en stram bue og ga det hun hadde av lyd. Gang på gang.

– Mamma, mamma, ikke dø!

Etter at morens skrik var stilnet og bare lukten av svidd kjøtt og stumhet var igjen, fortsatte lille Karen å skrike.

Kvinnene gråt med henne og det andre barnet, som klynget seg til faren.

Iver bare sto der. Med innsunket ansikt holdt han rundt barna sine. Han var nå en heksemann, og de små var heksebarn. Utstøtt av fellesskapet. Noen år senere ble de samme jentene anklaget for trolldom.

Jeg har lagt vekt på å følge de historiske fakta tett. Rettsdokumentene fra 1600-tallet i Finnmark er mange og detaljerte, men likevel ikke komplette. Man må regne med at det finnes mørketall, fordi det finnes perioder i protokollene uten et eneste dokument. Elli Jonsdatter, Nils, hennes mann og Sirri er skjebner fra mørketallene. De andre som er beskrevet i boka er personer fra protokollene. Likeså med Anna og Ambrosius Rhodius. Deres skjebne i denne boka ligger tett på Anna og Ambrosius' egne brev og rettsdokumenter.

Stor takk til professor Jole Shackelford, St. Paul, Minnesota. Hans arbeid med Anna Rhodius' skjebne, *A reappraisal of Anna Rhodius'*, og hans velvillighet til å dele dette arbeidet med meg, åpnet mine øyne for en annen sannhet enn det bildet tidligere tiders historikere har tildelt henne.

Forfatteren, desember 2017

DEL ÉN

1
SENJA 1642

Duften av nyslått gress sydet rundt 17 år gamle Elli der hun raket sammen den saftige massen og hesjet etter hvert som faren slo. Elli tenkte på John, det gjorde hun dag og natt, såfremt hun hadde et ledig øyeblikk. Hadde faren vært litt medgjørlig, hadde de giftet seg for lengst og flyttet til den andre sida av fjellet. Hele vinteren hadde hun mast.

Men faren var steil. Foreldrene til John eide ikke jord, men de eide et lite hus og det var plass til dem der. De trengte bare ei seng, og mange par startet hjemme hos foreldrene. De siste årene hadde vært vanskelige for alle. Uvær ga dårlig fiske, og regn og kulde gjorde livet hustrig og grøden bitter. Men nå hadde sola skint i flere dager.

– Du, Elli? Det var farens stemme.

Hun hadde vært langt borte i egne tanker og skvatt til da han snakket. Hun snudde seg og så opp på ham. Blikket hans vek unna. Typisk. Nå skulle han fortelle noe hun ikke ville høre. Faren vippet sommerlua bakover og klødde seg på issen, der bare noen trassige strå holdt stand. Elli ventet.

– Vil du reise bort på arbeid – til Finnmark? Ja, istedenfor å gå her hjemme og halvsulte? mener jeg.

Elli svarte ikke, sto bare der i det nyslåtte, dampende gresset og så på ham. Faren unngikk blikket, la hånda lett på hodet hennes og strøk nedover. Det var lenge siden han hadde rørt henne slik, om noen gang.

– Lille jenta mi, sa han og strøk en gang til. Tok tak i noen løse strå og nappet ertende. – Jeg vil bare det beste for deg.

Elli trakk seg unna. Finnmark, hvorfor sa han det når han visste hva hun ønsket seg mest i livet.

«Lille jenta mi», det hadde han kalt henne siden mora døde for mange år siden. Da hun ennå var så lita at hun gledet seg over å lete opp små søkk i bakken med tynne ishinner over. Og fryde seg over de skjøre knekkene når isen sprakk under hælen. «Lille jenta mi» sa han også hver gang han reiste på fiske og lot henne være hos naboen. Til naboen døde, og faren giftet seg med kona hans.

Før de giftet seg tok han Elli for seg og fortalte at nå kom det ei ny mor til gårds. Det gjorde det ikke. Det kom ei kvinne, og med henne fulgte en ettåring, en gutt. Etter mange år, forrige sommer, fikk hun ei lillesøster. Og nå ville han sende henne til Finnmark. Alene. Til det karrige landet langt oppe i nord som hun bare hadde hørt om. Elli kikket opp på faren og inn i det brune blikket. Lette rundt i det solsvidde ansiktet, men ble ikke klokere.

– Du får tenke på det, sa han og gikk.

Faren hadde vært mild i stemmen, men Elli forsto at det kom til å bli en hard kamp å slippe å reise.

Den breie, korte skikkelsen forsvant bortover jordet, mot ljåen, som hang trygt i toppen på ei såte. Lukta av nyslått gress smøg seg rundt henne, men Elli var som kastet ut i åpent hav og hadde nok med å holde hodet over vann. Hun slapp riva, samlet skjørtet rundt beina og la seg ned på den solvarme bakken. Rett ut, med lukkede øyne. Etter ei stund la hun hendene under nakken og så opp mot den blå himmelen.

– Er det din vilje Gud, at jeg skal reise til Finnmark? Gir du meg et tegn på at det er slik, så drar jeg med en gang, hvisket hun. Men himmelen var like blå og skyfri.

Hun hadde aldri tenkt tanken engang, å reise og bli borte i flere år. Hun ville bare være med til Bergen og hjem igjen når tørrfisken var solgt og vinterens nødvendigheter innkjøpt, men det fikk hun ikke. Bergensturene kunne vare i uker og måneder. Tørrfisken skulle selges og om været viste vrangsida, var det bare å legge seg til og vente. Men gikk alt greit var faren hjemme etter noen uker, slik var det i fjor. Faren kom hjem strålende fornøyd og la en bit mykt brød, lett som det fineste andedun, i handa hennes.

– Bakt av ren hvete, sa han og struttet av stolthet. Han klarte ikke å skjule den. Han sto med hendene i sidene, ristet på hodet og lo.

– Alt hva jeg har opplevd. Alt hva jeg har sett i den Bergensbyen. Det er ikke til å tro. Husene er høye som, ja, som Kjerringfjellet. Gatene er så trange at en må ha sultet en halv vinter for å klare å presse seg gjennom dem. Og markedene er så svære at du kan ende med å rote rundt som en villrein hele dagen. Og så fintfolket, da; de sprader rundt i klær av den reneste silke. Han tidde et øyeblikk og rynken mellom øyenbrynene ble til et dypt søkk.

– Men det er også fælt der. Utsultede fattigfolk boret fingrene sine i meg da jeg ville gå forbi dem, og tigget om en bit brød. Og tenk, ei prestekone som var ei trollkjerring, hadde giftet seg med en stakkars prest for å skjule ondskapen. Heldigvis ble hun avslørt og kastet på bålet. Jeg var der da de brente henne. Det var fælt, men stanken av brent menneske var verst. Han ristet flere ganger på hodet før han klarte å si mer.

 – Men hun var jo et av Fandens legemer, det sa de der nede, det var jo rett å bli kvitt slikt.

13

Rynken glattet seg ut igjen da han husket de stille morgentimene i Bergen. Da bølgene slo forsiktig mot bryggekanten og trossene knirket rundt jernboltene.

Men Elli fikk aldri være med lengre enn til handelsstedet, som lå rundt neste nes. Og hun husket første gangen. Hun hadde ikke vært gamle jenta da hun og faren rodde utover fjorden på blikkstille hav. Ute i fjordgapet så Elli for første gang storhavet skubbe over flate odder og små skjær. Verden ble uendelig mye større den dagen. Synet og lukta av storhavet gjorde henne glad og forventningsfull og hun så seg sulten på linja langt der borte, der hav og himmel møttes, og drømte om at hun en gang skulle reise dit.

Noen ganger mens de rodde, gikk bølgene høye og drømmene måtte vike for arbeidet med å holde seg fast. Hjemme mellom de høye fjellene og i den smale fjordarmen var verden liten, trang og mørk.

På handelsstedet møtte hun John for første gang. Han var sønn av farens søskenbarn, og ble en av grunnene til at Elli alltid var først om bord i båten når de skulle dit. De to ble venner fra det første møtet og hver gang båten ankom handelstedet hoppet hun i land og løp rett hjem til John og familien.

De brukte all ledig tid sammen. Han viste henne sitt hemmelige sted der han oppbevarte små skatter som han hadde funnet i fjæra. Et fint lokk i ekte metall, med mønster som snirklet seg rundt. Biter av farget glass som en kunne se på sola gjennom. John ble en viktig del av livet. Etter som de ble eldre fikk de mindre og mindre anledning til å være sammen alene. Faren var som en hauk etter henne og lot henne aldri være lenge alene.

Da Elli var tretten og John femten, fridde han på det hemmelige stedet. De hadde sett hverandre inn i øynene og visst at de skulle leve sammen livet ut. De måtte bare vente noen år til.

Gjennom lange vintre svermet Ellis tanker om det firskårne ansiktet med de tettsittende, mørke øynene til John. En sjelden gang fikk de ei stund for seg selv. Da grep han hånden hennes og ga den et ørlite trykk. Varmen fra den breie neven fylte henne med forventning, og hun levde på den til neste møte. John var arbeidsom og gavmild og hadde alltid en liten gave til Elli, ei tørrfisksperre eller en fargerik tøybit.

Elli satte seg opp og hvilte øynene på fjellene som skilte fjorden fra resten av verden. Kjerringfjellet til høyre og Gubbefjellet til venstre. Hele barndommen hadde hun levd med et inderlig ønske om at kjerringa en dag skulle reise seg. Krabbe nedover fjellsida og komme trampende på besøk. Bestemora hadde ofte fortalt om skapningene som levde før, men som var blitt til stein fordi noe skjedde. Slik var det også med fjellene Gubben og Kjerringa.

– Gubben var en gjerrigknark, sa bestemora.

– Han unte ikke kjerringa noe som helst. Derfor rømte hun en dag til fjells og la seg i skjul oppe på fjelltoppen, med full oversikt over sletta. Der oppe kunne hun ligge og kikke ned på gubben. Dessverre lå kjerringa så lenge der oppe at hun ble til stein. Livet til Gubben stoppet helt opp uten henne, og derfor ble han også til stein.

Bestemora hadde pekt ut Kjerringa og Gubben for henne. I et glimt husket hun bestemoras smil og seg selv hoppende opp og ned i barnslig glede da hun så dem.

– Bestemor, jeg ser henne! Jeg ser kjerringa der oppe, hadde hun ropt. Kjerringa lå på fjelltoppen, med smørsida til værs. Gubben så hun bare det sure ansiktet på. Nesen var lang og krokete og munnen halvåpen. En hel verden hadde åpnet seg for henne og etter at hun først hadde sett dem, kikket hun opp i fjellene hver dag.

Kanskje en dag ville fjellene igjen røre seg? Hele barndommen hadde hun håpet det. Men etter hvert som hun ble eldre, grøsset hun ved tanken.

Bestemora døde for syv år siden og savnet var som et evig sug. Den gode følelsen av nærhet vek aldri. Selv om bestemora alltid hadde arbeidet med noe, var hun der, i motsetning til stemora. Når Elli en sjelden gang fikk øyekontakt med den tause kvinnen med det smale ansiktet, var det som å stirre ned i det bunnløse Bulderjuvet.

Mora hadde vært mer som bestemora, og i hennes øyne var alt som det skulle være. Folk sa alltid at Elli var si mor opp av dage. Lita og sterk i kroppen. Men det mørke, kraftige håret hadde hun fra faren. Elli sukket og reiste seg. De fine ungpiketrekkene var bleke og utvisket. Tregheten vinteren etterlatte seg i kroppen ville ikke forsvinne. Bare den glødende trassen i øynene ga ansiktet liv. Tvilen – om faren brydde seg om henne – hadde vokst og vokst etter at han foreslo at hun skulle reise bort. Var faren så tverr og avvisende mot John, fordi han ønsket hun skulle reise vekk og tjene penger til ham og stemora istedenfor å tenke på hennes lykke?

Noen år tidligere hadde Malene, nabojenta, reist oppover til Finnmark. Hun var blitt godt gift der, og tjente i tillegg egne penger. Noen av dem sendte hun hjem til Senja med fiskerne.

I dagene som kom, fulgte Elli stemoras bevegelser i smug. Det var hun som hadde overtalt faren til å sende henne nordover. Det var hun sikker på. Elli ønsket å hate henne og ventet utålmodig på avsløringa. Ventet mens stemora med de spinkle skuldrene arbeidet ute, eller som nå, sammen med Elli.
Elli kardet og la tullene med ull forsiktig ned i flettverkskorga.
– Gå og hjelp faren din! sa stemora plutselig. Forvirret kikket Elli opp fra tankene og ulla.

– Men han er jo på havet.

– Nei, han er i fjæra nå. Elli reiste seg, strøk raskt en hårlokk inn under tørkleet og gikk ut. Forbauset konstaterte hun at stemora nok en gang hadde rett. Båten var dratt opp i fjæra og faren hadde akkurat fått lempet stampen med fisk på land. Han hilste med et nikk og satte seg på storsteinen han brukte til sløyestol. Snart skar det første måkeskriket i lufta og like etter skrålte en hel flokk iltert rundt dem. Faren sprettet opp bukene, tok forsiktig ut den feite levra og magene. Resten slengte han til måsene, og glinsende fisketarmer og grønne galleblærer fløy bortover fjæresteinene. Levra og fiskemagene la han i trauet han hadde plassert tett ved siden av seg.

Elli ville vise ham at hun også hadde ønsker for livet sitt. Han kunne da ikke rive hjertet ut av henne. Hun måtte være sikker på at han forsto at hun ikke ville reise fra John, uansett hva han sa. Oppildnet av de trassige tankene gikk hun ett skritt nærmere og trampet i bakken.

– Jeg drar ikke til Finnmark, sa hun.

Faren reagerte ikke. Fortsatte bare å slenge tarmer og galle bortover fjæresteinene. Elli trampet en gang til og visste at hun nå utfordret ham mer enn hun burde. Mer enn en gang hadde han klappet seg på bukselomma og fortalt at der lå hennes vilje. Og hun visste at det var dumt å utfordre ham, det straffet seg. Ikke med pisk og pine som mange andre, men med flere dagers taushet.

Faren mønstret henne et kort øyeblikk, så reiste han seg opp fra arbeidet og gned fiskesloet av på buksebeinet. Elli trakk seg et skritt bakover. Selv om han ikke slo kunne han være brå når han ble sint. At hun sa ham imot tirret ham voldsomt, og det var blitt verre med årene. Da hun var lita kunne han le av trassen hennes, men ikke nå mer. Slett ikke. Faren grov ned i skinntaska han alltid bar rundt livet. Lenge og intenst. Til han fant biten med tobakk og puttet den i munnen. Elli så utfordrende på han, men han satte seg ned igjen og fortsatte med arbeidet.

– Vi får se til våren, sa han bare. Elli ble stående. Helst ville hun ta de to skrittene bort til leverkorga og gi den et spark så levra og magene sprutet utover. Det hadde vært til pass for ham, så kunne han løpe om kapp med lynkjappe, flaksende levertyver og kjenne hvordan det var å være makesløs. Men levra var verdifull mat og hun tuslet bortover fjæra.

Grønnsleipa skled mykt under de nakne føttene, og hun plasket i den ei stund. Plukket opp blæretang og klemte blærene flate. Puff, sa det. Et slapt, lite puff for hver ny blære som ikke motsto trykket. Hun stappet skjørtet opp i linningen og vasset ut i det kalde vannet.

– Har du ikke annet å gjøre? ropte faren. Hun hadde annet å gjøre, men nå gjorde hun dette. Sytten år var hun, og lei av å aldri bli hørt. Flere ganger hadde hun ymtet om at hun og John kunne bli gift. Hver gang hadde faren røket opp i et sinne som hadde stoppet alt snakk om å flytte til andre siden av fjellet.

– Det er ikke plass til flere i huset hos John og dem. De er fattigfolk mer enn oss. De har ikke mat nok til dere begge.

Elli vasset inn på land igjen. Fortsatte videre opp fra fjæra, over sletta og mot fjellsida til sitt eget lille sted. Fjellhylla lå ganske høyt. Hun satte fingrene i det ruglete fjellet og klatret opp. Noen busker klorte seg fast i den lille berghylla og ga ly for innsyn. Hver gang Elli fikk sjansen klatret hun opp dit. Der satt hun og kikket utover landskapet for-fedrene hadde levd i så lenge noen kunne huske. På sletta nedenfor lå farens gård. Mellom den og de andre tre gårdene, rant ei elv med flere små kulper, som alle badet i når været tillot det.

På den andre sida av fjorden var Gubben, Kjerringa og de andre fjellene. På sletta under dem igjen, lå moras hjemplass og seks andre gårder. Noen trær klynget seg sammen her og der i små skoger. Folk hadde brukt både list og kyndighet for å holde geitene og sauene unna barken og de ferske vårskuddene. Dyra var lærenemme og trakk opp i lia, som bar et tydelig vitnesbyrd på hvor langt opp geitene var kommet i matauken. Like ved moras gård lå restene etter det som hadde vært en stasgård; Ostad Gård. Bestemora var alltid klar for å fortelle historien om hvorfor det gikk galt med den gården.

– Før i tida var Ostad en stasgård, hadde bestemora sagt. – Da holdt huldrene seg der. De ståket og stelte som de selv ville. Dag og natt stulla og stelte de med både hesten og kyrne. Gamlingene som eide gården den gangen, skjemte huldrefolket bort på alle vis og ga dem kun det beste som var å få av mat og drikke. En fløteskvett ble støtt servert. Likevel hadde Ostadfolkene det de trengte og mer til. Bestemora mønstret henne nøye. Nå måtte Elli følge godt med. – Når dyr har det godt, vokser de seg feite og fine. Arbeider godt og gir mye melk.

For hvert år som gikk vokste velstanden på Ostad. Til det gikk som det gjør med gamle folk. Gud hentet dem til seg og nye kom til. Med nyfolkene gikk det gale veien. De gamle skikkene ble ikke holdt i hevd mer. Alt, både smått og stort skulle de gjøres annerledes, sa bestemora og ristet oppgitt på hodet.

Nyfolkene trosset huldrene. Både sauer og kyr ble sjuke og døde, hesten gikk utfor et stup og drepte seg, redskapen ble brutt sund og slengt hit og dit. Grøden slo aldri ordentlig til mer og folket fikk sår som ikke grodde, men hovnet opp hver fullmåne. Tussebitt! sa bestemora og nikket megetsigende. – Du må passe deg for slikt, Elli! Du må aldri bli likegyldig mot huldrene!

Bestemoras ord satt dypt i henne og hun passet seg alltid. Hun hadde oversikt over alle huldreplassene i området, takket bestemora som aldri unnlot å stoppe og neie ved huldrestedene. Prestens formaninger om å glemme de underjordiske og prise Herren Jesus gjorde at faren og stemora gikk rett forbi huldestedene uten antydning til respekt. Det klarte ikke Elli. Hun priste også Jesus Kristus og var fortrolig med at det fantes bare én Gud, men huldrene hadde vært til hjelp for folk i all tid, og det var ikke noe ondt med dem. Elli bestemte seg for at det var presten som ikke forsto hvordan det hele hang sammen. Han var jo fra Danmark.

Da sola forsvant bak fjellene ble det kjølig og Elli gikk hjem. Varm og velduftende damp fra den nykokte fisken på trefatet fylte den lille stua. Faren rotet med fingrene mellom fiskestykkene til han fant en passelig bit. Dyppet den nedi leverbollen til fisken glinset av feit tran, nappet opp en leverbit og stappet herligheten kjapt inn i munnen før alt for mye tran dryppet ned på klærne. Da han var mett sugde han hver finger nøye, og slikket tankefullt bort dråpene som hadde rent inn i håndflaten. Så sa han:

– Oppe i Finnmark er landet så nakent og øde at hvert lite strå blir røsket opp med rota av de sterke stormene. Det er krefter på gang når han slår seg vrang her på Senja også. Men der oppe kommer kulingene og de ville stormene over folk, som sluppet rett ut av strisekken. Båter kullseilte og våte, tunge menn som ikke rakk å få av seg støvlene engang, klamret seg fast i den hvelvede båten i et forgjeves håp om hjelp. Men havet koker med stor, feit torsk og lodde og laks. Ja, Finnmark er full av havets rikdommer, sa faren og fortsatte:

– Man må bare være på vakt og passe seg. Ikke komme i klammeri med noen, og man må holde seg unna bråk og drikkerier, så kan det gå riktig godt.

Faren tok en ny munnfull og tygde. Og nå fortalte han om båter så søkklastet med fisk at ingen måtte gjøre en eneste brå bevegelse før de nådde land.

– Slikt blir det penger av! Nok til en hel familie, en hel vinter. Uten Finnmarksturene hadde vi aldri overlevd. Se bare på Malene, sa faren og slo sjenerøst ut med hånden. – Hun har klart seg fint der oppe på Omgang i mange år. Faren satte øynene i Elli. – Vi får stadig beskjeder om at det bare er å komme.

Elli så ned i bordplata. Hun hørte til hjemme på Senja, og hun hadde John. Slik var det. Hun lot seg ikke friste av gods og gull. Hun kunne få det like fint her med John om de begge arbeidet hardt.

Rett over jul fikk Elli beskjeden. Den som reiv livet hennes i fillebiter. Været hadde lenge vært urolig, og det var vanskelig å komme seg ut på havet.

– Det vil helst gå bra, hadde mennene sagt og tok en sjanse mellom to kulinger. De skulle ikke langt, bare rett utenfor Kjerringodden og dra opp noen pinner, slik at de hadde til mat.

Men John og de to andre kom ikke tilbake.

2

Elli nektet å tro at det hadde skjedd, at John livløst drev av gårde i det frådende havet, og at hun aldri mer skulle se han. Noen ble berget selv om båten forliste. Hun husket godt den gangen de fant en forfrossen fisker på et skjær, noen dager etter forliset.

Elli ventet. En uke. To uker. Månedene gikk. Faren la prøvende en hånd på skuldra hennes, men hun trakk seg unna. De trygge fjellene klemte henne som en kvistfull kubbe sugde seg fast rundt øksestålet. Taust tok hun imot beskjeder om nye gjøremål. Spant ull til garn, strikket lester og votter, sydde eller stoppet klær. Hver dag gikk hun ut og sanket rekved og våget seg lengre og lengre ut fra fjordbunnen. Speidet etter noe, en liten trebit, et håndfast minne om ei varm hånd og et mørkt blikk.

Vinteren tærte bort rundheten i fingrene. Fisket var elendig, og det lille melet de hadde forsvant raskt. Elli følte seg som en vissen plante, og ønsket seg langt vekk. Til et sted der bakerovnene sendte ut duften av nybakt solskinn, og hun spiste seg mett hver dag.
Det lille gressbevokste huset deres, der både dyr og mennesker klemte seg sammen for ly, ble kummerlig. De skrinne jordene rundt huset, som knapt fødde dyrene, var ynkelige. De mektige fjellene som stengte sola ute, ble knugende. Hun visste at hun lekte med farlige tanker, likevel lengtet hun ofte etter å få duve i storbølgene. Drømte om øyeblikket da hun igjen skulle kjenne Johns varme neve.

22

Havet ble en trussel som blinket forrædersk i den bleke vintersola. Uten forvarsel kunne det gape med den stygge kjeften og hugge etter stakkaren som var ute og lette etter noe å fylle magen med. Unge menn med koner og små barn som levde eller sultet, avhengig av mennenes innsats på havet, måtte gjerne ofres om havet krevde det. Det trygge livet på hjemplassen var over.

Da knoppene på trærne ble fyldige var Elli reiseklar. Hun var sytten år og måtte forsørge seg selv. Mange unge jenter og gutter før henne hadde motvillig eller velvillig kløvet om bord i båtene som dro nordover. Drømmen om Bergen fikk seile sin egen sjø.

– Gud er med deg jenta mi, sa faren. – Om ei knapp uke er du framme i Finnmark. Bare pass deg for trolldom. Hold deg unna kjerringer som driver med slikt, så blir alt bra. Du husker hun som lurte presten i Bergen?

Elli nikket. Hun ville gråte og så på faren med et blikk som spurte om det fantes en eneste sjanse til at hun kunne få bli hjemme likevel? Men faren viftet henne av gårde. Elli kløv om bord i fembøringen. Faren løftet opp reisekista som inneholdt alt hun eide i verden og ga den til høvedsmannen.

Vinden var gunstig og det fulle råseilet førte båten ut fjorden og bort fra faren, stemora, lillesøstera og lillebroren, som alle sto i fjæra. Elli så etter dem til de var små, svarte prikker under de mektige fjellene. Hun hadde mye å gråte over og snudde seg vekk fra mannfolkøynene som hvilte på henne.

Farens historier om uvær, trollkjerringer og hardt arbeid kom over henne og mismotet økte. Heldigvis kjente hun alle om bord.

Høvedsmannen som eide båten var fra moras hjemsted og slekt, og mannskapet var alle fra nabolaget.

De seilte tett opp under land.

Snart ble linjene i fjellene slakere. Det eneste tegnet på liv var grønne gressflekker her og der. Elli kjente snevet av forventning blande seg med en ubestemmelig redsel. Det murret i ryggmargen. Hun hadde aldri vært langt hjemmefra før. Høvedsmannen kunne navnet på hvert nes og hver fjærestein, og fortalte villig. Men tredje dagen ble øyenbrynene hans lavere og han fikk en treg tankefullhet over seg.
– Det er tryggest å seile så nært inntil land som mulig, men ikke *for* nært. Da blir vi kastet inn i fjæra og knust til flis om uværet kommer bråtat, sa han. Han knep øynene sammen til vaktsomme streker og speidet.
– Været kan endre seg uten forvarsel. Det er mange som er blitt der ute. Det hjelper lite om du er prest og nærmere Gud fader enn alle andre. Eller en fattig fisker som trekker opp levebrødet om Gud vil – fra nærmere helvetet enn noen tør nærme seg. Han sukket og la hånda som en skjerm foran øynene.
– Det er noe med lysskjæret, sa han og myste mot den stadig gråere himmelen. – Gjør fast alt som ligger løst. NÅ! ropte han plutselig. Skumtoppene på de gråsvarte bølgene var bråtat blitt høye som tindene hjemme, og like etter kom ei kraftig vindrosse som gynget båten både sidelengs og framover. Kjapt revet de seilet og satset på årene mens vinden økte på i en styrke og en hastighet Elli aldri hadde opplevd maken til. Iskaldt hav slo over dem, gang på gang, og mannskapet rodde det de maktet for å holde båten.
– Babord åre! Styrbord åre! Styrbord åre for helvete! brølte høvedsmannen.

Elli klarte ikke å stå oppreist mer, og krøp bak i båten. Inn i løftingen, det provisoriske lille huset som var boltet fast i skroget, og i ly for ishavet. Skroget ristet idet båten på nytt skar gjennom bølgene. Elli klamret seg til en jernkrok som var klinket fast i treverket.

Hun hang som en fisk på kroken da båten igjen boret seg ned i havmassene, som knuget og klemte det de klarte for å smadre båten til pinneved. Men taket glapp, og båten ble sugd oppover og oppover. Braket da skroget traff havflata igjen drønnet i ørene hennes, og sjøen fylte rommet Elli lå i. Det iskalde havet lukket seg om henne og trengte inn i hver minste trevl. Elli holdt pusten og strammet fingrene rundt jernet.

– Kjære Gud, Jesus Kristus, om jeg overlever det her skal jeg aldri mer ønske at storbølgene skal ta meg. Aldri.

Elli ba inderlig om tilgivelse for de dumme ønskene. Hun kjempet også mot trangen til å slippe taket og kave etter luft. Brått kom bestemoras ansikt så levende for henne at Elli i et øyeblikk ville omfavne henne og nyte tryggheten fra den varme kroppen, men bestemoras skarpe blikk nødet henne til å holde fast.

Håret som hadde svevd i vannet la seg brått som ei tung hette over hodet. Nå, tenkte Elli og snappet etter luft. Munnen ble fylt med ramsalt hav. Hun spyttet og hostet i det øredøvende bråket. Men endelig kunne hun trekke pusten, og hun fylte lungene.

Treverket i skroget knaket og smalt. Havet øste vannskyller om bord i båten. Den vugget som en dupp i det åpne havet. Men stormen hadde løyet og Elli hørte mennene brøle til hverandre. Hun holdt fortsatt fast i kroken.

Mennene som ikke rodde, auste det de kunne. Lempet ut bøtte etter bøtte med hav, mens de andre styrte med årene.

Havet var ikke villig til å slippe byttet, og sendte noen brottsjøer til over rekka. Skyllene var harmløse. Likevel var ingenting avgjort og det visste mannfolkene. Neste rosse kunne komme når som helst. Alle rodde i spenning. Det gjaldt å holde stø kurs.

Elli kikket ut den lille døråpninga. De meterhøye bølgene lå som fjell i en trang dal rundt den ynkelige farkosten. Redselen for at storhavet igjen skulle sluke dem alle, tok på nytt grep og hun trakk seg inn i kahytten igjen.

Høvedsmannen, som helst orienterte seg etter stjernene, holdt hendene opp mot himmelen. Han bestemte hvor vinden kom fra, og styrken, og snuste ut i lufta som en bukk i parringstida, mens han pekte ut kursen.

Båten fortsatte å stige og synke, men toppene ble lavere og dalene grunnere. Høvedsmannen stakk hodet inn i dekkshuset og ropte mot henne. – Nå må du se å komme deg i roingen, jente, ellers fryser du i hjel. Se her! Han lempet en pakke med oljet lær stramt bundet rundt, til henne. – Kle på deg og kom!

Elli tagg ham med øynene. Høvedsmannen flakket med blikket, så fikk han øye på hendene som klamret seg til jernringen.

– Stakkars jente! Han la de svære nevene varsomt over hennes bleke fingre som fortsatt knuget det kalde stålet, og lirket dem løs, en for en. Da han hadde hele hånden hennes i sin, banket han lett over fingrene til varmen prikket og svei.

– Så, jente. Nå får du komme deg opp og skifte. Han tok pakken, knyttet opp tauene og brettet ut klærne.

Kroppen verket, men Elli kom seg opp og snudde ryggen til mennene. De søkkvåte klærne sugde seg til kroppen, og hun lirket og strevde for å få dem av seg samtidig som hun kledde på seg de tørre mannsklærne. Da varmen fra de tykke ull-lestene trengte inn i

føttene, lukket hun øynene i ren takknemlighet. Utenpå tredde hun de
våte kommagene.

– Sett deg her, sa høvedsmannen og pekte med blikket på tofta mellom
seg og båtripa. – Hold fast i åra. Her. Når du har fått varmen i deg
igjen kan du ro alene. Han gløttet mot henne og flirte. – Du er noe grå
rundt nebbet, men det gir seg når du får rodd noen daga, sa han og
flirte igjen. Mannskapet knegget også, men Elli brydde seg ikke.
Latteren satt løst og det var godt.

 Utover dagen roet sjøen seg helt. Brisen var gunstig og
mannskapet fikk opp seilet igjen. Elli fant fram maten og serverte
mennene brød, saltet flesk og vann. Alle spiste med god appetitt.
Etter maten kveilet de som ikke hadde ro-økt seg sammen der de fant
høvelig plass. Praten gikk lystig. Hele uværet ble gjennomgått. Fra
høvedsmannens første bange anelser, til uværet som holdt på å drukne
dem alle. Etter ei stund skrøt alle ubeskjedent av sine dyster under
stormen.

– Jeg takker nå suppa kona serverte før jeg dro på havet, for at vi
overlevde. Slik suppe er det bare gode koner som kan koke, sa
høvedsmannen.

– Suppa? fnyste en av fiskerne. – Tror du den der uværssuppa
kjerringene koker hjelper mot djevelvinder?

– Selvfølgelig hjelper suppa. Mange har fnyst før deg, men ingen vet
hvor de er i dag.

Elli husket plutselig amuletten stemora ga henne før de dro. Den skulle
hun kaste på havet og si navnet hennes tre ganger, når sjøen gikk høy.
Neste gang hun skulle ut på havet skulle hun ha den på seg, og gjøre
som stemora sa.

De varme solstrålene vekket Elli. Hun myste opp mot seilet som hang slapt, men håpefullt på masta. Hun nøt synet av det blanke havet, den høye himmelen og varmen.

– Været her i Finnmarken oppfører seg godt mot gjestene, sa høvedsmannen og tok et nytt åretak.

Stemninga om bord var opprømt, alle hadde overlevd og ingen hadde lidd overlast. Det grove vadmelet stakk og klødde verre enn den iltreste lusa. Elli reiste seg, fant de søkkvåte klærne sine og hengte dem til tørk der hun fant plass. Hennes egne klær var myke og gode, men mest fordi de var tynnslitte. Hun skulle få nytt før hun dro, men så strakk ikke pengene til likevel.

To dager senere var de ved Nordkinnhalvøya.

– Der er Omgang, ropte høvedsmannen. Skyene lå lavt over landet og hun skimtet nakent fjell og grønne flekker gjennom disen. Hus, eller noe som lignet på det, så hun ikke.

 – Der, der! Høvedsmannen pekte igjen og hun fulgte fingerspissen innover mot land. Gleden hun hadde kjent ved å være framme, glapp like uventa som den kom.

Det lille fiskeværet ytterst mot de gode fiskeplassene var ikke slik hun hadde sett det for seg, slett ikke. Omgang var noen få hus på ei steinrøys. Hun visste at stedet ikke kunne sammenlignes med Bergen, det hadde hun jo hørt, men likevel---.

Da de la inn til land sto kvinner, menn, barn og gneldrende bikkjer i fjæra og ventet på gjestene. Vårkåte måker fløy støyende rundt forsamlingen. Hjelpende hender fikk henne og de andre på land. Elli løftet skjørtet og gikk opp fra fjæra. Det var uvant med mange fremmede på én gang, men hun var høflig og møtte sjenert de nysgjerrige og skeptiske blikkene. Nabojenta, Malene, kom mot henne.

Elli kjente henne igjen med én gang. Malenes framstrekte hender var som en redningsplanke. Elli grep dem, neide og hilste fra faren.

– Velkommen skal du være, sa Malene, trakk Elli til seg og klemte henne lenge. – Gud så deilig å se noen hjemmefra igjen. Malene skjøv henne fra seg og betraktet henne. – Du er blitt voksen siden sist jeg så deg, og du ligner enda mer på mora di nå. Har du – brev med deg? Elli nikket. Brevet fra presten som fortalte om hennes gode framferd lå trygt i reisekista.

– Bra. Ingen får arbeide på Omgang om de ikke har med brev fra presten. Jeg har spurt litt rundt og noen sa at Ulf Jørgensen trengte tjenestefolk. Vi går dit først. Får du arbeid der er du heldig. Han er ikke som de andre som eier båt og bor i tømmerhus. Han er real mot tjenestefolket.

Tjenestejenta som møtte dem i døra var på Ellis alder. Smilet som lekte rundt de smale leppene nådde ikke øynene. Det mest interessante med jenta var det gylne håret som lå i ei stram, tykk flette over skulderen og rakk helt ned til midjen.

– Vent her, sa hun.

Elli kikket inn i den halvåpne døra og inn på kjøkkenet. – Tenk å arbeide her. Det må være den beste plassen en kan få arbeide, hvisket hun til Malene. – Ordentlig tregulv, som i butikken hjemme. Elli løftet blikket. En diger, svart bakerovn tronet langs ene veggen. Ovnen fra de sultne drømmene.

– Se på den ovnen der Malene! Se!

– De baker brød og selger, hvisket Malene.

Elli nikket sakte. Der og da ble Omgang løftet fra den grå disen og rett opp i en endeløs blå himmel. Elli takket sin gode Gud som hadde sendt henne hit.

29

– Du må finne fram brevet, sa Malene. Elli bøyde seg, åpnet lokket på kista og tok opp brevet som lå inni en bit godt oljet lær, for å berge det unna sjøsprøyten.

– Så det er arbeidssøkende her. Ulf Jørgensen sto framfor dem. Det blonde håret var uflidd, og han var kledd i alminnelige, gode arbeidsklær. De tunge øyelokkene og de myke foldene i ansiktet ga han et mildt uttrykk. Øynene som gransket henne var vennlige, og begge jentene neide.

– Hvis herr Jørgensen trenger ei sterk ungjente på gården, så har Elli papirer med seg, sa Malene og dyttet i Elli med albuen. Elli rakte ham brevet, Ulf Jørgensen leste nøye gjennom det.

– Det er blitt slik at alle vil til Finnmark på arbeid. Både tiggere og andre lugubre skapninger kommer seilende i all slags farkoster. Men dette ser greit ut og vi trenger folk. Han brettet sammen brevet og ga det tilbake til Elli. – Ingeborg, han pekte mot tjenestejenta, – hjelper deg til rette.

– Har du noe med deg, utstyr eller slikt? spurte Ingeborg.

– Jeg har bare denne kista, sa Elli.

Malene smilte. – Jeg må tilbake til arbeidet. Vi sees, sa hun og gikk. Elli løftet opp kista og gikk inn på kjøkkenet. Langs veggen på motsatt side av ovnen sto en lang arbeidsbenk. Kjøkkenredskaper av blankt kobber og gammelt og nytt treverk hang på veggene eller var stablet oppå hyllene. Så mange redskaper var det der, at redselen for ikke å klare kjøkkenjobben krøp innover henne.

– Der sover vi, sa Ingeborg og pekte mot den breie benken i hjørnet, ved ovnen. – Du kan sette kista under benken. Jeg skal hjelpe deg, sa Ingeborg og tok tak.

– Hva heter du?

– Elli. Elli Jonsdatter. Jeg kommer fra Senja. Enn du?

– Jeg er herfra Omgang. Hele familien min bor her.

Da dagens arbeid var gjort, dro Elli fram reisekista si og åpnet den. Inni de nystrikkede lestene og under den varme vinter-jakken lå en avlang liten pakke i lysebrunt, mykt geiteskinn. Et grønt silkebånd var knyttet rundt. Elli lirket opp båndet. To små sølvskjeer med mønster som snirklet seg i hverandre oppe på skaftet, blinket mot henne.

– Vil du se hva jeg har?

Ingeborg, som holdt på å legge ved i ovnen, satte seg beskjedent på benken. Hun tok imot skjeene og la dem i hånda.

– Så fine de er, skulle tro du kom fra fintfolk, smilte hun.

– De er fra bestemors hus.

Fornøyd pakket Elli skjeene sammen igjen og tok opp amuletten fra stemora. Hun holdt den gråhvite steinen med tråden der en knuskbit var knytt fast i enden, opp foran Ingeborg og ristet så knuskbiten dinglet.

– Den roer sjøen om fiskerne er uheldige.

– Hysj! Smilet til Ingeborg stivnet og hun kikket seg rundt. – Du må kvitte deg med den der. Med én gang! hvisket hun. – Det er bare Gud som styrer havet og vindene! Slikt må vi ikke prøve oss på, for da kommer Fanden og tar sjela vår.

Forbauset forsto Elli at Ingeborg mente det hun sa. Hun la amuletten nederst i kista og pakket klærne godt over. Elli hadde vokst opp med troens mange veier. Og lært at naturen var den beste hjelperen. Men her i Finnmark var det visst ikke slik. Brått kjente hun savnet av berghylla oppe i fjellet, men i dette flate landet fantes det vel ikke noe som lignet på den engang.

August måned kom og bæra skulle i hus. Elli og Ingeborg trasket lange turer i marka. Det var som om matauken løsnet på tungebåndet til Ingeborg. Hun snakket i ett. Fortalte historier om folk og fe. Om før og nå. Elli fikk vite at bestemora til tjenestejenta i nabohuset hadde ramlet i bekken med hele klesvasken en vinter, og at dattera til Ulf Jørgensen ble tatt på fersken med en dreng nede i bua. Hun hadde flyttet og var blitt gift et annet sted.

Snart visste Elli navnet på de fleste gråbergene og bekkene i området. Storsteinene som på uforklarlig vis lå slengt midt ute på åpent land var også navngitte veimerker.

Da de ble sultne satte de seg ned ved en liten bekk. Nistebrød hadde de med, og trekoppene fylte de i bekken.

– Ser du de fjellene der? sa Ingeborg og pekte mot den slake fjellkjeden på andre sida av fjorden. – Et sagn sier at den mektige og brutale Kjølneskongen forvandlet sine ulydige undersåtter om til stein.

Mens Ingeborg fortalte om Kjølneskongens grusomheter, forvandlet fjellene seg fra grå, steinete masse til formasjoner som viste redsel og avmakt. Skyggene fra høstsola la seg over steinansiktene, som lå side ved side bortover fjellsida. De tause bønnene grinte mot Elli.

– Alle ble drept, sa Ingeborg. Kongen var helt uten hjerte. Men det sies at en dag skal det komme ei mektig trollkvinne fra et sted der fjellene reiser seg rett inn i himmelen. Ved hjelp av sin sterke magi skal hun få fangene ut av fjellet.

Ingeborg snudde seg igjen og så utover det åpne landskapet. Himmellandet, havlandet, som hun kalte det.

Ellis' tanker rak av gårde til bestemora og fjellene hjemme på Senja.

– Var det ikke høye fjell der du kom i fra, Elli? Elli gapte og dultet i Ingeborg.

– Nei, du har rett, lo Ingeborg. – Det kan jo gå troll i ord.

– Nei, nå gir du deg. Du skremmer meg.

Ingeborg dro på det.

– Det jeg vet, er du ikke lettskremt.

– Ingeborg da! Hva mener du?

Ingeborg trakk på skuldrene. – Ikke noe spesielt. Bare det jeg sier.

Elli spurte ikke mer. Det var mulig at Ingeborg bare ertet henne. Vanligvis var Ingeborg nøye med ikke å nevne overtroa. Men noen ganger glimtet hun til og viste at hun også hadde tanker utenom det presten prekte om i kirken.

– Ingeborg, bli med meg til Vardø. Tenk på alt vi kan få oppleve. Vi kan bli rike også. Hun lo da hun sa det. Men Ingeborg ristet alvorlig på hodet.

– Nei, jeg blir her. Jeg er født og oppvokst her på Omgang. Det er best å holde seg hjemme når det er slik.

Ingeborg snudde seg og satte de blå øynene i Elli sine.

– Det er mye farlig som skjer.

– Farlig?

– Du vet nå.

Elli sukket.

– Nei, det gjør jeg ikke. Huff, du er alltid så vanskelig, sier bare halvparten og så må jeg finne ut resten selv. Da kan det bli hva som helst.

 – De har brent mange kvinnfolk, sa Ingeborg. Både her på Omgang og borte i Vardø.

– Har de brent folk her på Omgang?

Ingeborg nikket og pekte mot neset fembøringen rundet da hun kom dit.

– Der borte, sa Ingeborg. – Det er noen år siden. Det var fælt kan du tro, men godt å bli kvitt trollkjerringene.

Tinget startet som vanlig. Sorenskriveren sa fram kongens forordninger, patenter og brev for oss. De leser alltid opp forordninga mot trolldom fra 1617. Rette trollfolk var de som hadde inngått pakt med Satan og loven krevde dødsstraff for slik grov forbrytelse. Signere som drev med helbredende magi måtte også straffes, men straffa for det var bøter eller landsforvisning. Men dette vet du vel?

Elli ristet på hodet.

– Vi hadde ikke trollkjerringer der hjemme.

– Trollkjerringer hadde dere helt sikkert, men de er så slue, de har jo lært av fanden selv. Her på Omgang hadde vi flere. Den første de fant var Finn-Kari, ei ung tjenestejente. Hun fikk en unge – uten å være gift – med drengen, han Johannes Olsen. Jeg vet ikke hvor han dro etterpå. Men det var Jakob fra Hop som startet avsløringa om at Finn-Kari var ei trollkjerring, eller heks som de også kaller dem. Han Jakob fra Hop fortalte om styggordene Finn-Kari hadde slengt mot han, og mistenkte henne for å ha skamslått han med trolldommen sin og vanæret han. Alle så jo at ryggen til Jakob var smadret. Han var så krokete at han var dobbel. Det var ikke bare han som klaget på Finn-Kari. På tinget kom flere fram og fortalte om det onde hun hadde gjort. Johannes Olsen, han som hadde bedrevet seg med Finn-Kari, vitnet også mot henne. Han ble anklaget for horeri for den ungen de fikk. Får jeg ikke deg, da skal du ikke ha noen andre, hadde hun sagt til ham. Derfor fikk hun alltid viljen sin. Han var livredd for trollskapen hun drev med. Og Johannes sverget med ed at Finn-Kari kunne onde kunster. Det var mange som vitnet mot henne, men lagmannen ville ha bevis. De ville prøve henne på havet.

– På havet? Elli snudde seg mot Ingeborg og kikket vantro på henne. Ingeborg var oppslukt av historien og fortsatte:

34

– Vannet er hellig og tar ikke imot troll. Med én gang de blir kastet på havet kommer de opp igjen. Finn-Kari kom opp med et skrik og fløt rundt der som en fiskedupp. Noen uker senere var det tingmøte igjen. Du skulle sett som hun så ut. Ingeborg ristet på hodet og grøsset. – Nå så alle trollet i henne. Presten og dem hadde klart å få fram styggen. Nå tilsto hun at Djevelen hadde bydd henne et knippe nøkler og sagt: Tar du disse, vil alt du slår inn på gå deg vel. Hun hadde svart at nøkler kunne hun ingenting med. Hun ville heller ta imot et vakkert gult bånd som han bød fram. Nektet hun å gjøre som Fanden sa, truet han med å strekke lemmene hennes så hardt at blodet skulle flyte fra nese og munn.

Naboene hadde også mange beskyldninger mot Finn-Kari. Hun innrømmet at hun var skyld i at skysskar Abraham druknet. Forliset til Henrik og to andre fiskere fra Gamvik var hun også skyld i. Båten gikk rundt og alle tre omkom. Finn-Kari hadde sendt en dødelig forbannelse fordi hun ikke fikk låne ei gryte av han, tilsto hun. Det var derfor de var blitt uvenner. Lagtinget dømte henne til å bli brent. Var ikke det bra, Elli?

Elli hadde aldri hørt lignende, og klarte ikke å svare. Hun ville bare at Ingeborg skulle tie stille, men hun fortsatte. Og nå om de andre som ble anklaget der på Omgang

– Like før de kastet Finn-Kari på bålet, hadde hun ropt ut navnene på Mari i Omgang og Anne i Langfjord. De skulle være like gode i trolldomskunster som henne selv. Neste år sto Mari, som var gift med Rasmus Jonsen, på tinget. Han Rasmus var forresten blant de mest framstående på Omgang og satt i underretten. Det gikk rykter om Mari både i Gamvik og på Omgang. To karer sto opp i retten og fortalte at Mari hadde makt til å ta det hun ville ha fra folk. Hun gikk ikke av veien for å drepe en mann eller to, sa de. Mari gråt. Alt var løse rykter, og Finn-Kari hadde løyet på henne. Så kastet de Mari på havet. Hun kom opp igjen akkurat som Finn-Kari. Mange ble lei seg da, og gråt.

– Vi hadde aldri trodd at Mari drev med trolldom. Men da hun kom opp av vannet fortalte hun alt: For fem år siden hadde hun møtt fanden i skapningen til en grå bukk. Hun hadde forsverget Gud og dåpspakta og lovet å tjene Ham med kroppen sin. Finn-Kari hadde lært henne å ta melk fra andre folk sine kyr. Hun gjorde det sånn at hun satte et horn under buken på geiter eller annet kveg og melket bøtta full, så ofte hun ville. Men hun mistet trolldomskrafta da Finn-Kari ble brent.

Det verste var da hun fortalte at de hadde vært en hel hop med hekser som samlet seg på et skjær utenfor Omgang. Der satt de og ventet på fiskerne, omskapt som geiter og katter.

– Og ikke nok med det. Mari fortalte også om en heksefest i jula, året før hun ble brent. Heksefest, tenk det, på Volden på Omgang. Der hadde de drukket og danset. Finn-Kari hadde skjenket dem og var den eneste som var som et menneske. De andre var blitt til ulver og forskjellige dyr og uvesener. Mari ble dømt til bålet for all djevelskapen. Presten var visst der og ga henne sakramentet.

Ingeborg tidde og ble stille ei lang stund som om hun hadde vondt for å forstå det hun fortalte. Elli så spørrende på henne, men Ingeborg snudde seg vekk og røsket opp noen strå fra bakken. Så sa hun. – Det gikk mange rykter om at han Rasmus hadde fordømt Mari bare for å bli kvitt henne. Fordi han hadde ei anna som han heller ville gifte seg med.

Elli sa ingenting. Selv om heksesakene var nifse, ble ikke Elli redd for sin egen del. Hun hadde aldri hatt noe med trolldom å gjøre.

– Men jeg har en god mann, han du vet. Ivar, hvisket Ingeborg.

– Du har ingen jeg vet om. Nå tøver du.

Elli gliste. Klarte ikke å la være å terge når sjansen kom seilende. Men at Ingeborg tenkte alvorlig på Ivar, den lange slasken, var en overraskelse. I Ellis øyne var Ivar en udugelig søndagsmann som best likte å spankulere gatelangs og klage over andre. Men Ingeborg var voksen, og hvis familien hennes godtok Ivar, skulle ikke hun si noe. Ingeborg fikk kanskje fart i sirupsbaken hans.

– Jeg synes du også skulle se deg om etter en å bli gift med, sa Ingeborg plutselig. – Det er bra for et kvinnfolk å være gift.

Elli viftet avvergende med hendene.

– Nei, nei! Jeg skal aldri gifte meg.

– Å? Hvorfor ikke, da?

Elli nølte. Var usikker på om hun skulle fortelle om John. Ingeborg kunne jo tro noe om henne, og det ville hun absolutt ikke. Men de var fortrolige og gode venner. Hun måtte stole på noen.

– Han ble på havet. Jeg savner han ennå. Han var den beste i verden.

Ingeborg la en trøstende hånd på skulderen hennes.

– Men det finnes andre gode menn. Når det ikke ble dere var det vel meninga.

– Jeg vil ikke ha noen, sa Elli og reiste seg og begynte å plukke bær igjen. Ingeborg nølte et øyeblikk så reiste hun også seg.

– Jeg forstår, sa hun.

3
OMGANG HØSTEN 1645

Elli hadde både mat og arbeid. Men det var slitsomt å være gjest, år etter år. Den gode følelsen av å være hjemme kom aldri til henne der på Omgang. Selv ikke når hun kom hjem etter en lang dag på bærmyra, eller på hjellene, kom den over henne.

På Omgang var det slik at de som torde å bære hatten på en annen måte enn andre, alltid ble hvisket om. Fremmedfolk fikk utnavn og innbyggerne lo beskt. Alle nykomlinger måtte prøves, uten nåde. Sto de han av og nektet å bøye seg, slapp de inn i fellesskapet. Det var et evig bråk mellom folk. Snart var det uenigheter her og rop og skrik der. Mange tenner vek for en kjapp knyttneve. Stakkarene som lot seg kue, fikk et spark bak når sjansen bød seg. Elli var inderlig lei spetakkelet og drømte stadig oftere om Bergen. Et par ganger hadde også hun vært i klammeri, med Ellen Kristine, ei av nabokjerringene som arbeidet på hjellene for Ulf Jørgensen. Hun blandet seg i alt Elli gjorde når de arbeidet på hjellene, men Ingeborg var alltid der og roet gemyttene.

– Du må ikke la Ellen Kristine hisse deg opp, hvisket hun til Elli.

– Ja, men du hører hvor urettferdig hun er. Hun behandler meg som ei lus. Jeg kan vel få fisken opp på hjellene uten hennes råd i nakken hele dagen.

– Hun er slik, Ellen Kristine. Bare gå derfra om hun begynner. Ikke la henne terge deg. Da får hun noe på deg. Du er for hårsår Elli, og altfor hissig. Du må lære deg å tåle mer uten å gi igjen.

Fiskerne som kom innom Omgang snakket ofte om Vardø. Øya lengre øst, der kongen hadde sin nordligste festning.

Vardøværingene er lette til sinns og tar godt imot fremmedfolket, sa fiskerne. Der er de vant med at båter fra hele verden kommer innom. I Vardø kan man se skip med utskårne tregallioner i baugen og galeaser tungt lastet med alt et menneske kan drømme om, og mer til.

Russere og Flensborgere i fargerike klær spaserer i gatene der og handler med folket. Spanjoler og selveste Kongen eller hans menn kan en fattig faen risikere å støte på, og på markedet kan du handle mat og drikke, sko og kniver, belter, gryter, ulltråd og tau. Ekte perler og mer til. Ikke trenger en penger heller, det er nok å gi noen tørrfisker i bytte. Vardø er mer lik Bergen enn Omgang, tenkte Elli og lot seg rive med.

Elli prøvde flere ganger å overtale Ingeborg til å reise med henne til Vardø, men Ingeborg sto på sitt, hun ville bli på Omgang og gifte seg med Iver. Elli kjente med hele seg at hun ville dra. Helst ville hun ha reist sammen med Ingeborg. Ingen var så pliktoppfyllende og ærlig som henne. Aldri bakvasket hun noen. Høflig var hun også, og ga ingen en sjanse til å kritisere Ellis arbeid.

Det vakreste ved Ingeborg var håret, lyst som hos et lite barn og så tykt og langt at det rakk nedenfor baken hennes når det var utslått. Hver kveld, når de hadde tid, gredde Elli det. Til hver floke var løsnet og hårstråene lå side om side i blank enighet. En kveld la Elli det nygredde håret over skuldrene på Ingeborg og beundret den myke skjønnheten det ga ansiktet hennes.

– Du burde hatt håret slik, alltid, sa Elli og dro henne med ut på gulvet.

– Dans for meg!

Elli syntes hun skimtet alle tankene om ugudelighet og innbilskhet flagre over Ingeborgs ansikt. Hun nølte, men så satte hun den ene foten ned i treplankene og svingte seg rundt.

Fortere og fortere gikk det, mens håret trakk seg lengre og lengre ut fra kroppen. Til det sto som et bølgende silketeppe rundt henne.

Ingeborg stoppet like brått som hun hadde startet. Hun skyndte seg bort til benken og satte seg.

– Du kan flette det nå, om du vil, sa hun.

– Men, kan du ikke danse litt til, Ingeborg? Du var så fin.

– Nei! Det er ukristelig.

Elli ristet på hodet, men hentet kammen og hårbandet. Var usikker på hva hun kunne si. Ville ikke at skyggen i ansiktet til Ingeborg skulle bli mørkere.

Likevel sa hun:

– Se på Inga, Baker-Hans sin datter. Håret henger løst under kysa og guttene er ville.

– La bare Inga ture. Det er ikke kristelig med slik forfengelighet. Alle må passe seg for Fanden, sa hun og holdt en preken selv presten ville misunt henne.

Elli bestemte seg for å reise alene til Vardø.

4

VARDØ VÅREN 1646

Elli satt på tofta og så utover det endeløse havet. Etter noen timers seilas skimtet hun ei lyseblå stripe i horisonten. Stripa ble mørkere og omrissene skarpere inntil den oppløste seg i tre øyer som lå sammen i ei gruppe. Utpå ettermiddagen seilte de inn i sundet mellom Vardø og fastlandet. I nord og sør reiste småbergene seg så vidt over flata.

Store og små fartøyer var ankret opp i sundet mellom fastlandet og øya, og langs fjæra sto fiskehjellene tett i tett. Lutende, skjeve og smekkfulle av fisk. Jord- og tømmerhusene lå i tette klynger med små, grønne marker rundt. Festninga, en ruvende steinkoloss, lå lengre opp på øya. Rundt den var tømmerhusene større enn de ved stranda. Hun løftet skjørtet og balanserte kista mellom skjørtestoffet og hendene. Den ramme stanken fra råttent fiskeslo i ulike stadier rev i nesen. Elli holdt pusten da hun skyndte seg opp av fjæra. Skrikende, buktunge måker fløy rundt henne og de andre som gikk i land. To måker, så godt fødd at de ikke orket å fly, sto i slodungen og dro i hver sin ende av en fisketarm.

Oppe i hovedgata møtte hun fiskere som spaserte alene eller i flokker, edrue eller fulle. Trege nordfarere som slepte seg av gårde med hendene i lomma, som om de for hvert skritt grublet på om de orket det neste. Mens Elli gikk og tok inn alt det nye, hørte hun en voldsom larm. En båt ble rullet fram på lunna, ei rad med stokker. To menn hadde jobben med å legge den siste stokken først. Seks menn dro i tauene som var festet til båten.

– Ohoi, ohoi, ohoi, sang grove røster og båten gled i rytmiske rykk forbi henne og ned til fjæra, der de sjøsatte den.

Senere fikk hun vite at når vinden sto mot i den vågen båten lå i og ikke kom seg ut i åpent hav, flyttet de båtene til motsatt våg, der vinden var med.

Elli ruslet videre bortover veien. Lukta nådde henne før synet, og hun søkte med blikket til hun øynet kvinnen som sto ved et bål og solgte varm leverpostei og andre godsaker. Elli gikk fortere. Det hadde allerede dannet seg kø framfor kvinnen. Endelig ble det hennes tur. Kvinnen la den passe varme posteien rett i neven på Elli, og hun snuste inn duften. Det luktet hjemme. Hun satte seg på reisekista og åt. Posteien smakte vidunderlig og da en gutt bestilte hvetekake, kjøpte hun også en. Det her er nesten Bergen, tenkte hun, og tok ei ny tygge av kaka. Den smakte solskinn og hun så for seg farens stolte smil.

Hun satt der lenge. Varmet seg på bålet, nøt velværet og godlukta.

Da hun endelig kom seg videre og spurte etter arbeid eller overnatting, var svarene nedslående.

– Det er trangt om saligheta her, svarte de hun spurte.

– Fremmedfiskere må nøye seg med usle boder og uthus. Det er vanlig at et snes mennesker stuer seg sammen i små avlukker. Andre klarer seg med seilet som telt, og noen sover under båten eller åpen himmel.

Det ble kveld, men Elli var fortsatt uten arbeid og en plass å sove. Hun måtte følge rådet om å spørre hos handelsmannen Laurits Bras. Det knirket i de usmurte hengslene da Elli åpnet døra inn til butikken og duftene av alle varene omringet henne. Hun snuste dem inn, prøvde å skjelne dem, men det var umulig. Handelsmannen sto ved ei hylle med ryggen til. Elli kremtet, men han gjorde ikke mine til at han hadde hørt henne komme. Tønner og melsekker sto langs veggene. Elli kremtet igjen og nå snudde handelsmannen seg.

– Ja? sa han og målte henne med blikket opp og ned, flere ganger.

Elli neide.

– Jeg søker arbeid og har hørt at jeg kan spørre hos handelsmannen.

– Her? sa de det? Han svor. – Alt slags pakk reker innom. Han strøk en svær neve over den blanke skallen. Det rødmussede ansiktet fortalte at han tok for seg av vinflaskene bak disken.

– Har du papirer?

Elli ga ham brevet fra Hans Jørgensen, som vitnet om hennes gode arbeidsevne. Han leste det, brettet sammen papiret og ga det tilbake.

– Det ser ut til at du har arbeidslyst, sa han med en smule aner-kjennelse i stemmen. Elli samlet sjalet tettere rundt seg og så ned i gulvet.

– Ser du det huset der borte? Handelsmannen stilte seg opp inntil henne og pekte. – Der de sauene går? Elli nikket.

– Dit skal du gå. Han heter Peder Prebensen. Bare hils fra meg, sa han. Brått klemte han henne inntil seg. Elli ville trekke seg unna, men ble stående. Tenkte på det Ingeborg hadde sagt om å tåle det arbeidet hun skulle få. Og da han endelig slapp, la hun brevet tilbake i skjørtelomma, neide og takket for hjelpa.

– Ingen årsak, sa handelsmannen og sveipet nok en gang over henne med blikket.

– Vi må hjelpe hverandre her.

Herr Prebensen pløyde raskt gjennom brevet.

– Birthe, ropte han – Kom hit! Elli hørte løpende skritt innenfor og ei jente på hennes egen alder med rødbrunt hår og et bredt, friskt ansikt neide andpustent foran ham.

– Vi har fått ei ny jente her. Vis henne arbeidet og sørg for at hun finner seg til rette! Han viftet dem av sted. Birthe nappet henne i jakkeermet og dro henne med ut.

– Har du noen saker med deg? spurte hun, mens hun lukket døra inn til stua.

– Bare den her, svarte Elli og så mot kista hun holdt i hendene. Birthe viste henne inn i et kammers uten vindu, innenfor kjøkkenet, med to senger og ei hylle.

– Her sover vi, tjenestejentene. Hun pekte på ei ledig hylle.

– Du kan legge sakene dine her og sette kista der, sa hun og pekte under senga. – Kom på kjøkkenet når du er ferdig.

Elli pakket ut. Den lille brune pakken av skinn, med skjeene i, la hun på hylla mellom de tre koppene og asjettene hun hadde byttet til seg på Omgang. Lykkeamuletten hun fikk hos stemora da hun reiste hadde hun også gjemt på. En kunne aldri vite. Men hun viste den aldri til noen, eller nevnte den med et ord. Ikke etter Ingeborgs strenge utbrudd. Gjemte den bare inni søndagsforkleet, som hun brettet og la over kjøkkentøyet.

Hans Jørgensen hadde behandlet henne godt. Lønn og en god vandelsattest hadde hun fått da hun dro. Det var ikke alle forunt. Mange måtte tåle både slag og et spark bak. Penger fikk de heller ikke, uansett hvor mye de gråt og ba. Hun burde vært takknemlig og blitt på Omgang. Like snart som hun hadde tenkt tanken, ombestemte hun seg. Hun var takknemlig for tida på Omgang det var hun, men likevel glad hun hadde tatt turen til Vardø. Det var et yrende liv der, og hun nøt det.

Ute på kjøkkenet satt tjenestejentene og spiste kveldsmat ved langbordet. Birthe presenterte Anna og Lisbet for Elli. Elli svarte på spørsmålene om hvor hun kom fra og hvordan det var på Omgang. Etter maten forsvant Lisbet og de andre jentene gikk inn på rommet.

Anna bøyde seg mot Elli, og sa med dempet stemme at Lisbet hadde klumpfot og at hun nå var ute for å hente frisk jord som hun la inni et tøystykke og surret rundt foten.

– Hun gjør det hver kveld. Hun tror at vi ikke vet noe om det, men vi skjønner at det må være vondt å hoppe rundt på den klumpen hele dagen. Men hvis hun vil skjule det, er det greit for oss.

Elli skottet bort på Birthe som satt på sengen med et skjevt smil og nikket. Anna kledde av seg forkledet og la seg i sengen.

– Om vinteren hakker hun løs frossen jord som hun legger til tining inne i kjøkkenkroken. Så om du ser skitt i krokene her, ikke kost det vekk, sa Anna og lo.

Anna var mørkere enn folk flest, og så brun og svart ut der hun lå og humret over Lisbets trang til å skjule det alle visste.

– De kaller henne bare Klump-Lisbet. Men ikke vi – ingen her i huset kaller henne det. Hun reiste seg halvveis opp, lente seg mot Elli og snakket med lav stemme.

– Jeg har sett klumpen. Den så ut som en knyttet neve med biter av negler som stakk opp her og der. Hun har bare ei tå. Tenk, ei eneste tå. Stortåa. Ja, den er som ei vanlig tå. For en skjebne, sa hun og la seg ned i senga igjen. Elli delte seng med Birthe og trakk seg helt inntil veggen så hun fikk plass.

Like etter kom Lisbet inn. Men dagen hadde vært lang og mer enn begivenhetsrik, og snart sov Elli.

Ordninga med at de fire tjenestejentene styrte det meste i huset, etter ordre fra frua, passet Elli utmerket. Ingen ville lesse arbeidet sitt over på de andre, og slik ble samarbeidet godt. Birthe hadde arbeidet lengst på gården og var den som ga beskjeder videre fra frua eller Peder Prebensen, når han en sjelden gang var hjemme. Utover det hadde jentene faste oppgaver. Elli passet dyrene og hentet vann. Fellesarbeidet var å spinne, vaske og reparere klær og hjelpe til på fiskehjellene.

Anna viste seg å ha en livlig munnbruk, mye livligere enn Elli var vant med, og hun lurte mer enn en gang på hvordan Anna klarte å styre den inne hos frua som sutret og maste om alt mulig. Hun var den som holdt styr på de åtte ungene, for frua lå mest i senga og leste og stønnet.

Elli studerte Lisbet i smug og fant ut at det ikke syntes at hun hadde en skavank. Elli hadde hørt at folk med klumpfot måtte støtte seg med en kjepp for å komme seg mellom og at de vagget som ei bjørk i vinden. Lisbet vagget bare litt når hun måtte skynde seg.

En dag da Elli kom fra brønnen med to skvulpende vannbøtter i hendene, hørte hun fuglesang. Den lokkende tonen overdøvet måsenes iltre skrik. Hun så seg rundt. Sangen kom fra fjøset. Tonene som først var frie og lystige, gikk snart over i lavmælt kurring, før de igjen slapp fri.

Kanskje hadde en liten fugl fløyet inn for å lete etter en matbit, og ikke kom seg ut igjen, tenkte Elli. Hun satte fra seg bøttene og gikk til fjøset. Da hun var ved dørstokken ble det stille. Bare måseskrikene brøt stillheta. Fjøsdøra var vidåpen og hun gikk inn. Dyrene var på beitet. Den søte, tunge eimen av dyr og gress hang i lufta. Hun lette med blikket etter fuglen, men ingenting rørte seg. Elli gikk ut igjen. Speidet over hustakene og himmelen, men bare måsene og et par kråker flakset og skrek.

Elli gikk tilbake til vannbøttene, men akkurat idet hun grep i hankene hørte hun sangen igjen. Tonene var lange og lidende.

De bar på en bønn om hjelp, det hørte hun helt tydelig. Den lille fuglen satt nok fast et eller annet sted der inne, skadet. Elli slapp hankene igjen. Denne gangen listet hun seg lydløst over dørstokken og snek seg som en skygge rundt i fjøset. Ingen lyd eller bevegelse. Hun gikk ut igjen. Lenge sto hun utenfor fjøsdøra, lyttet og ventet. Men det forble tyst. Hun gikk til bøttene og løftet dem opp igjen. Ventet enda litt. Så gikk hun mot huset, men idet hun satte foten på det første trappetrinnet hørte hun en lang, klagende tone fra fjøset. På nytt stoppet hun opp og ventet på neste tone, men den kom ikke og hun gikk inn til Birthe som sto på kjøkkenet og lagde mat. Elli satte ned bøttene og pekte.

– Jeg hørte fuglesang fra fjøset. Det hørtes ut som om fuglen satt fast der inne. Jeg lette overalt, men fant den ikke. Jeg skjønner ingenting, sa Elli og tømte bøttene i vanntønna.

– Det er en fugl her på gården som ingen klarer å fange. Det er mange som har hørt sangen, men ingen har sett den. Birthe smilte underfundig.

– Men?

Elli så spørrende på henne, men Birthe trakk bare på skuldrene og fortsatte med sitt.

5

Vardø var stedet Elli hadde lengtet etter da hun bodde på Omgang, det visste hun nå. Aldri før i sitt tjueårige liv, hadde hun danset og ledd og vært trygg på at det var lov.

På gata stoppet ukjente opp og lurte på hvem hun var og hvor hun kom fra, og til farvel fikk hun med seg at det alltid var hyggelig med nye jenter på øya.

De fleste husene hadde egne fiskehjeller og når Nils, drengen til Peder Prebensen ropte: – Ned i fjæra med dere. Fisken er kommet og skal opp på hjellene! løp alle som kunne om kapp nedover..

Både kvinnfolk og unger var med på arbeidet når fisken skulle sperres og henges. Musklene ynket seg under slitet. Men avvekslinga dette arbeidet førte med seg dekket godt opp for de ømme musklene.

Elli likte at det sydet rundt henne når de arbeidet på hjellene. Ingen fulgte med om noen latet seg eller arbeidet. Bare fisken ble hengt, var alt i orden. Nils, drengen, hadde ansvaret for at arbeidet ble gjort og at de ikke slapp opp for fisk. Han løp med kjerra over fjæresteinene, mellom der fiskerne losset båten og prekaverte den, og til tjenestefolket som hengte opp sperrene med lange trestokker.

Russevarmen, brisen som førte med seg sol og varme, strøk enkelte vår- og sommerdager over Vardø. Birthe løsnet en slik varm dag den skitne skjørtekanten som var stappet ned i linningen, for å unngå at den om mulig skulle bli enda skitnere. Hun neide mot Elli, hoppet et skritt bakover og viftet med den grønskekledde støveltuppen. Så løftet hun skjørtet opp til knærne, blottet den uformelige grå ullbuksa og vrikket seg inn mellom fiskedungene. Der slet hun ut en storfisk fra dungen. Blyg i blikket tok hun sleipingen i armene, knuget den inntil brystet og tittet ned på sin utkårede. Flagret med øyevippene, snurpet munnen og forærte den heldige et smellkyss. Jentene hvinte fornøyd og klappet.

Da Nils kom med ny fiskelast dro de ham med i dansen. Jentene var myke, flørtende og lattermilde. Og Nils var ikke vanskelig å be da de ville ha øl til dansen.

– Alt for dere, mine damer. Noe mer, gull og edle steiner?

Han krafset nervøst i det røde skjegget og rynket panna.

– En enkel liten ring? Idet han sa det, møtte han Ellis øyne. Hun så seg kjapt rundt og håpet de andre ikke hadde sett blikket.

Elli likte Nils. Det hadde hun gjort fra første gang hun fikk øye på ham, et par dager etter at hun kom til gården. Det var lett å høre når han var i nærheten for han plystret alltid. Ansiktet var lyst og åpent, og det blonde bustehåret som han alltid forsøkte å roe ned når han tok av lua og hilste, strittet alle veier.

Nils styrte av gårde med kjerra, og kom tilbake med søkklastet bår og ølflasker stukket inn mellom fiskene. Utover natta smøg Nils og Elli seg unna de andre. Ikke langt. Bare noen få meter, til en høvelig storstein å sitte på. Hele natta var de våkne.

Nils viste sine talenter og plystret den ene sangen etter den andre. Han imiterte dyrelyder og Elli kikket seg rundt for å se om han bare hermet, eller om det faktisk satt et lite dyr eller fugl lengre borte. Brått forsto hun. Det var han, Nils. Hun skjøv ham fra seg. Men han dro henne inntil seg igjen. Holdt hardt fast og hvisket inn i øret.

– Unnskyld, unnskyld. Han lo igjen.

Birthe, som hadde fulgt med hele tida og bare ventet på at hun skulle forstå, kastet hodet bakover og gapskrattet. Den trillende latteren fikk sinnet til å renne av Elli og hun ga seg over og lo med. Kjente seg trygg som et skjær i det skummende havet, i grepet han holdt om henne.

Nils løftet ølflaska, satte den til munnen, tok en dyp slurk og rapte støyende i ulike toneleier så jentene lo enda mer. Den svale vinden som lekte rundt dem brakte drømmene med seg tilbake til Elli. Hele natta drakk de surt øl, danset, lo og arbeidet. Neste dag gikk arbeidet tregere, men arbeidsgleden klaget ingen på.

Dagene etter dansen i fjæra fyltes med forventning og latter. Da sjansen bød seg kom Nils bort til henne. Han strøk vekk en hårlokk som hadde sneket seg utenfor skautet og strøk lett med hånden over kinnet. Hun ville snu seg vekk, men ble stående, som om dagen var natt og ikke lot henne våkne.

Når karene kom hjem søkklastet med fisk, sydet latteren og snakket i fjæra, men ikke bare godsnakk. De som hadde noe uoppgjort klarte ikke å dy seg når de måtte jobbe side ved side med fienden.

En dag havnet den late og slarvaktige kona til Nils-smed ved siden av Mette, som var kjent som et fredelig og mildt menneske. Lenge jobbet de uten å veksle et ord. Isfronten sendte kalde gufs mot dem som var i nærheten. Tok de i samme fisken, sleit de ekstra lenge og bråere enn folk med godt i sinne ville gjort før de slapp. Kom de borti hverandre under arbeidet, kjørte den ene albuen hardt i den andre, som gjengjeldte med å dytte bryskt tilbake. Munnene var to striper i de stive ansiktene, og slapp bare ut sinte grynt når de puffet i hverandre. Eller overraskede gisp når en spiss albu traff lynkjapt i sida, på ryggen, eller der det passet for øyeblikket.

Utpå dagen tok Mette mot til seg og sa:

– Når har du tenkt å gi meg gryna jeg lånte deg for flere måneder siden?

– Aldri har du bidratt med noe til meg! Ikke et eneste bittelite grynkorn! ropte kona iltert tilbake og snurret fiskene så hardt i sperren at fiskeskinnet sprakk.

Elli og de andre kjerringene kikket diskret opp fra arbeidet og fulgte med.

– Di slogsprengte gorrhysa, ropte kona.

– Slikt makkspist daukjøtt skal snakke, hylte Mette tilbake. – Hadde jeg visst det jeg vet i dag, hadde jeg aldri vekslet et ord, eller en skilling med deg! Ditt uærlige naut!

Kona skrek og løp mot Mette, som også var klar til kamp. De braket sammen. Begge fikk tak i håret til den andre. Dro til og skrek. Mette slapp taket og kjempet med begge never for å befri seg fra smerten, men kona holdt fast. Hun var mørkerød i ansiktet og mellom de stramme leppene sivet en hveselyd ut. Men da Mette kom seg etter overraskelsen, klarte hun å vri seg såpass at hun fikk hånda inn mellom lårene på kona. Selv om skjørtet var grovt og tykt, fikk hun tak på innsida av det kraftige låret. Hun kløp til og vrei – og holdt – tok et nytt tak – og vrei igjen. Kona hylte som om hun ble hudflettet. Da Mette syntes det var nok gaul, slapp hun det remjende mennesket, som øyeblikkelig kastet seg rundt og la på sprang oppover fjæra, de brungrå skjørtefillene flagret rundt henne. Aldri hadde noen sett kona bevege seg med slik fart. Mette sto forfjamset tilbake.

– Hvis du ikke kommer med gryna, skal du få på dine bein – det skal jeg sørge for. Men kona fortsatte å rope til hun ble borte bak steinene. Mette satte seg ned på den nærmeste fjæresteinen og pustet ut, mens de andre lusket flirende tilbake til arbeidet. Noen smilte og hvisket seg imellom, mens de kikket på Mette som satt med store dotter løst hår i hendene da hun forsøkte å få styr på bustehodet. Sjelden og aldri hadde Mette hatt ei slik tynn og pistrete flettc.

Opptrinnet var lenge et kostelig samtaleemne. Så ble det glemt. Til det dukket opp igjen, som den sjokkerende nyheten at kona hadde anklaget Mette for å ha kastet trolldom på henne, slik at hun ikke kunne stå på beina i lang tid. Markus, Mettes mann, stilte opp på tinget som en harmdirrende bjørn, talte sin kones sak og førte vitner. Naboer bekreftet, den ene etter den andre, at Mette var et godt og gudfryktig menneske og at kona til Nils-smed, stadig og i mange år klaget over vondt i beina.

Til slutt banket sorenskriveren klubba i bordet. Mette og Marcus vant over dårskapen.

De ulike gjøremålene fylte Ellis' dager til fulle. Men de inneholdt også saker som fikk tankene fra det absurde som skjedde rundt henne over på det helt nære. Det som bare angikk henne – og Nils, som fortsatte å gjøre kur til henne. Elli svarte med å våge å legge hånden sin lett på armen hans. Eller hun plukket rusk fra vadmels-brystet. Nils var et par år eldre enn Elli, født og oppvokst på et lite sted ytterst i Tanafjorden. Han var godt likt som arbeidskar. Blid var han også.

Elli og Nils var overbevist om at Gud og skjebnen hadde ført dem sammen. De elsket hverandre med slik lidenskap at veien til presten var eneste løsning. Men de begynte med en forlovelse.

Elli falt ikke for flere varme fristelser. Alt hun tjente sparte hun. I stille nattestunder spant hun sitt eget garn. Hun strikket lester og vanter og solgte dem. Pengene for varene sparte hun også. Og hun neide og takket hjertelig når frua kom med tøybiter som var blitt til overs. Kistene som sto under senga, var alle ulåste. Det var en uskreven lov blant tjenestejentene. Hun åpnet reisekista si. De fargeglade tøystykkene hun allerede hadde fått, lå nøye brettet oppå hverandre. Elli tok opp tøystykkene og bredte dem utover senga. Den oransje brokadebiten på knapt en armlengde var så smal at hun ikke ante hva hun skulle gjøre med den.

Elli holdt tøyet opp mot lyset fra kjøkkenet. Tøyet silte lyset, og roserankene som var vevd inn i en lysere tone enn bunnfargen, skilte seg tydelig ut. Hvert enkelt tøystykke var et lite kunstverk. Hun strøk over det myke tøyet og telte bitene. 24 stykker var det blitt, foreløpig. Den brune skinnpungen og lykkeamuletten kilte hun tilfeldig inn mellom tøyet.

6

Synnøve, ei fiskerkone på andre siden av øya, mistet plutselig mannen på havet. Naboene hjalp til med det de kunne avse av mat i begynnelsen. Men alle hadde knapt til seg selv, og Synnøve begynte å tigge på dørene. Snart ulmet det ille blant folk. Snakket om den brysomme kvinnen ble mer ondsinnet i månedene som fulgte. Ordet trollkjerring ble ofte nevnt sammen med Synnøves navn. Og Elli kjente at det strammet bak i ryggen. Veien til bålet startet alltid med snakk. Det hadde hun erfart flere ganger.

En dag sto Synnøve og guttungen i døra hos Prebensen. Øynene deres var svarte av all verden sult.

– Signe dagen, sa Synnøve forsiktig.

– Dere får komme inn, sa hun lavt og overså Peder Prebensens formaning om å ikke gi mat til tiggerne. Elli øste opp to skåler med suppe, som ennå var lunken etter siste måltid.

– Sett dere og spis i full fart, hvisket hun.

Mens Synnøve og sønnen tok for seg, lette Elli opp både brød og en bit tørket flesk. Synnøve takket ydmykt og stappet maten innenfor kjolelivet. Elli vandret urolig over gulvet mens de to kastet i seg resten. Guttungen tygde med bulende kinn og pekte oppi fatet. Elli øste opp en sleiv til. Da de var ferdig skyndte de seg utfor dørstokken.

– Hjertelig, hjertelig takk Elli. Du er et godt menneske.

– Det skulle bare mangle. Jeg hørte at mannen din ble igjen der ute. Jeg beklager så mye.

– Ja Gud er hard. Jeg forstår ikke hva galt jeg har gjort som må leve slik, gråt hun mot Elli. – Mannen min etterlot meg kun et lite barn og skylda hos handelsmannen. Han kom hjem til oss og tok alt. Absolutt alt. Han og fogden. Og så jagde de meg og guttungen ut fra hjemmet vårt. Kan du forstå slikt?

Synnøve fortsatte å tigge, og folk ga motvillig. Hun trengte seg på der hun kunne. Folk ble lei maset. Deres egne unger la seg mer enn én kveld med gnagende sult i tarmene. Folk ropte: Nei! Vi har ingenting! Husj med deg, di forbannede trollkjerring!
I bitter fortvilelse over at hun og barnet nærmest sultet ihjel foran øynene deres, svarte Synnøve med å slenge forbannelser tilbake til dem som nektet henne å overleve. Folk ble enig om at Synnøve måtte ha solgt sjela si til han bare øvrigheta torde nevne ved navn. I tider som nå, når havet ikke ga noe, ble det enda mindre til alle. Synnøve var blitt svart i blikket og stygg i munnen. Det hadde Elli hørt ved flere anledninger. Synnøve og sønnen sov i båter. Under seil. Eller i lyngen, under hele himmelen. En dag hentet fogden dem.
Naboene satt på tinget, alle som en. Ingen ville fortelle at Synnøve var et godt kristent menneske. De fant å kunne bevise at hun hadde kastet vondt på ryggen til Leif i vågen. Ja, han gikk med stokk nå. Det var Fandens verk. Synnøve ble dømt til å brennes på bålet. Guttungen havnet som dreng hos en nabo. Han fikk det bra der. Det så Elli i ansiktet når hun traff ham ute.

De første somrene i Vardø solgte russerne ennå sine varer på gatene. Elli kom hjem med ei ny gryte. Og ennå hadde hun noen penger igjen etter investeringa. Birthe lo og pekte på gryta.
– Er du helt? Birthe snurret fingeren. – Kjøpe ei gryte. Du er ikke gift engang. Elli svarte ikke. Gikk bare inn på rommet innenfor kjøkkenet

og skjøv den tunge jerngryta forsiktig under senga. Hun visste at hun hadde gjort et røverkjøp og Birthe var bare misunnelig. Elli hadde egne penger og høytidelige planer om å komme seg over i eget hus.

7
VARDØ 1651

Den sorgløse stemninga som preget Vardø de første årene Elli bodde
der, var ebbet ut. Veien til bålet var blitt enda kortere. Året før hadde
de brent tolv mennesker der ute på Steilneset. Folk var dyster til sinns
og Birthe var bekymret over forholdene i nabolaget.

Lisbet hadde vært heldig og forelsket seg i en enkemann med ei
datter, og giftet seg. Særlig heldig var hun fordi han allerede eide hus,
og nå ventet Lisbet sitt første barn.
Naboene ble mistenksomme. De oppdaget snart at Lisbet stadig var
ute og grov i jorda og snek seg langs husveggen.
Birthe fortalte det hun visste, om smertene i foten til Lisbet, og at den
kalde mulden lindret. Men sladderen levde i gode kår og folk var
allerede begynt å krangle med Lisbet.

En vårdag kom Birthe løpende inn på kjøkkenet og fortalte at
nå hadde hun og Petter også fått eget hus, og at de skulle gifte seg.
– Og så kan jo du og Nils også gifte dere og leie hos oss til dere finner
eget.

Elli og Nils jublet. Livet begynte på nytt. Like etter at tredje
lysning var forkynt fra prekestolen, giftet de seg. Og flyttet inn hos
Birthe og Petter. Fisket var ikke verst. Elli og Birthe arbeidet sammen
på hjellene, og ellers der det var behov for arbeidsvillige hender. Elli
nøt det nye livet. Det var som da Birthe og hun arbeidet på gården til
Peder Prebensen.
– Signing, sa Elli og la mer ull på karden. – Det er helt uskyldig. En
liten Guds velsignelse, som blir lest over folk og fe, om det trengs.

Jeg kan et vers om hvordan man skal stoppe misunnelsen. Men jeg har aldri brukt det på noen.

– Hvem har du lært det fra? Birthe satte øynene i Elli.

– Fra bestemor. Hun kunne slikt og det er jo nødvendig å kunne litt så en får hjelp om det behøves. Og litt fra stemora mi.

Birthe nikket, men sa ikke noe.

– Vet du noe om lykkeamuletter og lykkesuppe? Eller planter?

– Planter? Nei --- Ikke særlig --- bare at det er godt for slapphet å drikke uttrekk av tyttebærlyng. Jeg vet ingenting, Elli. Det var ikke slik hjemme hos oss. Vi gikk til noen naboer og fikk noe. Det er best vi ikke vet noe. Og den der lykkesuppa har jeg nå bare hørt om. Elli lo.

– Mor kokte alltid suppe til far før han dro på havet. Hun sa at han kom til å være snar på havet fordi han lengtet slik etter den gode suppa hennes.

– Men tror du på det presten sier om at vi kvinnfolk bærer på den største svakheta. Det du vet --- og at vi er den største trusselen mot menneskene?

Birthe mumlet et svar Elli ikke klarte å tyde, og forsto at Birthe ikke likte samtalen. Hun tidde og plukket gress og lyng fra ulla før hun dro kardebrettet over. Igjen og igjen, til ulla var lang og nygredd.

– Det er mye godt i gammel kunnskap, sa Elli prøvende.

– De sier at sangen til håndteinen er viktig for ikke å trøtne i armen. Det tror jeg på, sa Birthe og dro forsiktig løs den nykarede ulla og la den i kurven de hadde mellom seg. – Jeg skulle bare ønske at jeg spant denne deilige ulla til meg selv, eller til Petter. Det er ikke samme glede å spinne til andre som til seg selv. – Se! Birthe dro opp skjørtet og viste fram den ene foten. – Strømpene mine er så dårlige at jeg like gjerne kunne ha ønsket på meg et par. Hun lo og ristet på hodet. Elli smilte. Hennes var ikke bedre, men hun sa ingenting om det.

– Men jeg har ikke tid til egen spinning. Ikke en eneste kveldsstund har jeg ledig.

– Og på torsdagene er alle trollfolk ute og leiter etter ull som de kan lage vansker med. Hørte du om tjenestejenta til han Andersen borte i Østervågen? Birthe ristet på hodet.

– De sa at jenta var lat til å spinne og spinnesangen gikk så sakte at folk bare så vidt forsto hva hun sang. Men på torsdagene, når hun spant til seg selv, da var det fart i sangen.

Det ruller og det renn
Det sputter og det spenn
De monner og det minker.
Det durer og renner
Sparker og spenner
Det vokser og det minker.

Elli sang fortere og fortere. – *Halter og hinker.*
Men så kom ei blodig hånd foran henne og en stemme sa: – Her ser du hva jeg vant for en torsdagskveld jeg spant. Jenta ble livredd og så på hendene sine. Det var bare rødt kjøtt igjen av dem. Tenk! Elli ristet av seg det blodige synet. – Nei, jeg tør ikke å trosse de gamles lærdom. Selv om presten sier det er på søndagene vi ikke må spinne. Men jeg skal hjelpe deg, Birthe. Du må få litt garn du også. Skulle du ha ventet med å gifte deg?

– Men når skulle vi giftet oss da? Det blir jo dyrt med den rompeskatten til presten, sa Birthe, klasket seg på skjørtelåret og gapskrattet.

– Rompeskatten? Har presten sett dere --- mens dere? Birthe fortsatte å le og Elli lo beskjemmet med. – Nils og jeg var forlovet i fem år.

– Ja, da skjønner du kanskje?

Elli arbeidet det hun orket. Jobbet fra morgen til kveld. I lyse sommernetter arbeidet hun hele natta og. Fisket hadde dalt betydelig i det siste. Derfor ble det også en selvfølge at hun hjalp til det hun kunne med fiskelykke for Nils. Hun fulgte nøye kvinnenes trygghetsseremoni hjemmefra. Nils rodde aldri havet uten en skål med suppe i magen og en lykkegiver i lomma.

To av fiskerne på båten til Nils og Petter var også vant med suppe hjemmefra. Det ble slik at de jevnlig kom innom og slurpet i seg en tallerken suppe før de dro ut. Og betalte med det de hadde.

Martin, en av drengene til herr Hemmingsen, var en vennlig ung mann. Nå satt han beskjemmet ved bordet og krafset med en skitten negl i den ruglete bordplata og torde ikke se på Elli. Han mumlet noe uforståelig om været.

– Martin, kom med ærendet ditt!

Han kikket raskt opp på henne. – Elli du må hjelpe meg! Kan du lage en sånn lykkegreie til meg? Ellers tør jeg ikke ro ut mer. Elli ble både overrasket og glad over spørsmålet.

– Selvfølgelig kan jeg lage en lykkegiver til deg.

– Du skal få noe igjen bare jeg kommer over noe passende. Det lover jeg.

– Det ordner seg Martin. Kom tilbake i morgen du. Da er den klar.

Elli var i fjæra mot Hornøya og sanka rekved da hun nesten gikk i en storstein. Den hadde hun ikke sett før. Rart. Steinen lignet en sel, bare mye større, som en hvalross. Steinen så uvanlig blank og fin ut. Hun måtte ta på den, stryke over den. Forundret over at en stein kunne føles myk mot håndflatene fortsatte hun å stryke med lette fingre over den, til hun plutselig kom på at noen kunne se henne. Hun trakk til seg hendene og i det samme husket hun på de

60

underjordiske. Dette var kanskje et slikt sted? Hun så seg rundt. Så la hun øret forsiktig inn mot steinen og lyttet. Det var ikke lett å avgjøre hva hun hørte, for noen måser hadde fattet interesse for det hun holdt på med, og ikke minst for knyttet hun hadde lagt fra seg ved plankene hun hadde funnet. Hun kikket seg rundt igjen. Hun hadde vært heldig, innså hun. Ingen hadde sett henne. Tenk å tulle slik for en stein. Hun bøyde seg ned for å samle sammen knyttet og rekveden da en hvit, liten stein lyste mot henne. Den så jo ut som en sel den også, en bitteliten en. Elli lo. Dette var et tegn, et godt tegn. Rundt den hvite steinen lå det flere spennende steiner. Hun hadde funnet et helt forråd av lykkestein, og takket høylytt Gud som hadde vist henne veien. For hun hadde lenge syslet med tanken om å lage et lite forråd av lykkegivere. Det var gode bytter for en slik, en halv kilo smør, et stort tøystykke og noen liter melk hadde hun fått. Hun kunne skape seg et godt liv og ha både det hun trengte og mer. Hun kunne forsørge dem begge, kanskje få bygget seg et tømmerhus. Men det var sjelden hun så Nils. Han var enten i ølkjelleren eller på havet, og forrige gang han var hjemme hadde han slått knyttneven i bordet. Han hadde hørt at kona hans drev trolldomshandel hjemme hos ham. Men skulle Elli spise måtte hun selv få tak i maten, så enkelt var det. Og gjerne noe til Nils også, når han var hjemme.

Elli bestemte seg for å velge steinene ut fra hva den så ut som. En fugl eller en fisk, var et godt tegn. I tillegg måtte den ligge godt i ei mannshånd og aller helst skulle fargen være skjær. Så da hun fant en hvit stein som lignet en måse med vingene inntil kroppen, ble hun ydmyk. Hun skylte steinen i havkanten, pirket forsiktig ut litt mose fra sprekkene og knyttet hyssingsstumpen fast. I andre enden festet hun knuskbiten. Hun hadde funnet Martin sin stein.
Da Martin kom tilbake neste dag la hun lykkegiveren i hånda hans.

– Blir sjøen urolig, skal du holde i steinen og sveive knuskbiten rundt. Så kaster du den på havet og roper guds navn, tre ganger. Da roer sjøen seg. Ha den alltid i beltetaska di. Martin bukket og takket og dro ei snørekyse opp fra skjortebrystet. Den var i atskillig bedre stand enn den gamle og utslitte hun hadde. Elli tok imot kysa og beundret blondekanten rundt skjermen, hel, uten en løs tråd. Ei slik lue hadde hun aldri eid før.

Etter at Martin hadde fått sin lykkegiver, kom det stadig fiskere innom som også ville ha en, eller få lest en ny velsignelse over lykkegiveren de allerede hadde. I bytte fikk hun smør, gryn, husgeråd eller klær. Birthe var ikke like begeistret og benyttet sjansen til å si ifra en ettermiddag de spant sammen. Nils var hjemme. Han satt ved bordet og slurpet suppe.

– Det er ikke bra det du driver med Elli. Folk er begynt å snakke. Noen mener det er trolldom i de der lykkeamulettene dine. Elli så opp fra garnnøstene. Hun ble irritert over de stadige påstandene – og redd fordi de kom.

– Folk! Hvem?

Nils la fra seg skjea og rettet opp ryggen.

– Jeg har sagt det til henne, flere ganger, at hun må være forsiktig med de der greiene sine. Men hun tenker bare på alt hun skal tjene.

– Nils da, jeg følger bare gamle råd for å sikre at du og de andre kommer hjem igjen fra havet. Jeg leser Guds navn over amuletten, husk det. Og det er da rimelig at jeg får noe igjen for hjelpa. Vi vil jo ha hus vi også.

Nils var ikke helt fornøyd, likevel nikket han og bøyde nakken over suppetallerkenen igjen. Elli bekymret seg også, av og til. Men salget gikk godt, særlig blant tilreisende fiskere. Og folk snakket uansett. Hun hadde fått et tegn fra Gud og fulgte lykkens sti. Han hadde vist henne veien til de gode steinene. De var bare misunnelige. De skulle gjerne hatt noe å bytte med selv, tenkte Elli og lot det bli med det.

8

Fiskerne som ble sendt opp på bakketoppene for å se an været, kom tilbake og bekreftet at alt var rolig. Svak vind og ingen hvite skumtopper. Mannskapet fylte båtene med mat og redskaper, fikk på seg sjøhyret og rodde ut. Et par timer senere røk det opp til et uvær ingen ante hvor kom fra. Flere av båtene hadde ikke rukket å komme seg ut, og Nils kom hjem igjen.

– Det er et forferdelig uvær, og gresstustene krymper fra små til ubetydelige. Det blir ikke en tust igjen å slå. Det er noe rart med været, sa Nils bekymret. – De gamle værmerkene er ikke til å stole på mer. Vindene er uberegnelige og stormene raser verre enn Styggen sjøl, og ingenting kan vi gjøre med det.

Like etter at stormen hadde løyet, ble døra revet opp og Birthe sto i åpninga.

– De har tatt Lisbet. Herregud! Birthe skjente over gulvet og satte seg tungt ned på senga.

– Lisbet?

– Hun har aldri gjort noe mot noen, hvisket Birthe. – Fogden og amtmannen, de tar alt folk eier når noen er blitt brent. De sier at det er så lønnsomt for myndighetene å brenne folk i Tyskland, at de lager gull av menneskeasken.

Nils var hvit i ansiktet.

– Det var det jeg visste.

– Det du visste? Elli så forbauset på ham.

– Ja. Jeg har alltid syntes at Lisbet med den foten sin har vært skummel. Jeg har aldri forstått at mannen valgte henne til kone. Han kunne sikkert funnet et bedre kvinnfolk å gifte seg med.

– Du har aldri nevnt at du syntes det var noe skummelt med Lisbet.

– Nei, men jeg har hørt henne rope skamselsord etter folk.

– Skamselsord?

– Ja, hun truer med litt av hvert.

– Ha! Da er det vel noen som har plaget henne for foten. Det har jeg hørt flere ganger. De roper etter henne, kaller henne et monster. Det er ikke rart hun blir sint og truer slynglene. Nils ristet på hodet og fortsatte med garnet.

Elli, Birthe og ektemennene deres møtte opp på tinget da saken mot Lisbet kom opp. Elli og Birthe hadde tryglet og bedt om at mennene deres måtte gi Lisbet det skussmålet hun trengte for å komme fri fra anklagene, men de nektet. De var slett ikke overbevist om Lisbets uskyld. Det hadde vært altfor mye snakk om den kvinnen i mange år, og flere hadde fått ondt på seg, sendt fra henne.

Elli og Birthe var tafatte vitner til at gode Lisbet sto ydmyket framfor alle på tinget og bedyret sin uskyld. Fogden forlangte at hun skulle prøves på havet. Det fikk han medhold i. Hele tinget møtte opp i fjæra og bevitnet at Lisbet kom opp igjen og fløt som en kork. Det hellige vannet hadde avslørt enda ei trollkjerring. Men selv om Lisbet sto gjennomvåt og barbeint i fjæra vinterstid, nektet hun for at hun kunne trolldom.

De dømte henne til pinlige avhør. Noen uker senere sto hun på tinget igjen, midt på gulvet. Restene av den småkrøllete hårmanken var skitten som ei kuruke. Halve skjørtet var revet vekk og den nakne klumpfoten stakk fram som en klov. Lisbet hadde gjort alt for å skjule sin skavank.

Nå sto hun framfor alle med skammen.

– Det er min skyld at mange har lidd vondt. Ondskapen ble verre. Jeg klarte ikke å slutte, sa hun og kikket spørrende på amtmannen som nikket umerkelig.

Fogden gjorde et kast med hodet og pekte på foten hennes.

– Denne kvinnen burde vi ha fått på bålet lenge før. Hun er et vandrende bevis på sin forbindelse med Djevelen.

Lisbet ble dømt til bålet.

Handelsmann Bras sto oftere enn de fleste skulder mot skulder med fogden ved bålplassen. Fråden hadde skummet seigt om munnen til handelsmannen på tinget, når han kjempet for å overbevise alle om at det var trolldom som kvestet kroppen hans. Trolldom måtte det være, som la armene kraftløse og knekte ryggen av smerter som var så uutholdelige at de måtte være kastet på han. Av noen med ondt i sinne.

Frådet gjorde han også mot Elli da hun kom for å hente oppgjøret for Nils sitt fiske. Det manglet alltid noen skillinger og gjelda ble bare større. Men ei usmykket fiskekjerring fra Senja måtte alltid gi seg mot handelsmannen Bras.

Birthe kom med nyheten om Lisbet og formante Elli om å møte opp på bålplassen.

– Nei, ropte Elli. – Jeg går ikke dit! Jeg nekter å se på når de brenner Lisbet! Hun er uskyldig. Det vet jeg. Måtte Fanden ta dem alle, raste Elli. Birthe satte seg og la hendene i fanget.

– Uansett hvorfor de dreper henne skal du være der når de gjør det. Om jeg skal slepe deg etter meg hele veien, skal du møte opp på

66

Steilneset! Alle kommer til å se etter deg! Er du ikke der da, tar de deg neste gang. Dessuten kan du få bot om du ikke kommer.

Ute på Steilneset var bålet reist og festningssoldaten stakk den brennende fakkelen inn mellom trevirket. Ilden flammet opp og folk trakk seg unna da varmen økte i intensitet. Som ei lita kjerring sto Dorthe, den eldste av Lisbets to barn, med et altfor stort sjal rundt seg. Begge barna gråt. Særlig Dorthe, som bare var fire år, ropte på mamma i ett.

Da Lisbet var knyttet fast, reiste soldatene stigen og kastet den inn mot flammene. Gnistfokket eksploderte og Dorthe skrek så høyt at det overdøvde moras smertebrøl. Hun rev seg løs og stormet mot flammene. Noen voksne som sto nærmest fikk tak i henne like før hun løp rett inn i bålet. Dorthe fortsatte å rope på sin mamma. Hennes egen, gode mamma. Armene og beina veivet i lufta. Hun spente den lille kroppen i en stram bue og ga alt hun hadde av lyd. Gang på gang.
– Mamma, mamma, ikke dø!

Etter at moras skrik var stilnet og bare lukta av svidd kjøtt var igjen, lå Dorte slapt over farens skulder. Med jevne mellomrom stivnet hun og utstøtte hese hvin. Kvinnene gråt med henne og de andre barna som klynget seg rundt faren. Han bare sto der, med innsunket ansikt, og holdt sine barn.
Uka etter fikk Elli høre at barna var flyttet til Lisbets søster. Faren måtte på havet og tjene til livets opphold.

9

En vårdag kom Drikk-Marte og familien roende. Hun og mannen, Ragnar-Røde, og de to halvville ungene kom fra Makkaur. Stedet der folket hentet matjord fra en gressflekk, en halv dags rotur unna.

– For å lage grønne jorder i steinhelvetet og få høy til den ene geita, lo Ragnar støyende og fortalte at forholdene på Makkaur var elendige. Folk sultet i hjel.

Den første som hadde lidd sultedøden var en gamling som ikke hadde mer familie igjen. Alle ga noe til ham, og gamlingen sjøl rotet rundt på fjellet og i fjæra i stadig jakt etter noe som kunne puttes inn mellom de tynne leppene og gi varme i blodet. Likevel skrumpet han mer og mer sammen. En dag fant de ham død. Folk sa han lå som på likstrå. Hvit og stram og med armene i kors. Klar til å legges rett i grava.

Ragnar fikk navnet Ragnar Røde for sitt illrøde skjegg. Han var en mester i å brygge godt øl fra dårlige råvarer. Ryktene var nyttige for dem. Og skjenkestedet hjemme i ettromshuset var godt besøkt. Når skrålende gjester om nettene fylte stua til tålegrensa, snek ungene deres seg stille i seng hos nabobarna.

Om sommeren, når fønvinden seilte over det nakne landet og natta var varmere enn dagen, sovnet barna i den varme lyngen, bak en knaus.

Året etter bygde Ragnar et ekstra rom. Satte inn et bord han hadde snekret av grove planker fra fjæra, benker og krakker. Og ungene flyttet hjem igjen.

Det gode ølet, den ondskapsfulle kjeften og Martes evne til å fjeske for riktige personer ga henne ei makt Elli aldri forsto seg på. Lot folk seg smigre så lett eller pågikk det et spill hun ikke fikk ta del i? De fleste levde på en nåde som ikke ga rom for annet enn hardt arbeide og bøyd nakke. Drikk-Marte derimot---.

Truslene fra presten, om trollkvinnene som truet med å overta øya, hvilte stadig tyngre på alle. Elli ønsket seg langt vekk. Men Nils mente det var best de ble. Det kom til å ordne seg. Livet ble lettere når djevelskapen var utryddet.

En dag kom han gledesstrålende hjem og fortalte at han hadde ordnet hus til dem. Torvhuset var som de fleste andres, et rom med ei grue i midten. De knudrete, tynne trestammene som dannet innerveggene og taket var godt tært av elde, men hele. De enkle jordhusene var varme. Elli og Nils slapp å sprengfyre i flere ovner hele dagen, om kulda satte inn eller vinden ble sterk. Slik som hos dem som bodde i tømmerhus.

Elli hadde samlet gjennom mange år, og de eide det meste som trengtes. Da de fikk kjøpt ei seng, feiret de hele natta, i lyset og varmen fra grua.

– Nå kan vi gjøre det vi vil, når vi vil det, smilte Nils ertende og tok rundt henne. – Nå kommer det unger til oss også, smilte han. Elli var ikke like sikker på det. Hun var ingen ungjente og hadde ventet i mange år allerede. Birthe hadde rukket å føde tre barn i disse årene.

Noen måneder senere visste alle at de var dobbelt velsignet, men Elli gledet seg ikke like mye som Nils. Hun hadde hørt forferdelige historier om tvillingfødsler, og smertene rev altfor ofte i den voksende magen. Hun fulgte alle råd, hvilte når hun kunne, drakk melk med karve i, og ba inderlig om at Gud måtte ha nåde med dem og holde barna inne i hennes livgivende buk til de kunne overleve.

Likevel ble det alvor tre måneder før tida. Birthe kom og hjalp henne med forberedelsene og støttet henne da riene ikke var til å holde ut mer.

Først kom den ene jenta. Bitteliten, som en spurveunge. Like etter kom nok ei kraftig rie og den andre jenta presset seg ut. Elli gråt seg gjennom fødslene. Birthe og Anna hjalp til og la de små til hvert sitt bryst og klemte noen livgivende dråper mellom de bleke leppene.

Presten kom dagen etter og døpte jentene. Marte og Guri skulle de hete, men selv om prestehånda hadde vært på hodet, ble Guri merkbart slappere. Tre dager senere døde hun. Marte virket sterkere, og Elli hadde et ørlite håp om at hun ville leve opp. Elli nøt varmen fra Martes bitte lille kropp mot det melkesprengte brystet. Men jenta sugde ikke til seg næringa som ventet. Elli klemte jevnlig ut noen dråper og dryppet dem inn mellom Martes lepper. I to uker levde de i håpet.

Da Martes rosa kinn ble grå og kalde, fortsatte Elli å stryke fingeren over kinnets lille runding. Hun var så vakker, den lille jenta deres. Hun klippet av et mykt, mørkt fjon, og Nils snekret ei kiste av rekved. Oppi la hun linnetet og så barnet. Hun hadde et sterkt ønske om å pynte datteren med det fineste hun eide, og grov nedi den gamle reisekista. En bit av et gult brokadestoff lyste mot henne. Hun tok opp tøystykket, brettet inn kantene og la det varsomt rundt nakken på barnet og nedover brystkassen, så tok hun barnets hånd i sin. Den bittelille hånda var kald og myk. Hun bøyde seg og kysset den, satte leppene mot de små fingrene og kysset hver enkelt mens tårene laget mørke flekker på det gule tøyet.

Gud ombestemte seg, hvisket hun. Slikt skjedde. Guds vilje måtte de bøye seg for. Elli bredde teppet rundt barnet, bare det fredfulle ansiktet syntes. De gravla henne ved siden av søstera.

Birthe og et par andre kvinner hadde brukt alt de eide av kunnskap for å berge dem, men barna var for små og uferdige. Mens skjødet og hjertet hennes bløddе, hadde de små jentene tatt sine siste åndedrag. Tvillinger var Guds gave. For Nils og henne ble de dobbelt sorg. Det kom ikke flere barn.

Elli fortsatte med fiskearbeidet. Men Nils unngikk henne.
– Du har gitt ungene våre til styggen, snøvlet han en kveld før han sovnet. Elli ville vite hva han mente og presset ham da han kom hjem igjen, men Nils skjøv ordene unna med å hardnakket påstå at det bare var fyllevrøvl. Elli trodde ham ikke. Slike utsagn regnet ikke ned fra himmelen.
– Jeg er da kona di og har rett på å få vite hva folk sier om meg, til mannen min. Nils nølte lenge, så sa han det. Det var Johannes som hadde sagt det om styggen, han har hørt at styggen tok unger som ble født for tidlig.
– Tenk å si slikt! utbrøt Elli, men roet seg i det samme. Johannes var kjent for å snakke over seg. Det var ikke mer å vente fra den kanten.

Fjæreturene i Vardø var mer innbringende enn både på Omgang og hjemme på Senja. Forliste båter og tømmerstokker på avveie helt fra Russland kunne en finne. Tømmerstokkene betydde brensel for lang tid, eller en bit på et nytt hus.

Presten, mester Mogens, gikk også ned i fjæra. Han skulle kreve inn sin lovfestede del av fiskernes fangst, det var en del av lønninga hans. Skjellsordene flakset da han nærmet seg, men Mogens rettet bare ryggen da fiskerne slengte andelen rundt beina hans. Korga fikk han fylle selv. Lange-Laurits fikk inn en fulltreffer da presten bøyde seg for å ta opp fisken. Torsken traff presten midt i baken så han fór framover og nesten trynet. Da han fikk samlet seg litt, grep han korga med fisken og løp ustøtt bortover de sleipe fjæresteinene.

Latterbrølene runget bak ham, og Lange-Laurits var dagens helt. Likevel var kirken full på søndagene, oppfordringene til folket om å holde øyne og ører åpne og vokte seg for trollfolk, var en rikholdig del av den åndelige føden.

Noen dager senere da Nils var i fjæra og lette etter ved, fant han ei hel og full skipskiste. Med god svikt i knærne løp han hjem med fangsten.

– Elli. Se her hva jeg har funnet. Nils satte den morkne trekista forsiktig ned på bordet.

– Dette måtte vi ha jobbet et helt år for å få, og så bare ligger det der i fjæra. Rett framfor meg. Han lo lykkelig, dro opp ei saks og klippet i løse luften. – Den blir et godt bytte. Saks trenger alle, vet du! Lykken har jammen smilt bredt til oss i dag. Så løftet han andektig et par tykke, grå ull-lester opp fra kista. – Se på den ulla Elli. Den må være fra en annen sort sau enn de vi har her. Sånn flott ull har jeg aldri sett. Kniver, gafler og enda flere kostelige og brukbare saker dro han opp og la på bordet.

Overmodig over den store lykka som hadde rammet dem, fortalte Nils om hellet til alle som ville høre. Det skulle han ikke gjort. En dag banket fogden på døra.

– I er klar over at alt vrakgods tilhører Kongen og riket? Nils endte på tinget, måtte gi fra seg alt og i tillegg betale en saftig bot. Likevel beholdt de fleste det fant i fjæra. Det var ingen fornuft i at fattige mennesker skulle avstå fra ekstra tilskudd som rak inn og lå og ventet på den heldige som kom dit.

10

Sommerdagene i Vardø kunne enkelte ganger starte med sol og varme. Men utpå formiddagen seg tåka inn, og med den en kjølig vind som feide over det nakne grå landet. Utpå kvelden fortrengte nattsola tåka og badet landskapet i et mykt lysskjær. Til og med det mektige havet hvilte i alt det duse, og folk trakk ut av husene. Mange var ute i samme ærend. De gikk med bøyde rygger og speidende blikk og andre tok seg en liten prat i bakken.

En slik kveld var Elli også i fjæra og jaktet på noe å brenne. Strandsnipene hoppet mellom tangen og leita etter mat rundt føttene hennes. Rekveden hun fant la hun i små dunger og gledet seg over at det var noe å finne. Ravnene lettet med dorske tak opp fra små-klippene og klaget over å bli forstyrret i sine hemmelige gjøremål. Skrikene fikk tankene over på død og elendighet. Elli rettet ryggen og hysjet på dem.

En skarp blåfarge blinket mellom de svarte klippene. Hun skyndte seg mot stedet og røsket unna den våte tangen som halvveis dekket funnet. Skuffelsen var stor da hun så at det bare var et skår av det som engang hadde vært et preektig fat. Biten hun holdt i hånda var en fjerdedel av det opprinnelige fatet, og himmelblått med snirklete gulldekor rundt kanten. De rue arbeidsfingrene gled over den glatte glasuren. Hun løftet biten mot himmelen, samme farge. Rikingene brukte ekte gull til å dekorere sine fineste eiendeler, det visste hun og ble usikker. Vrakgods måtte leveres til amtmannen. Dette var bare et skår, men med ekte gull på. Slikt kunne hun ikke bare kaste fra seg. Hun som aldri hadde eid edelt metall. Hun stakk skåret nedi knyttet hun bar rundt livet.

Amtmannen, den drukkenbolten. Brydde han seg om potteskår? Aldri. Han ville le foraktelig om hun kom med det, selv om det var ekte gull rundt kanten. Det var hun sikker på. Hjemme satte hun fra seg kurven med rekveden, la knyttet på bordet og stablet veden i kassa. Forsiktig løftet hun skåret ut av knyttet. Den knallblå biten lyste liksom av seg selv og når hun vippet det litt, blinket gullrankene i lyset fra bålet. Hun kikket rundt i rommet. Om hun satte skåret på et bra sted, kunne hun se opp fra spinninga og kardinga og nyte synet av herligheta. Skåret fikk plass mellom to skeive veggstokker. Hun betraktet den lyseblå biten. Om hun bare hadde hatt hele fatet, det ville lyst opp den sotsvarte veggen. Da Nils kom hjem, viste hun fram sin nye skatt. Han fnøs.

– Tror du det er fint det der? Han pekte og ristet oppgitt på hodet. Elli var ikke overrasket. Hun hadde erfart flere ganger at Nils ikke satte samme pris som henne på små gleder. Han drømte om den store fiskelykka og alle pengene som skulle strømme inn. Når fisket var labert og været uregjerlig, surnet han til.

Like uventa som stormene kom over øya, kom den første trolldomsanklagen mot Elli.

Anklagene kom fra svirebrødrene til Nils, Johannes Olsen og Lorentz Andersen. Elli hadde vært i krangel med de to flere ganger. Om Nils' drikking og andre saker. De mente det gikk troll i ord fordi Lorentz fikk vondt i ryggen da Elli hadde ropt at han skulle få på pukkelen, en gang de kranglet. Den andre, Johannes, var unnselig og gift med ei av samme sort. I Ellis øyne var Johannes en ugudelig hund. Som barn hadde han vært feberhet og borte fra denne verden ei tid. Han lærte seg det viktigste for å overleve, men ikke særlig mer.

Han fortalte ufattelige historier om folk og fe, til noens fornøyelse og andres lidelse.

Johannes sto opp på tinget.

– Kona kranglet med Elli og dagen etter hadde hun så vondt i benet at hun måtte gå med stokk. Noen sa at vi måtte gå hjem til Elli og true henne til å fjerne ondskapen. Jeg gikk dit og da sa Elli: Hadde jeg kunnet noe, ville jeg brukt det mot deg, men bare send kona di til meg. Kona mi dro rett til Elli og med det samme hun så henne, kastet hun stokken og gikk som før.

Elli blånektet. Birthe og Petter reiste seg og gikk god for Elli. Nølende reiste den ene etter den andre seg. – Elli er ei god og kristelig kvinne. Det sa de alle.

– Vi må få et tegn fra Gud som bevis på om hun er skyldig eller ikke. Vi må få henne på havet, brølte Espen Torkelsson, fogden. – Kast henne på sjøen, Guds hellige vann taler alltid rettferdig!

Lagmannen over Nord-Norge, Mandrup Schønnebøl, kremtet og lente seg bakover i stolen. Støpningen hans lot seg ikke rive med av fantastiske fortellinger om djeveldans og uforklarlige smerter. Han snudde seg mot Johannes.

– Det finnes ikke bevis på at denne kvinnen er trolldomskyndig, og det er stor sannsynlighet for at det var tilfeldighetene som slo til slik at dere fikk vondt i rygg og ben. Dessuten er dere friske nå. Det kan alle se. Lagmannen snudde seg mot fogden som sto midt på gulvet og dirret over fortjenesten som glapp.

Elli fikk en advarsel mot lykkedrikken. Dermed kunne hun gå fra tinget med rak rygg.

Men ryktet hennes var ødelagt. For alltid. Det fikk hun smertelig erfare i årene som kom. Det bitreste var at to drukkenbolter var årsaken, og at de var vennene til Nils. Og at Nils fortsatte å være venner med dem.

På vaskeplassen ved brønnen stilnet praten når Elli kom med vasken. Før var det moro der nede. Snakket mellom kjerringene og all humoren hadde forvandlet arbeidet til en lek. Slik var det ikke lenger.

Birthe var den samme som før. Men uten naboenes hjelp ble livet slitsomt. Ingen hadde særlig med penger, og fikk kritet varer hos handelsmannen. Med venner og bekjente kunne en bytte. Det var det Elli også hadde gjort. Byttet til seg det hun trengte. Mot velsignelse på havet.

Det var som om hver en mørk krok var tettpakket med ondsinnet snakk, og Elli unngikk dem. Mange snudde ryggen til når hun nærmet seg. Bikkjene glefset etter henne. Nabosnakket styrte alt og nå var det Elli de snakket om. Praten stilnet aldri, og alles øyne fulgte hvert steg hun tok.

Hver gang ei ny kvinne ble ført til slottet anklaget for trolldom, endret stemningen i Vardø seg. Folk ble redde og hissige. Det kom alltid nye utleggelser i kjølvannet av den som var hentet inn. Det gjaldt å passe seg. Derfor holdt naboene sammen. De kjente hverandre. Særlig var de tilflyttede jentene avhengig av den tryggheten. De var fremmede fugler som hadde landet på øya. Ingen visste hvem de var og hvor de kom fra. Hadde de rømt fra noe? Var en tilflytter, forble en det.

Elleve år i Vardø var ikke nok til at Elli unngikk bakvaskelsen. Hun hadde ingen familie å søke beskyttelse hos. Ingen slekt som roet forholdene, som fortalte historier om forfedrenes gode gjerninger og kunne gå god for dem.

Birthe kom på besøk og sa: – De sier du også har deg med Fanden. Og at det er din skyld at folk er blitt skakke og skeive. Du må jammen passe deg nå, Elli. Det er blodig alvor der ute.

– Jeg har sagt det til henne hele tida, ropte Nils og snudde seg mot Elli.

– De der trollgreiene du selger er ikke kristelige saker. Og nå ser du hva det har ført til, ditt egenrådige kjerringnaut!

11
VARDØ VÅREN 1658

Elli satt foran grua og snudde og vred på hendene. Selv i det dunkle lyset var venene tydelige. De snirklet og krøkte seg over håndbakene som ormer. Fingrene var røde og knoklete. Det harde arbeidet i Vardø tæret på. Brått reiste hun seg. Hun kjente seg som et skammens vesen som satt slik og kritiserte sine egne hender, de som hadde gitt henne mat på fatet og hele klær. Sterke og friske hender. Hun hadde sett andre som ikke klarte å rette ut fingrene på grunn av all gikta, likevel måtte de på jobb med tørrfisk og annet som bød seg. Men verst var all drukkenskapen som florerte i byen etter at Marte og familien kom. I over en uke hadde hun måttet tigge til seg en fiskepinne når fiskerne kom på land.

Nils måtte komme hjem nå. Han måtte forstå at elendigheten deres økte jo lenger han satt i skjenkestua.

Elli gikk tett innmed husene. Kulingen rev friskt. Vinden kom fra bakken og overalt, det var vanskelig å sette beinet ned igjen når hun først hadde løftet det opp. Skjørtet bredte tøyrikdommen sin over henne. Hun hespet det sammen og krøket seg enda mer. Huset til Drikk-Marte lå et stykke mot Østervågen. Da hun nærmet seg hørte hun støyen fra dem som drakk der. Hun ville snu. Ville ikke vise ansiktet sitt i det huset om natta. Ikke noen tid på døgnet. Helst ville hun gå hjem igjen. La alt være som det var. Men hun åpnet døra og gikk inn. Stanken og støyen slo mot henne. Bråket fra gubbene som satt rundt bordet stilnet. Nils satt nærmest utgangsdøra. Hun prøvde å møte blikket hans, men han vek unna.

Gubben ved siden av tok seg en sakte slurk og tørket seg rundt munnen med en svart handbak. Han dultet lett i Nils, som ennå ikke hadde sagt noe.

Elli gikk bort til Nils og rusket ham forsiktig i ermet. Drikk-Marte stilte seg foran dem med hendene godt plassert på hoftene. Et øyeblikk kikket hun fra den ene til den andre. Da hun forsto at Nils ikke ble med hjem frivillig, smøg hun seg ned på fanget hans. La armene om ham og kikket utfordrende på Elli.

– Nils har det bedre hos meg, lo hun.

– Ikke sant, Nils? kaklet hun. Nils så ikke opp fra bordet, men løftet kruset og lo sammen med henne. Resten av selskapet lo også. Noen løftet glasset og skålte på det. Elli snudde og gikk. Ute hadde kulingen økt og slo rett imot. Hun trakk sjalet ned over ansiktet. Bøyde nakken og ba til Gud om at ingen oppdaget henne.

Drikk-Martes ekle latter fulgte henne hele veien hjem. Elli ville helst tro at kjerringa brukte kjeftamentet som et stikkende og avskyelig skremsel, mot dem som klaget over at mennene spanderte siste shillingen i skjenkestua. Men det var vanskelig.

Sauene var ennå ute og Elli håpet de hadde vett å holde seg i ro til hun kom hjem. Det hadde de. De lå tett ved døra og ventet. Hun holdt den opp mens dyrene trasket inn og la seg i kroken sin.

Elli la på mer torv, kledde av seg ulljakka og slapp seg ned på senga. Dyrenes pust og tygging var trygge og gode lyder, og minnet henne om den kosesyke søya hjemme på Senja. Den som hadde vekket henne mer enn én gang med ei våt tunge på kinnet, eller der den fant naken hud. Elli trakk teppet rundt seg.

Nils kom ikke hjem den natta heller. Det gikk enda et par dager før han viste seg. Da sov han to dager. Elli strøk ham over ryggen og kjente at hun var merkelig glad for å ha den udugelige i hus igjen.

Så kom beskjeden om at båten hans skulle på havet igjen.

– Er det noen nytte i å slite for ingenting? Nytter det å gjøre noe som helst? mumlet han og sovnet.

Neste morgen sto Elli opp og laget suppe. Halvparten av ingrediensene manglet, men det fikk våge seg. Nils spyttet i suppa og bannet.

– Det svineriet ditt smaker pepper og vann. Har du tenkt å forgifte meg også nå, di trollkjerring? ropte han. Han reiste seg brått og mønstret henne. Elli krympet seg. Han stakk føttene i de hullete sjøstøvlene, tok skinnhyret under armen og gikk mot døra.

– Er det ikke noe du har glemt, sa Elli og prøvde å overse at han både hadde kalt henne og fylt øynene med det hjertet rant over med. Hun ville absolutt ikke at han skulle dra på havet slik.

– Glemt, hva faen skulle jeg ha glemt i dette huset?

– Skal du ikke ha med deg denne? sa Elli og holdt opp lykkegiveren.

– Den djevelskapen der. Nei! Det er slutt med slik djevelskap! Forstår du ikke at alt blir verre når du holder på med de trolldomsgreiene, ropte han. Han trampet ut og dro døra hardt igjen bak seg.

Det var tidlig på høsten. Presten sto oppe på den nye prekestolen, og den myndige stemmen hevet og senket seg over den bøyde forsamlingen.

– All, absolutt all elendighet er Satans storoffensiv for å overta menneskeheten gjennom sine medhjelpere! Tvi, tvi! spyttet han.

– Det står «Lensherre Jørgen Friis og hustru Hedvig Sophie», hvisket Birthe. Elli nikket svakt mens blikket fulgte de uforståelige bokstavene på prekestolen med sirlig, gylden skrift. Under skriften var det malerier av grønne, frodige hager og blomsterranker som snirklet seg rundt bildene.

– De trolldomskyndige og heksene er årsaken til vår lidelse. Det må dere huske! Presten trakk pusten og tok et fastere grep i prekestolen. Han lente seg mot dem og sveipet blikket over forsamlingen.

– Det er Djevelens skyld, tvi, tvi, at vi lider. Gjennom de svikefulle som bekjenner seg til ham, kan han utføre sine djevelske kunster, slik at gode menn, kvinner, barn og dyr sulter. Fordi Satan, han spyttet igjen, – søker etter dem som lar seg villede av løfter om et bedre liv, må alle være på vakt. Ingen må noen tid, dag eller natt, glemme at det er den ondes verk at sterke menn omkommer på havet. I uvær som ingen ende vil ta. Dere må ikke engang tenke at de som blir brent på bålet er mennesker. De er trollpakk og den ondes verk, fra topp til tå og langt utover det kjødelige.

Presten kavet seg opp. Han snakket om helligbrøde, gjengjeldelse og forbannelse, og den vesle forsamlingen lyttet andektig. To talglys brant på alteret, og hver gang han pustet blafret de. Stemmen sprakk flere ganger i raseri, og dobbeltskyggen som danset bak han på veggen, lignet styggen selv. Elli festet blikket på de frodige hagene. Studerte de grønne lundene med de bugnende frukttrærne, og tenkte på Bergen. Prestens iltre rop fikk henne ut av de grønne lundene, og tilbake til strenge rynker som ble ekstra dype i skyggene fra talglyset.

– En gang var Djevelen så vakker at han ble innbilsk. Hans blendende skjønnhet fikk ham til å tro at han kunne oppnå alt på egenhånd, uten Guds hjelp.

Presten tok en pause, lang nok til at de mest utålmodige rakk å vri seg opptil flere ganger. – Den gang het han Lucifer, var fagrere enn alle de andre englene og satt som høvding. Til slutt ble han innbilsk og tok opp kampen med Gud selv. Djevelen er lokkeren, fristeren, intrigemakeren og forføreren. Han arbeider i det skjulte. Han vet at folk er redd ham. Derfor bruker han list og knep for å dekke over hvem han er, og skjule hva han vil. Hans ypperste knep er å opptre som Gud og forsøke å få mennesket til å tro at dets egen vilje er Guds vilje.

Mester Mogens rettet ryggen, løftet pekefingeren og holdt den taust i lufta.

– Han har syv hovedknep. Vi må huske dem alle, til enhver tid. Knepene er: Misvisende sluhet. Brennende hat. Giftig misunnelse. Funklende falskhet. Overmodig maktbegjær. Umettelig gjerrighet og et grådig lystbegjær som styrer alt han gjør og tenker.

Mester Mogens kikket utover forsamlingen og tørket svetten som piplet i panna. – Djevelens makt er stor, det kan vi ikke se bort fra. Men i den fullstendige hengivelsen til Gud vår allmektige fader, er det likevel mulig å komme unna.

Presten løftet hendene mot himmelen. – Gud fader er den eneste makt som består av ren ånd. Djevelen derimot, er kjødelig og lett å kjenne igjen, for kroppen er menneskelignende, men blåsort eller lodden. Han har dyreføtter, hender med klør, lang hale, dyrekjeft med lange tenner og horn i panna. Han kan forvandle seg til hva han vil.

– Satan har fått for godt innpass, fortsatte han. – Det kan en forstå gjennom alle som er blitt dømt til bålet. Det eneste som blomstrer med hans tilstedeværelse er elendigheten. Han sukket dypt. Bøyde seg utover menigheten. Det var helt stille i kirkerommet. Etter ei stund ble noen urolig. Var prekenen over? Folk kikket seg forsiktig rundt for å se hva naboen foretok seg.

82

Så rettet presten seg opp, sukket igjen og takket amtmannen og frua for den sjenerøse gaven. De nikket tilfreds. En helt ny prekestol. Sendt opp til det ytterste nord, fra selveste Bergen. Presten foldet hendene.
– Vi må takke Gud som har sendt slik god hjelp til Vardø og be om at vi får beholde herr amtmann Orning lenge.

I stille stunder tenkte Elli på om det hun drev med var verdt utbyttet, og om hjelpen hun ga kom til å sende henne på bålet. Men at hell og lykke på havet var tilstrekkelig til å mistenke henne for å være i pakt med styggen selv, det trodde hun ikke. Ikke var hun medlem i den djeveldyrkende ordenen folk og presten snakket om. En hekse-orden som spredte seg som ild i tørt gress, over hele verden. Elli visste ikke hva hun skulle tro om det. Og hun var ikke den eneste som var skeptisk, men ingen sa med tydelige ord at de ikke var like overbevist som presten og øvrigheta. Dessuten var det hun drev med, gammel lærdom med Guds ord.

Gang på gang ble hun enig med seg selv om at den lille håndsrekningen hun ga, umulig kunne være farlig. Øvrigheten skulle ikke skremme henne fra å drive med hjelpen som i generasjoner hadde betydd liv eller død for dem på havet. Betalingen, selv om den var en dråpe i storhavet, ville hun heller ikke unnvære. Takknemligheten og godordenene fra dem hun hjalp, varmet. Elli bestemte seg for å fortsette som før. Men noen var overbeviste og mistenksomme, og voktet på andre med årvåkne, skvetne blikk.

En dag kom Birthe innom for å spinne sammen med Elli. Hun var alvorlig i stemmen.
– På Ekkerøy har de rasket sammen halvparten av kvinnene og kasta dem på bålet. Ja, et par menn også. Det har jeg hørt, og når fisket er som nå, blir gjelda mellom oss og handelsmannen bare større. Vi har

ikke mat i huset, verken til ungene eller oss selv. Elli forsto. Det var ingen trøst i at alle led. Tvert imot.

– Uansett hva som skjer, er det urett fra øvrigheta – urett mot oss fattigfolket. Og det merkes. Ingen hjelper hverandre mer. Alle er redde for å få noe mot seg.

Livet fortsatte sin skeive gang. Elli sultet som de fleste andre og de måtte slakte sauene.

Så kom den velsignede våren da været slo om og ble noenlunde forutsigbart. Mennene kom seg på havet og fisket mer enn godt. Folk torde så vidt å smile igjen. Nils fikk også nytt mot. Drømmen om gode tider fikk alle opp på bena igjen og i arbeid.

– Nå skal du bare se Elli, sa han. – Nå ordner det seg for oss alle. Hvis neste sjøvær blir like godt som det forrige, skal jeg kjøpe nye sjøstøvler. De gamle lekker og jeg blir plaskvåt bare jeg nærmer meg fjæra. Nils lo og var glad.

Hver dag kom mennene hjem med fullastet båt. I kirken fortsatte presten sin rungende tale om djevelen. Folk gløttet smilende på hverandre. De var bønnhørt. Gud hadde ikke forbigått de fortvilte bønnene deres likevel. Glemt var alle dystre tanker om trolldom og elendighet.

Gleden varte til midt på sommeren. Til den sommerstormen først i juli, som ble den verste i manns minne. Både mennesker og dyr krøp sammen innenfor de trygge veggene. Da uværet roet seg og folk torde gå ut, la snøen seg på bakken mens folk ristet på hodet. Neste nedrykk i oppturen kom da ryktene begynte å svirre om at handelsmannen bare betalte en tredel av det fiskerne krevde for fisken.

Nils og et par andre karer spyttet i nevene og gikk til Brassen. Sjøstøvlene og andre goder sto på spill.

Senere på kvelden da Elli kom hjem fra fjæra, satt Nils på senga. På bordet sto tomflaska.

– Utlandet vil ikke betale for fisken vår, sa Nils med hodet mellom hendene. – Brassen sa vi ikke hadde noe oppgjør å hente. Fisken vi har levert i flere måneder, dekker bare delvis opp for den gamle gjelda. Prisene er så elendige at det ikke lønner seg å dra på havet mer. Han ristet på den tomme flaska og snøvlet om den livlige byttehandelen de engang hadde med Flensburgerne. Nå var alt skrumpet bort. Etter denne nedturen ble Nils aldri ordentlig glad igjen. Bare alkoholen lyste av og til opp mørket i ansiktet hans.

Ingen forsto helt sammenhengen mellom gjelda og fiskeprisene. Det var alltid noen som kranglet eller hadde vært i krangel med handelsmannen. Både Elli og andre trampet med jevne mellomrom inn til Bras og tok opp saka, men han holdt på sitt. Og gjelda fortsatte å øke. Til slutt nektet han dem kreditt. Elli fikk med seg Birthe og Gunhild, som også var blitt svartelistet. De gikk til handelshuset.

Handelsmannen forsto ærendet allerede før de hadde sagt noe. Kvinnene ventet rolig mens han frådet og freste. Ansiktet svulmet og han rev seg stadig i den trange halsåpningen for å lufte svetten.

Da han ikke kom noen vei med ordbruken, knyttet han nevene og tok et truende skritt mot kvinnene. Birthe og Gunhild rygget forskrekket ut fra butikken og la på sprang. Men Elli ville ikke la seg skremme og sto igjen, slik hun hadde gjort flere ganger før.

– Jeg vil bare at du skal forklare meg hvordan det er mulig at gjelda bare øker, selv om Nils leverer alt han fisker til deg.

Handelsmannen smalnet øynene ørlite.

– Nå er jeg grundig lei av maset ditt, kvinne! Ondt har du utlovet, og ondt er fremkommet, men blir ikke jeg og min kone friske igjen, da skal den røde hane gale over deg, Elli Jonsdatter!

– Friske blir dere aldri. Tyver er dere, ropte hun og spyttet på ham. Målet var øyet, men klysa traff Bras som et slimet kyss midt på det dirrende kinnet. Handelsmannen dro ermet sakte over kinnet og kikket på den skamløse, lille kvinnen. Han grep henne i skjortebrystet, dro henne mot seg og slo. Overrasket over det bråe angrepet slo Elli tilbake. I det samme hånden smalt mot ansiktshuden, angret hun. Hun kavet for å komme seg løs. Lynkjapt satte hun fingrene inn i Bras myke øyehuler. Han kastet hodet bakover med et brøl. Elli kom seg på bena, rasket med seg skoene som lå slengt like ved, og løp. Isvinden slikket henne oppover leggene mens hun spurtet bortover den steinete veien. Hjemme igjen kom tankene. Hadde hun truet Brassen og kona på helsa? Hun kunne ikke huske å ha gjort det, men samtidig visste hun at mange ukvemsord hadde falt hver gang hun gikk dit og forsøkte å få oppgjør for fisken Nils hadde levert.

Elli fortalte ingen om det som hadde hendt. Ikke engang Nils eller Birthe våget hun å fortelle det til. Historier som vandret endret seg hele tiden. De blå merkene i ansiktet kom ikke til å bli noen stor nyhet. Brassen slo den som ikke bøyde seg for ham. Det skjedde hele tiden. Men hun gikk ikke til butikken mer. Støtte hun på handelsmannen, stirret hun på ham, mens han overhodet ikke så hennes vei.

DEL TO

12

CHRISTIANIA 1638

Anna og Ambrosius Rhodius var nygifte og forventningsfulle da de seilte fra København til Christiania. Rode hadde fått stilling som magister og lege der, langt oppe i det ville nord. Hun hadde aldri vært i Norge før.

Morgendisen lå tung over Oslofjorden da skipet seilte inn mot Christiania. Ekteparet sto ved rekka og betraktet sitt nye hjem. Rode pekte.

– Der er kongens slott, Akershus.

På det ytterste neset lå slottet, med en solid steinmur rundt. Inne i vika lå pirene der skipene la til. Sagbrukene lå på rad og rekke langs elvene som rant ut i vika, og fylte opp havbunnen med flis. Langs brygga lå alle handelshusene.

– Og der borte, Rode pekte til venstre bak handelshusene.

– Der ligger kvadraturen. Der er vårt hus, i enden der. Han pekte mot jordvollen. – Der ligger gamle Oslo, Pipervika.

Anna lente seg tettere inn mot sin mann. Hun var inderlig glad for at også han var et kjærlig menneske og levde etter kunnskapen om at kropp og ånd var ett, av Gud.

Nå var hennes Rode ansatt som magister ved det nye gymnaset som Christian IV hadde opprettet i Christiania. Det var en stor ære.

Rode så tenksomt ned på sin kone. Han skimtet så vidt den myke rundingen av kinnet som stakk ut under den stivede linhatten. Hun burde bruke den mykere halspynten som var kommet, ikke den stivede hun foretrakk. Det ville kle hennes ovale ansikt. Men det var ikke hennes attributter han aller først kjente for da han møtte henne.

Det var hennes oppriktige vesen. I tillegg var hun en dyktig urtegartner, vokst opp som datter av en lege og barnebarn av den forrige kongens livlege. Han anså seg som en heldig mann som hadde fått en kone som også var hans åndsfrende. Han hadde kanskje ikke blitt gift ellers. Han la armen rundt livet hennes. Trykket henne lett inntil seg.

– Ser du, frodige og grønne jorder rundt hele byen. Det var dette vi drømte om.

Anna betraktet landskapet. Utenfor jordvollen som omkranset bykjernen var det store, grønne jordstykker, noen gårder og beiteland med kyr. I utkantene av jordene vokste skogene. Liene buktet seg oppover og bortover, i et terreng mer kupert enn hun noensinne hadde sett før. Hun likte det hun så. Anna sukket.

– Bygdene ser skjønne ut. Så grønne.

– Bygdene er idylliske, ja. Men straks du kommer ut på bygda, utenfor byen, tror folket på skogsvetter og Tor og gand.

– Hedninger? hvisket hun og la armene i kors. – Du skulle sagt det før. Jeg---. Vi snakket om det før vi reiste, Rode.

– Verden er full av hedninger, Anna. Og lengst nord i dette landet florerer trolldommen som ugresset på enga, det har jeg både hørt og lest om. Slik er det å besøke verden og nye steder. Ingenting er som hjemme, min kjære, og det må vi akseptere.

– Men du lovet at menneskene her var siviliserte og kristne, Rode. Du lovet det. Jeg er livredd hedninger, hekser og trolldom. Jeg avskyr dem som pesten. Hun snudde seg, så ham inn i øynene, og ventet på svar. Rode besvarte blikket. Han var overrasket. Hans ydmyke Anna, så hissig. Men han hadde snakket sant. Han hadde bare møtt velutdannede og rettskafne mennesker sist han var i byen.

Han løftet hendene avvergende før han la dem på skuldrene hennes. Bevegelsen var rolig, men fast. – Folk er en brokete masse her som andre steder og jeg har aldri møtt en hedning, bare hørt at de finnes i bygdene omkring. Vi konsentrerer oss om vårt arbeid og vår Gud. Ikke sant? Anna svarte ikke. Hun snudde seg og så utover havet mot byen igjen. Christiania så liten og ødslig ut, og snoen som lekte langs skjørtekanten og rundt anklene var bitende kald. I København hadde det vært solskinn og varmt da de dro.

Eiendelene deres var sendt av gårde tidligere og forhåpentligvis var det meste pakket ut av husholdet. Anna så fram til å møte tjenestefolket. Hun håpet inderlig at de var behagelige.

Ei hestevogn stoppet foran dem. Den var bestilt for å hente dem og de få kassene og veskene de hadde med seg nå. Men Anna ville spasere til sitt nye hjem. Huset deres lå bare noen hundre meter fra bryggen. Hun ville se byen og kjenne fast land under skoene. Rode advarte henne.

– Det har regnet i natt. Du kommer til å ønske at du kan sveve, sa han. Anna så på ham med løftede bryn.

– De har vel farbare gater her?

Rode trakk på skuldrene, og de ruslet oppover kaia.

Overraskelsen ble stor. Bak vognrammelen og stemmene og ståket ved havna, åpenbarte det seg et stinkende gjørmehav, mer flytende enn fast. Annas første tanke var å snu, men hun løftet skjørtene så høyt hun kunne og holdt Rode i armen. Oppover gaten ble tåken tettere av såpekokingen og røyken fra sagbrukene.

Rundt dem yrte det av tiggere og krøplinger, silkekledde unge lapser og fornemme damer i sorte fløyelskjoler, ærverdige kjøpmenn og fillete lasaroner. Borte ved hjørnet av Vaterstrædet bukket Rode dypt da de møtte borgermesteren, som var ute på morgentur med sin kone. Rhodius hadde møtt ham forrige gang han var i byen. Borgermesteren bar en bredbremmet, sort hatt over det skulderlange håret. Over skuldrene hadde han en skinnvams, og under den en rød drakt der en hvit, rikt brodert kniplingskrave bredte seg ut. Som skikken var blant adelen bar han staskården i beltet. Føttene som han bredbent hadde plantet i bakken, var omsluttet av store kravestøvler. Fruen hans var kledd i en sort kjole av fineste tøy, og en hvit, skålformet krave. Over skuldrene bar hun en rød fullbrodert kappe. Anna neide dypt til dem begge, og Rhodius bukket.

Anna tok inn alt det nye, men husket å gå varsomt og sikte mot de tørre forhøyningene. For Christianias gater var belagt med kuppelstein, og man måtte holde seg godt unna husveggene for ikke å risikere å få borgernes nattpotter tømt i hodet. Rennesteinen på midten fløt med alskens som stinket ille. Gårdeierne hadde selv ansvar for at gatene var skikkelig brolagt utenfor deres hus. Men nesten ingen av huseierne hadde utført sin borgerplikt. Enkelte steder var gatene bare gjørme, og griser rotet i møkka.

Det var virkelig sant at byen ennå sto i uferdighetens tegn, slik Rode hadde sagt, det var spor etter det overalt. Men at det var så ille hadde hun ikke trodd.

Endelig var de framme. Den lille murgården så velholdt og fin ut, men heller ikke den hadde brostein utenfor.
Rode slapp armen hennes og tok et skritt til siden for å åpne døra inn til deres første hjem, da en gris kom løpende mot dem i fullt firsprang. Grisen svingte uredd unna og fortsatte nedover. Men Anna som akkurat hadde løftet benet, klar til å gå over dørstokken og inn i gården, skvatt ut i gjørma da grisen kom mot henne. Grisen fortsatte med strak kurs nedover gata, i like stor fart.

– Så du? sa hun.

Rode nikket. Så lo han og pekte på skoene hennes. Hun så ned. Den ene skoen sto dypt nede i gjørma, og den andre var oversvømt til vristen. Anna skrek, ikke høyt, men nok til at hun fikk oppmerksomhet fra ungene i gata. Og før hun rakk å få foten opp, sto de rundt henne i sine grå og brune filleklær og lo og pekte. Rode holdt henne i albuen mens hun løftet skjørtet og fikk føttene på tørrere mark.

Anna ristet på hodet og smilte tappert.

– Hurra for kongens nye by!

– Så vet man hvor man bor. Rode tok den ledige hånden hennes og la den i armen sin. – Problemet er at byens skitt er en invitasjon til sykdom. Og den grisen ---. Han pekte nedover veien. – De er et vanlig syn her i gatene. Men nå er det over. Jeg er da stadsfysikus.

Døra førte dem rett inn i bakgården som var mye større enn hun hadde trodd. Ei trapp førte opp til andre etasje, til tjenerne. I hjørnet av gårdsrommet lå et anneks med to rom. Huset var et mur- og bindingsverkshus, fasaden og sideveggene var av mur og resten av gården var bindingsverk, bare fem år gammelt. De gikk inn i stasstua med smårutete vinduer ut mot gata. Den var forseggjort, med gipsdekorasjoner på og mellom de store takbjelkene, laget av byens kalksnider. Gipsdekorasjonene var malt i oker og gulfarger, og i hjørnet sto en praktfull peis. Et solid spisebord i mørkt tre midt i rommet kunne huse minst femten stykker.

– Vakkert, sa hun og snudde seg mot Rode. – Tenk at du har innredet her. Hun la hånden for munnen og kniste påtatt.

– Nå, min frue. Dette er bare innledningen til alt det vakre jeg skal skape med mine hender. Men da lo Anna høyt. – Min kjære Rode. Ditt sinn er enten høyt oppe i himmelen eller dypt nede i bakken, det vet du, sa hun og så skjelmsk på ham.

Rode gliste. Så nikket han. – Godt at min hustru kjenner meg, sa han og slo galant ut med armen. – Klart jeg kjenner deg og jeg kjenner også til dine helter, som Paracelsus. Rode humret og ristet på hodet. – Selvsagt er jeg påvirket av den Østerrikske medisiner, astrolog og alkymist Paracelsus. Han er min heros. Det var han som skrev: Livskraften ligger ikke innelukket i mennesket, men stråler rundt det som ei lyskule. Han var influert av Hippokrates. Jeg er begynt å bli en erfaren lege, og jeg tror at den varme, som langsomt siver ut av hånda når den legges på den syke, er særlig gagnlig. Det har ofte vist seg at når jeg holder på å berolige mine pasienter, så kommer det liksom en merkelig egenskap i mine hender, som kan hale og trekke smerter og forskjellige urenheter bort fra de delene av kroppen som er angrepet. Det er også kjent, fra noen av de lærde, at sunnhet kan innpodes i de syke ved hjelp av visse bevegelser og ved berøring. Det skrev Hippokrates allerede 500 år før Jesus Kristus. Fantastisk, ikke sant? Anna var enig og imponert.

13

Selv om det første møtet med deres nye hjemby ikke ble slik Anna kunne ønsket, var hun fast bestemt på å trives. Hun hadde vokst opp i brosteinslagte København og den eneste gjørma hun kjente til, var skogstiene ut til landstedet.

De hadde tatt valget om å flytte til Norge fordi det ville være godt for legegjerningen til Rode. For henne var det også et godt valg, hun kunne dyrke sin lidenskap: blomster og urter. De skulle anlegge sin egen botaniske hage og dyrke alle urtene de behøvde for Rodes legegjerning. Som hun gledet seg til å ta fatt! Nå hadde de høsten og vinteren til å bli kjent og forberede seg til såtida.

Hellig Trefoldighets kirke var et staselig bygg plassert på torget, rett i hjertet av byen. Rundt kirken lå den vakre Rosengården, kirkegården der byens beste borgere ble begravet. Kirken var bygd av gråstein, naturstein og tegl. Og dekket med en varmrød hollandsk stein som fikk den til å gløde. De fire kirkeklokkene var på plass, selv om tårnet ikke var ferdig. Borgermesterne hadde bidratt med en rikt utstyrt prekestol med himling over, og en døpefont av marmor. Ved alteret sto to enorme alterstaker i tinn, plassert på løveføtter. I de lukkede stolene fremst ved koret satt storfolket. Lensherren på Akershus hadde tatt plass like under prekestolen, i en separat losje med riksvåpenet i gull og rødt på halvdøra.

Stattholderen var kledd i blå frakk med brede, hvite kniplingsmansjetter på ermene.

Kirken var vakker, ja mer enn det, den var skjønn. Og det var Anna takknemlig for. Verden var ofte et uskjønt sted, men når hun satt i en kirke og nøt den glitrende skjønnheten, ble hun alltid lett til sinns og varm om hjertet. Særlig vidunderlig var de tre lysekronene som hang ned fra taket. Skinnet i metallet i de buede lysarmene, lyset og glansen – Guds skinnende skaperverk.

Anna var dypt takknemlig. Kirken var et viktig sted for dem begge og med så mye å gjøre hjemme i gården, alt som skulle på plass, var det å sette seg her og bare være oppmerksom på og nyte det åndelige, Guds ord, en dyd av nødvendighet. Alle de gilde fargene grånet av lengre bak i kirken. I skyggen under orgellemmen og galleriet drev alt bort i et grøtet halvmørke. Her holdt de fattige til, armodsfolk fra utkantene, betlere og natteravner. Orgelet tonte i med en gammel julesalme. Menigheten sang med sprukne basser og klare sopraner om hverandre. De trange murveggene ga sangen en egen innestengt klang – det var som om den steg opp av en kløft. Rode sang med. Klar og fulltonende klang stemmen hans over alle de andre. Han sang på tysk, det gjorde også sitt til å skille ham fra den øvrige kirkelyden.

Mange, både kjente og ukjente, kom innom for å hilse på det nye paret som var kommet til byen. Alle ville gjerne drikke en kopp av den gode teen de hadde med fra København. Selv om alt besøket heftet henne i arbeidet, likte Anna at de kom. Hun ble kjent med folket og skikkene. Det å komme innom uten å være meldt på forhånd var ikke alltid like lett i København, men i Christiania var det vanlig. Anna gikk bort til kassene med bøker som sto stablet foran bokskapene, åpnet den nærmeste og begynte å sette dem inn i hyllene. De eide flere hundre bøker. Rode hadde lest dem alle og selv skrevet et par selv.

Anna grov forsiktig ned i kassen og fant boken «Astrologisk avhandling om stjernenes innflytelse, hvordan mennesker blir rammet av sykdom ved visse konstellasjoner». Den kom ut året før de reiste nordover.

Å se Gud, livet og sykdom på den måten Rode hadde beskrevet i boka var helt i tråd med den sveitsiske legen Paracelsus' lære. Anna strøk en varsom hånd over den slitte forsiden. Hun var stolt av mannen sin. I tillegg til å være rolig av sinn, nesten treg, var han glad i en prat. De leste begge mye og snakket om det de leste, diskuterte det, vurderte de ulike påstandene. Men Paracelsus var de begge enige med. De var et godt lag, som de gledet seg til å utvide snarest.

Å bli tilsatt som magister ved dette gymnasiet var en stor utmerkelse. Rode var ansatt som professor i fysikk og matematikk, men også stadsfysikus, byens lege. Rodes far som var prest og rektor hadde undervist ham hjemme i gudsfrykt, gresk og latin til han var 15. Da begynte studiene. Gudsfrykten ble bjelken i livet hans, slik det også var for henne. Og at Gud kommuniserte gjennom ulike tegn og syn på himmelen, tvilte ingen på.

De var kristne mennesker og Gud hadde planer for sine. Alt ville bli bra, bare hun ikke møtte på disse hedningene. Et ukristent menneske kunne man ikke stole på. Hva slags verdier hadde vel et slikt menneske, gudløst som det var. Hun skuttet seg og gikk ut i bakgården. Her skulle de nok få plantene til å gro. Venstre vegg og bakken nedenfor så ut til å være best med hensyn til lyset, så hun, og bestemte seg for å bygge etasjebed der til våren, til de skjøreste stilkene. Hennes arbeid var urtene. Resten av husholdet – og dyrene – tok tjenestefolket seg av. Rode hadde ansvaret for alt med Grorud gård og andre kirkegods, der de eide avkastningen. De kom til å leve godt.

Bare hun ble kvitt følelsen av den lunkne gjørma rundt ankelen, så. Hun bøyde seg ned og gnidde skjørtet over ankelen. Det ru skjørtetøyet opphevet den lunkne følelsen som truet tankene hennes inn på alt hun hadde hørt om Christiania. Om byens løse fugler, drukkenskapen. Det meste hun hadde hørt var nok sant. For i Christianias kneiper blandet det seg ei fargerik røre av mennesker når skumringen senket seg over byen. På grunn av all handelen, sjøfarten, tyskere, dansker, bønder fra opplandsbygdene, franskmenn og de løse fuglene som alltid fulgte med, dukket spillebuler og ølkneiper opp langs havna som sopp i regnvær. I skumringa og utover natta klang det i begrene, hes fyllesang og klimprende lutterspill steg opp fra kjellerne. Terning- og kortspill ved bordene var vanlig. Like vanlig var det at spillerne ble uenige og spillets trofaste følgesvenn, slagsmålet, var neste. Ryktet sa at kongen hadde forsøkt å oppreise moralen i byen, men folket motsatte seg det.

Eliten av befolkningen i Christiania besto av innvandrere, særlig tyskere. De hadde så stor innflytelse at det var vanskelig å få bestilt en øl i bartskjærerens bod hvis du ikke snakket tysk. Handelsmenn fra land i sør byttet blant annet silke, olje og vin mot landbruksvarer som smør, ull og skinn fra norske bygder. Mange utlendinger bosatte seg i hovedstaden for godt. Utlendingene var kunnskapsrike, hadde ideer og viste handlekraft og ble derfor misunt og hånet. Det var alltid noen som forsøkte å trykke dem ned under deres stand, eller ta fra dem rettigheter som ville gjøre dem fattigere.

Forskjellen på by og land var stor. I tillegg til alt det andre som skjedde i Christiania var det begynt å snike seg inn en kamp mellom de geistlige og borgerskapet. Borgerskapet var blitt så rike at det ryktes at kongen selv hadde lånt penger av dem. De mente derfor at de var de mektigste. Men presteskapet holdt på sitt. De geistlige var nærmest Gud, og derfor av høyest stand.

Alt dette hadde bekymret Anna og Rode da de begynte å snakke om å flytte. Men de hadde fulgt drømmen om rik tilgang til løkker utenfor, eller i byen, der de kunne dyrke legeurter, slik hennes far og farfar også hadde gjort.

De hadde ikke vært mange uker i Christiania før bunken med innbydelser begynte å vokse, både fra borgerskapet og deres stand, de geistlige. Det var særlig mange tyskere i byen, og alle ønsket å ære den nye magisteren og stadsfysikusen, og hans veltalende hustru. Unge, nygifte og beleste som de begge var, var de et spennende bekjentskap.

Rode åpnet brevet som lå øverst i bunken. De var invitert i bryllup hos lagmannen om to uker. Han skulle gifte bort sin yngste datter til rådmannens sønn. Og fordi han var rik og mektig, kunne han ifølge loven invitere opptil 24 par til bryllupet. Rhode brettet fornøyd sammen brevet og gikk ut i bakgården til Anna. De ble enige om å takke ja til innbydelsen, selvsagt. Bryllup sa de alltid ja til. Vissheten om at de to som danset sammen skulle ha seg med hverandre i løpet av natta ga festen en ubestemmelig sitring. Gjestene vekslet skjelmske blikk både mot brudeparet, og til hverandre.

Blant bryllupsgjestene var både sognepresten Kjell Stub og borgermesteren, Laurits Ruus. Det var allment kjent at de to hadde en maktkamp på gang, det fikk Anna høre allerede etter tre dager i Christiania. Geistlig hadde høyere rang enn borger, mente presten. Borgermesteren var selvsagt uenig i det.

Det var rikelig med både mat, vin og brennevin, og utover kvelden ble begge temmelig beruset. Stub var i trettiårene, atletisk og med halvlangt mørkt hår og skjegg. Som kvelden skred fram ble han fullere og svettere. Det mørke håret klistret seg til ansiktet og skjegget var fullt av matrester. Stadig kom han bort til Anna og Rode for å slå av en prat og fortelle hvor mye byen satte pris på at de var flyttet hit. Men for hver gang han kom snøvlet han mer.

– Så hva synes fruen om livet i nord? Anna svarte som hun mente at det var så mye kaldere her enn hjemme i København. Stub kastet hodet bakover og lo støyende. – Ja, men da skulle De reist nord i landet, til Vardø. Jeg har vært der. For et sted! Han løftet glasset og tok en dyp slurk, så kikket han på dem bak det hevede glasset. – Skummelt der oppe, sa han og tok en slurk til. – Dere har kanskje hørt de mørke historiene fra det ugudelige og kalde nord?

– Tja, svarte Rode. – Litt har vi da hørt, men vi har ikke satt oss inn i det, for å si det slik.

– Ikke satt dere inn i det, sa Stub og dempet stemmen en anelse. – Dere har vel hørt at det er ved Vardø nedgangen til helvete ligger. Dere har hørt det, ikke sant?

Anna og Rode hadde ikke hørt mye om det, nei. De ante ikke hvor Vardø lå.

– Det var en dansk prest som måtte rømme øya i 1580. Han hadde hørt snakket blant folket om at nedgangen til helvete lå like ved øya, i klippekanten til Domenfjellet. Presten rodde over og tilbrakte natten der. Da han kom tilbake var alt håret på hodet hans blitt snøhvitt.

Stub tok en lang sup og så var glasset tomt. Han blunket til Rode. – Bare vent litt. Han viftet mot en tjenestepike som kom ilende med brettet. Stub drakk halve glasset med rhinskvin i en sup, så gliste han mot Anna og Rode igjen. Anna svarte med å se ned i gulvet. Hun vemtes over at en prest drakk så tett og begjærlig. Det var en stor skam. Var det ikke for at Rode fattet så stor interesse for djevelhistorien, hadde hun bedt ham gå hjem sammen med henne på øyeblikket. Så var Stub klar igjen.

– Ja, så hør her nå, gode folk. Jeg skulle fortelle dere om nedgangen til selveste helvete. Presten satt der hele natten og telte. Det var milliarder av dem, sa han. Han hadde notert ned alt han så og hørte, og det var ikke få sider han reiste hjem med. Hekser, demoner og smådjevler hadde myldret ut og inn av hulen hele natten. Like etter reiste han tilbake til Danmark. Og det kan man godt forstå. Skål, sa han og hevet glasset igjen.

Anna trakk seg tilbake og snudde ryggen mot Stub. Helst ville hun bedt presten om å oppføre seg. Det var stor synd å drikke seg full og rave rundt slik han gjorde. Og så alt snakket om demoner, hekser og en djeveløy i nordisen, i en kirkelig tilstelning som dette, et bryllup.

Da borgermester Ruus kom bort til dem og slo av en prat, snudde hun seg mot ham og konverserte hyggelig. Men snart ville hun snu ryggen til ham også. Samtalene ble mer og mer usammen-hengende, og tjenestejentenes slitne føtter løp mer enn de orket den kvelden. Stub og Ruus drakk tett. Ingen av dem var særlig beskjedne og når de møttes på tur for å slå av en prat med den ene eller andre, dultet de liksom tilfeldig og irritert i hverandre.

Men de to hanene var slett ikke de eneste som drakk heftig. Det var kjøpt inn både vin og brennevin i store mengder og av god kvalitet. Det var bare å forsyne seg. Stemningen var på topp inntil spillemannen spilte opp til polka. Da reiste sognepresten seg og kneppet opp jakken. Det var god skikk å føre an dansen, og folk strømmet til. Presten satte tommelen i bukselinningen og svaiet ut på gulvet med glasset i den andre hånden. Anna snudde seg vekk da den fulle presten danset omkring og gjorde seg morsom. Han minnet om en havneslusk fra en av kjellerkneipene nede ved havna. Stub hadde ikke danset mer enn et par minutter før Ruus reiste seg. Han svaiet lett og løftet glasset.

– En mann av min stand og endatil gudfar til jenta, er den rette til å føre an dansen, ropte han og satte glasset fra seg på bordet med en svingende bevegelse. Så kneppet også han opp jakken og sjanglet ut i dansen med glasset i hånden. Der brøytet han seg gjennom rekka av dansende og prøvde å skyve presten til side.

Sognepresten fant seg ikke i denne oppførselen og skandalen var et faktum. Borgermesteren var nå så full at han istedenfor å lede an de dansende, slik han hadde tenkt, ravet fra den ene siden av dansegulvet og over til den andre, og så tilbake igjen. Hele tiden så han etter presten med et bunnsvart blikk. Da han endelig bestemte seg for å sette seg ned, ramlet glasset ut av hånden og landet på gulvet med et knas. Da kom kona småløpende. Hun tok ham i armen og leide han ut døra.

Klokken 22 gikk gongongen. Det var tid for å følge brudeparet til sengs.

14

– Så har vi opplevd å være i bryllup hos nordmennene, humret Rode
da de kom hjem. – Glad vi giftet oss før vi flyttet hit.

Anna dro på smilebåndet. Så typisk Rode, at borgerskapet og
havnefolket drakk seg fulle og laget bråk måtte hun venne seg til. Den
korte tida de hadde bodd i Norge hadde hun sett flere fulle mennesker
enn hun gjorde i løpet av år i København. Hun var slett ikke vant med
slik drukkenskap. Og at selveste sognepresten viste en slik oppførsel,
var uverdig. At de nå var i det ville nord måtte hun akseptere, men at
presten drakk seg full, det var rett ut imot Gud. Og det ville hun ikke
venne seg til.

De kledde av seg i stillhet. Begge var slitne og ganske opprådd
over tilstanden i bryllupet. Rode var ikke den som sludret for lenge om
slike hendelser. Hun savnet søstrene sine, dem hun kunne betro seg
fullt ut til. Familien var et savn. Hun hutret og smøg seg under dyna,
til Rode som lå med utstrakt arm og ventet på henne. Hun la seg inntil
ham og sukket.

– Hva sier min hustru, hvisket han. – Skal vi hjelpe vår ekteplante til å
sette frø?

– La oss gjøre det, hvisket hun tilbake. – La oss sette mange frø, min
elskede.

I tiden etter bryllupet fortsatte striden mellom presten og
borgermesteren. Borgermesteren sto på sitt; han hadde høyest stand av
de to. Han skulle ha ledet an dansen. Presten svarte med å nekte

borgermesteren sakramentet og forsøkte å få ham lyst i bann. En stund var de bitre fiender, sa ryktet. Men så ble de venner igjen, og borgermesteren dro på besøk til presten. De satt ute i bakhagen og nøt et glass vin sammen, da uvennskapet plutselig blusset opp igjen.

Etter denne dagen var det full krig. Borgermesteren mente presten burde straffes for sitt forsøk på å være noe han slett ikke var, og presten mente han var minst like god og høyverdig borger som borgermesteren. Striden pågikk en tid og endte med at presten ble fradømt sitt embete i byen, men han skulle få et nytte embete et mer passende sted enn Christiania, nemlig i Ullensaker. Biskopen gikk etter denne hendelsen ut og advarte prestene mot å drikke for mye.

Uken etter var en enda større skandale på alles lepper. Rådmannens datter, Margaretha Lauritzdatter, hadde født et barn utenfor ekteskapet. Riktignok var hun forlovet med barnefaren, den unge herr Jens Jørgensen. Men kjønnslig omgang utenfor ekteskapet var forbudt. Eneste måten å slippe bøter var å gifte seg. Men den unge mannen stakk av, ut av landet. De rike foreldre hans sto forundret med pengene i hendene. Boten ville de gjerne betale, men når sønnen var rømt kunne de ikke gjøre noe. Nå var Margaretha mer bekymret for folkesnakket enn loven. Sladderen nådde de store høydene og det ble sunget nidviser om henne. Margaretha trakk en av visesangerne for retten, og han ble dømt for ærekrenkelse. I 1641 fikk hun herredagen i Bergen til å oppløse ekteskapsløftet med Jens. Og hun kunne gifte seg på nytt.

Like etter døde rådmannen og Margaretha arvet rådmanns-gården, et av de flotteste byggene i Christiania. Men da hun giftet seg med kjøpmann Nils Lauritzen dukket Jens opp igjen. Han var i krigshumør og brukte både munnbruk, trusler og direkte fysiske angrep for å få henne tilbake. En kveld prøvde han å ta seg inn et vindu med en kniv i hånda. Margaretha gikk igjen til retten, og på nytt fikk hun medhold. En stund var det fred om den saken, men så begynte ryktene igjen. Margaretha skulle ha tillatt seg både det ene og det andre overfor menn.

Christiania hadde det meste, men ikke et kulturliv. De hadde ikke teater, ingen konsertscene eller offentlig bibliotek. Bare i kirken kunne man dyrke åndelige verdier. På prekestolen brukte prestene ofte Guds hus som forum for ærekrenkelser. Sjikanering og skittkasting fra prekestolen forekom ofte, og underholdningsverdien var meget høy.

Rode ble raskt ansett som den mest beleste mann i hele Christiania. Ja, enkelte ymtet om at Anna, magisterens frue, var en sosial rival til borgermesterens kone.

Straks etter ankomsten hadde Rode startet arbeidet med å få fjernet grisene fra gatene. De fleste veiene var et stinkende gjørmehav og griser på rømmen nedover eller oppover gata, var et vanlig syn. Året etter var det slutt. Byrådet forbød grisehold i byen. Grisene bar med seg smitte og pest og opptil halvparten av byens befolkning døde under de siste pestangrepene. Folket hadde vært gjennom mye. Nå var ønsket om en renere og friskere by blitt skjerpet. Griseholdet ble flyttet til myrene. Byens vakter fikk ordre om å fange og drepe de grisene som spankulerte i gatene. Kjøttet fra de slaktede dyrene skulle gis til de fattige.

Ekteparet Rhodius' popularitet økte, det samme gjorde stabelen med invitasjoner. Som den omgjengelige og taleglade mann Rode var, stoppet han gjerne opp og slo av en prat med kjente. Han hadde stor glede av å snakke i filosofiske vendinger og drive samtalen utenom daglige gjøremål. På gymnaset ble han også godt likt og vel ansett både av studentene, prestene og de andre magisterne. Det tok ikke lange tiden før ryktet sa at Rhodiusene hadde Christianias største boksamling, ja, hele Norges største samling av bøker. Det ble snakket litt lavere om at paret eide minst 14 titler av den omstridte 1400-talls legen Paracelsus i sine hyller. At Paracelsus ikke var like kjent for folk i Christiania overrasket dem ikke. Det så ut til at det meste som rørte seg litt lenger nede på kontinentet brukte år på å komme hit. Om rørelsen kom i det hele tatt. Det var et meget begrenset miljø i Christiania, det ble Anna og Rode raskt enige om.

15

De hadde vært gift i fem år, og for hvert år som gikk ble det tyngre å vente på barnet de lengtet så etter. Den første tiden spurte bekjente dem rett ut om det snart var små på vei. Men som årene gikk stilnet spørsmålene og ble erstattet av granskende blikk eller taushet. I lange perioder hadde de fulgt stjernens anvisninger for befruktning. De hadde kokt uttrekk av duggfriske urter, urørt av menneskehånd og laget tinkturer, avanserte sådanne. Alt i håp om at det ville åpne veien for barna de skulle få. Håpet om barn hadde sunket betraktelig og Annas humør med det. Nå måtte noe helt annet gjøres.

Rode gikk inn på kontoret sitt og satte i gang. Han regnet og målte og satte opp horoskopene deres. Så satte han dem opp mot hverandre og regnet igjen. Konstellasjonene var tydelige, men uforståelige. Det så ut som om det kom til å bli bare de to, og de skulle sågar leve noen år på et annet sted, i isolasjon og med mye mørke rundt seg. Rode regnet og målte på nytt. Han sjekket sine kilder, fulgte teksten med fingeren gjennom bøkene av mannen som visste det meste, Paracelsus, med håp om å forstå det stjernene fortalte. Paracelsus minnet leseren på at han måtte ta høyde for hvor i verden han befant seg når han satte opp horoskopet. Rode fulgte rådene, men så bare krig og ild og mismot. Han dro seg i fippskjegget, en uvane han hadde lagt seg til og som Anna krevde å få hjelpe ham til å bli kvitt. Hver gang han løftet hånda opp mot skjegget, kremtet Anna og kikket skrått bort på ham. Problemet med å tyde stjernene anså Rode som et matematisk problem. Muligens fordi de befant seg så langt nord i verden, og han manglet preferanser. Da han ble lei av å gå i ring og stille de samme spørsmålene, tok han en avgjørelse. Han tok kartene og notatene og gikk inn i stua.

Anna, som satt og leste foran peisen, så opp på ham og smilte. Rode trakk bare på den ene munnviken. Så slapp han seg ned i den polstrede stolen, en bryllupsgave fra en av Annas tanter. Han bøyde seg framover og stønnet, fortsatt med alle papirene i hendene.

– Se her, Anna, sa han og la alt på bordet foran henne. – Her er du, og der er jeg, sa han og pekte. Anna bøyde seg over kartet og gransket figurene. Hun trakk på skuldrene og ristet lett på hodet.

– Hvorfor kommer du med dette til meg?

– I mange år har jeg lekt med tanken om å stille våre horoskoper. Lete etter barn. Anna slo hånden for munnen og kvelte det lille skriket av forskrekkelse over at han hadde sagt det unevnelige ordet.

– Gud rår, Anna. Det er gitt oss å følge hans ord og åpenbaringer. Vi to har levd i håpet om at vi skulle bli flere. Anna tok et lommetørkle opp fra forklelommen. De velpleide fingrene hennes skalv da hun la tørkleet mot nesen og snøt seg lydløst.

– Er jeg ufruktbar, hvisket hun.

– Det sier stjernene ingenting om. Men, de forteller at vi har arbeid å gjøre. Se her. Han snudde kartet mot henne og førte fingeren langs diagrammet. – Dette sier meg at vi senere skal flytte til et annet sted, og der skal vi være isolert og gjøre en stor gjerning som får mye oppmerksomhet. Anna sperret opp øynene og stirret på ham.

– Sier du at Gud, vår herre, har gitt oss et oppdrag?

– Det vet jeg ikke sikkert, kjære, men det kan se slik ut.

Anna sank tilbake i stolen. Flammene buktet og ålte seg i et bedagelig tempo. Et oppdrag av Gud? Hun hadde tenkt tanken. Likevel sank hun sammen i skuldrene hver måned når sannheten viste seg.

– Du løftet en diger sten fra mine skuldre nå. Hun smilte svakt mot Rode som hadde lent seg tilbake i stolen og nå studerte henne alvorlig. Han strakte ut hånden etter hennes, og hun tok den. Han så henne inn i øyene.

– Du er den beste kone jeg kunne få. Jeg gleder meg til de neste årene med deg.

– Rode, min kjære! Du er også for meg den beste jeg kunne få. Jeg skal vente spent på at vår skjebne og Guds ønsker for oss, skal åpenbare seg. Anna smøg seg ut av stolen og bort til sin mann. Hun bøyde seg og kysset ham i nakken.

– Vi to klarer alt, det tror jeg på. Rode trakk henne ned i fanget og hvisket:

– Jeg håper ikke stjernene forvirrer oss så vi slutter å nære vår ekteplante. Anna lo lavt og la seg til rette i armkroken hans.

– Vi er da ektepar innstiftet av Gud, gifte folk.

– Det er vi, for alltid. Han ristet på hodet. – Som sagt, jeg forstår ikke hva stjernene prøver å fortelle meg, men gjennom Gud får vi våre svar. Og nå går vi til sengs, Anna.

Ekteparet delte de fleste synspunkter og hadde både ferdige planer og nye ideer for sitt virke i byen, men ikke alt de ønsket lot seg gjennomføre. Rode hadde, like etter de ankom, startet et apotek. Det var stort behov for det, men likevel vanskelig å drive. Apoteket ga ingen avkastning. Det var ikke penger å tjene på medisiner. Dersom apotekerne ønsket å spe på inntekten, kunne de drive skjenkestue i kjelleren, eller på bakrommet. Mange gjorde det, å servere alkohol var en rett de hadde.

Anna og Rode fortsatte å leve et aktivt og sosialt liv, og ble ofte invitert i selskaper. Men selv om de var meget måteholdne med alkoholen, var de populære gjester. Rode, som hadde arbeidet på et barnehjem for fattige i København, vært pestlege og stelt de syke gjennom flere pester – og overlevd, hadde mange historier å fortelle. Borgerskapet som knapt hadde sett en fattigunge, langt mindre stelt en syk en, lyttet med runde øyne. Pest var død. Når pestalarmen gikk, flyktet de som kunne det vekk fra byen.

Anna ble godt likt for sin enkle og ærlige måte å møte andre mennesker på. Ingen andre kvinner i byen hadde lest en brøkdel av det antallet bøker hun hadde lest, og kunne referere til. Det var helt uvanlig at en kvinne av hennes stand leste bøker og diskuterte – som en mann, omtrent. I tillegg arbeidet hun med magisteren sin i laboratoriet. Adelskvinnene og borgerfruene fikk vanligvis dagene til å gå med å møtes til te, vin og slå kniplinger. De var opptatt av tidens mote og slarv. Anna var et friskt pust, som kanskje blåste litt vel mye enkelte ganger. Mange beundret henne åpenlyst, andre misunte henne. En kvinne med slik frihet, og likevel så enkel i klærne.

16
DEN NYE KONGEN 1648

Kong Kristian Kvart var død, og sønnen Fredrik den tredje var klar til å hylles som ny konge over Danmark-Norge. 13. august seilte den nye kongen og dronning Sophie Amalie inn Oslofjorden, med fire linjeskip og to fregatter, for å bli hyllet på Akershus.

Folkemengden økte og trykket på mot enden av Rådhusstredet. Men der sto en avdeling soldater fra festningen og sperret veien. Soldatene i de fargeglade uniformene holdt holdt folket tilbake med skråstilte lanser.

Kommanderende offiserer hadde i tillegg til nye uniformer fått vaiende strutsefjær i hattene. Også borgerne spraket av liv og farger den dagen. Adelen skilte seg merkbart fra de andre som var møtt opp. Kvinnene var kledt i røde eller blå kjoler med side fiskebensskjørt og stramt liv med puffermer, og de gifte kvinnene bar en ærbar kyse over håret. Mennene stod i vide knebukser med tysk landknektsnitt, stramtsittende, halvlang frakk med possement og pomponger. Hist og her, fornemt tilbaketrukket, lyste det i en ærverdig pipekrage, eller blinket i skjeftet på en kårde.

Bare medlemmene av byrådet fikk slippe gjennom sperringen. Borgerfanen, med løve og øks på en tverrstripet rød og hvit bunn, blafret makelig i brisen. Alle stirret forventningsfullt utover fjorden, som lå med en fin dis i solskinnet.

En guttevalp klarte å komme seg forbi både vakter og sperringer, og klatret opp på ei lagerbru. Der hadde han panoramautsikt over fjorden. De trente øynene myste utover, og da klokka var omtrent tolv, skrek han til.

– Nå kommer han! Kongen kommer! Folkemengden som hadde ventet i flere timer, ble urolige. Alle ville se og det gikk et brus gjennom dem. Snart så alle skipet ute i solhildringen. Det stod innover forbi Hovedøen; seilene buet seg og glimtet hvite i sola. Skipet gled inn mot land som en bevinget ånd av hav og solgangsvind. Alle sto tause og stirret.

Mannskapet klatret opp i riggen. Topp- og bramseil ble strøket og gjorde skipet lavere. Skipet var en tremastet skarpseiler med kanonene på mellomdekket og høyt oppbygd akterskip. Det glitret i gylne tremmer og forsikringer da fregatten gjorde en slak sving og klappet inn til utstikkeren i en perfekt manøver. Hjelpsomme hender gjorde trossene fast, og landgangen ble låret. Nå myldret det av folk oppe på dekket – uniformer, glimt av våpen. Folk som sto inne på land strakte hals, skubbet hverandre og maste: – Ser du ham?

Da kongen hadde sagt sin ed, ble stendene kalt fram av kongens oversekretær; først adelen, deretter de ti lagmenn, så de fire bispene samt representanter for kannikene og presteskapet, videre representanter for rådet og borgere samt bønder og håndverkere. Samtlige falt på kne for kongen på skamler trukket med sort klede. Eden ble lest opp for dem av kongens danske kansler, hvoretter de deputerte gjentok ordene etter formularet. Alle, fra adelen og inntil borgerstanden, men ikke bøndene, fikk befaling om å rekke hans majestet sine hender.

Etter at eden var avlagt, fyrte borgerskapet og militæret av sine geværer, og deretter løsnet slottet hele 800 kanonskudd. Kongen gikk deretter fra palasset og mens han gikk nedover trappen strakte en fin prestefrue hendene i været og ropte:
– O, Gud velsigne deg der du går, så mild og blid du er.
Kongen skottet på fruen med et mildt og nådig øyekast.

Straks akten var over ble hele palasset, ifølge gammel skikk, prisgitt den nysgjerrige mengdens plyndring, og mellom de utallige tilskuerne oppsto det naturligvis kamp om fløyelen, kledet og silken, fanene osv. Alle ville gjerne få tak i en liten stump til minne om den sjeldne høytideligheten og noen så sin sjanse til å tjene en skjerv.

Været, som under akten hadde vært fortreffelig, ble plutselig og helt uten forvarsel avløst av styrtregn, hagl og blåst. Men like etter klarnet det opp og snart skinte sola igjen. Folk tok det som et tegn på at Frederik den tredje kom til å regjere lenge og godt, når en liten storm hadde gitt seg så fort.

Så var det gjort, kongen var kronet og Anna hadde marsjert med bøndene i protest mot utbyttingen av dem. Det hadde vært en sterk opplevelse av felleskap da hun sto sammen med bøndene og ropte ut sin urett til kongen. Han, om noen måtte hjelpe dem. Men han så ikke i deres retning en gang. Men de hadde gjort det de planla. Protestert.

En uke etter kroningsfesten begynte ryktene. Folk var rystet. Fattige Christiania spanderte alle sine penger på kroningen. Stattholder Sehested hadde gjort innkjøp for 31 535 riksdaler! Det var ikke til å tro, summen var en hel formue.

Alle disse pengene for å smøre kongen. Det var en skam, mente Anna. Folket sultet mens Sehested hentet inn flamsk sild, franske østers og engelsk oksekjøtt, i tillegg til tiurene, jerpene og alle de andre fuglene, ostene og kakene. Og så fløyelstøyene som de la i gaten for kongen til å trø på---. Bare vinene kostet 3603 riksdaler og det ble kun servert de dyreste og mest fornemme vinene som Frontignac, Malvasier, rhinsk- og fransk vin, pluss det beste ølet.
Festen ble avsluttet med at 1648 glass ble kastet i bakken og knust, for å ære årstallet for kroningen.

17

Høsten 1652 døde Annas far. Anna og Rode ønsket å bli formyndere for Anna søstre, i det minste for den yngste av dem.

Like før jul reiste de til København for å overvære skiftet etter faren. Moren var oppløst av sorg over farens brå død, men de hadde en solid formue så de skulle klare seg. Da formyndere skulle opprettes ba moren spesielt om at Rode skulle være formynder for Margaretha, den yngste datteren, Men en prest, Olesen, fikk ansvaret. Kjennelsen ble et sjokk for dem alle. De hadde vært så sikre på at Rode skulle bli hennes formynder og at Margaretha skulle bli med dem hjem til Norge. Margaretha hadde så smått begynt å pakke for å reise til Norge med dem, og knakk sammen i gråt da hun skjønte at hun måtte bli igjen i Danmark.

Hjemme i Norge var en kollega av Rode i fullt opprør. Magister Nils Kronich var blitt en høyt skattet samtalepartner og en venn av huset. Som foreleser i teologi måtte Nils ved flere anledninger preke offentlig. Han benyttet da sjansen til å irettesette de kirkelærde fordi byens presteskap ikke refset synden tilstrekkelig. Anna og mange andre var opprørt og enig. Christiania var blitt for en syndens pøl å regne, og presteskapet var slapt. Synd og trolldom florerte, og mange protesterte på den lemfeldige behandlingen dette fikk.

Da byen brant i 1624, ble fire hekser blitt funnet skyldige i ildspåsettelsen. De ble dømt og brent for det. Siden den gang brydde ingen seg, ikke om trolldom, ikke om drukkenskap og i hvert fall ikke om den økende korrupsjonen fra øvrigheten. Niels Kronich derimot, våget å si fra om alt dette og om den kirkelige unnfallenhet. Kirken var fylt til bristepunktet hver gang Kronich gikk opp på prekestolen for å holde sine prekener.

– Prestene er nesten alle hyklere og lever et liv uten samsvar med liv og lære. De er mammons tjenere, satans apostler, øyentjenere, sladrende papegøyer, hunder som tier for et stykke brød, ulver og sorte prester, Kristi kors' fiender og babyloniske buktjenere! Kronich krevde også at den nye forordninga måtte iverksettes. Den som skulle gjøre slutt på den uskikken at folk sov i kirken under prekenen. Ansatte skulle gå rundt med lange kjepper og slå dem som sov, men det ble ikke gjort.

Presteskapet ble engstelig for at så mange kom til kirken for å høre på Kronich. Da den nye presten Trugels Nilssøn ble ansatt, fikk han i oppgave å ta til motmæle og forsøke å ordbinde den moralske vokteren. Debatten ble særlig livlig etter en hissig julepreken. Biskopen forbød da Kronich å gå på prekestolen før saken mellom dem var gjort opp. Hannibal Sehested gikk i mellom og fikk i stand et forlik som ga Niels Kronich lov til å preke, men ikke offentlig. Det var da de begynte å møtes hjemme hos hverandre, Kronich og ekteparet Rhodius.

Misnøyen fortsatte å utvikle seg. Adelen begynte å se prestene på samme måte som Kronich, og refset dem ved flere anledninger. Da tok presteskapet av seg silkehanskene og fikk Kronich kastet ut av landet og tilbake til Danmark.

Men Anna og Rode fortsatte som før. Huset deres viste seg snart å være for lite, og da våren kom bestemte de seg for å utvide. Alle urtene, tinkturene og flere hundre bøker, tok snart all plass i hjemmet deres. De ville bygge inn svalgangen og utvide taket. Det ville gi dem mange ekstra kvadratmeter. Men da siste arbeidet på taket sto igjen, fikk Rode brev fra byfuten. Arbeidet måtte stoppes fordi Rhodius ikke hadde søkt om byggetillatelse. Rhodius skrev tilbake og påpekte at han som medlem av domkapittelet ikke lå under byens jurisdiksjon. Likevel sendte byfuten sine menn til byggeplassen og befalte tømmermennene å stoppe arbeidet. Rhodius tok klagen til høyeste hold, stattholderen Hannibal Sehested, som gav ham fullt medhold. Byfuten ble refset for ikke å se tilstrekkelig forskjell på folk, og for å la sine svenner opptre fornærmelig. Men nå var tilbygget klart og de kunne flytte alle de tørre urtene opp til mer luftige forhold. De hadde også fått et rom til for tjenestefolket. I lengre tid hadde de søkt etter en svenn til arbeidet med urtene ute på løkkene.

Med alle soldatene de var pålagt å huse og fø, falt mye ekstraarbeid på dem. I tillegg hadde Rode nylig fått ansvaret for helsen til soldatene på Akershus festning. Det var alltid noe de trengte av medisiner.

Anna sto ute i bakgården og lukte da ei lita jente med et stort smil sto ved siden av henne.

– Frue, sa hun og neiet. – Jeg er Borgny Hansdatter, fra Hedmarken.

– Fra Hedmarken, sa Anna og så spørrende på henne.

– Jeg er her for jobben med havene. Det skulle vært min bror som kom, men han ble innkalt som soldat til bonde-bevæpninga. Min far sendte meg istedenfor. Borgny neiet igjen. Den likefremme måten hennes fikk Anna til å stusse. Frimodig var hun, men likevel anstendig.

– Så hvor gammel er frøkna?

– Sytten år, frue, sa hun.

Sytten år. Hun så ut som tretten. Men det var en fasthet i henne, en vilje kanskje, som man bare så hos stabile mennesker. De skulle ha fått beskjed om endringen, så de hadde kunnet velge en annen, en mann. Anna mønstret henne.

117

– Men hvorfor har de sendt en pike? Jeg er ingen ungdom og trenger hjelp til det tyngste arbeidet.

Borgny så ned og fiklet med forkleet.

– Min far er …– Det er skattene frue, sa hun nølende. – Fogden kommer til gårds for å kreve kongens tolv riksdalere av oss bønder. Men han underbyr varene våre og nekter å ta imot penger. Vi prøvde det også, å selge varene før fogden kom, kjære frue, og gi ham penger. Men han ville kun ta imot varer: særlig tømmer og fisk, alt hva vi har. Varene selger fogden for det mangedobbelte av prisen han gir til oss, men kongen får uansett bare sine tolv daler. Fogden stjeler fra oss, utarmer oss. Vi mister kanskje gården.

Borgny slo hendene foran ansiktet og hvisket. – Kongen ville aldri latt folket sulte. Aldri! Men ingen hører på oss.

Anna hadde hørt dette før. Også fra Grorud gård som de fikk avkastningen fra i form av melk, kjøtt og korn. Anna hadde halvhjertet forsøkt å følge opp bøndenes klager på tyveri fra gårdene fordi det passet med uregelmessighetene hun hadde sett av øvrigheten i byen også. Borgermestrene og de andre embetsmennene ga folkets eiendeler til hverandre, ranet til seg løkkene utenfor byen, der folk skulle dyrke og dyrene beite. Men hun møtte bare motstand når hun ville tale bøndenes og allmuens sak. Hun var Fru magister Rhodius, en geistlig. Hvorfor skulle vel hun bry seg med slikt? Men nå sto en representant, sendt til dem, til deres hus. Gud bevare. Amen, tenkte hun, og uten å løfte blikket gikk hun og satte seg ved det værbitte utebordet. Hun viftet med hånden at jenta skulle komme etter og sette seg.

Da de var ferdige med samtalen hadde hun fått bekreftet alle sine anelser og rykter hun hadde hørt.

Etter alle krigene hadde Danmark ei enorm gjeld. Kongen solgte krongodsene i Norge – til styrtrike borgere og handelsmenn.

118

Dermed forsvant bygselinntektene og skatt ble en vanligere inntektskilde. Dette var en europeisk utvikling. Adelen hadde hjulpet kongen i flere hundre år med å styre Norge. Fogder, sorenskrivere og lensmenn var alle danske adelsmenn, hentet opp fra Danmark etter utvelgelse der. Også prestene var danske. Alle lensmenn hadde vært danske adelsmenn, men nå som de var utarmet vokste det fram en ny, sterk overklasse i Norge - borgerne. Søkkrike handelsmenn strømmet til landet.

Ryktene sa at mange hadde tjent seg rike på slavehandel i utlandet. Nå ville de investere og tjene mer.

Skatteyterne var bønder som hadde knapt med penger, enda de solgte mange varer. Nesten all fisk og trelast ble eksportert. Fogdene ble storeksportører og knyttet handelsforbindelser med utenlandske importører, kjøpmenn og skippere fra Nederland, Tyskland og Skottland.

Det ble mye penger. Mange fogder ble rike menn i løpet av få år, ofte i løpet av et tiår. Tidligere fogder som fikk andre embeter, og andre embetsmenn som skaffet seg varer gjennom avgiftskrav til vareproduserende bønder, fikk også delta i kalaset. Embetsmennene kunne låne fra de offentlige kassene. De lånte som de ville til start- og driftskapital for eksporthandel.

Med så lett tilgjengelighet på varer og tilgang til pengekassen, gjorde embetsmennene raskt karriere, ble godt gift, skaffet seg skoger, sagbruk, bergverk og skip. De ble store entreprenører. De overførte eiendommer som tilhørte folket, til hverandre når de satt i posisjon til det. Barna deres giftet seg med hverandre, og brødre og sønner eide alle kongens stillinger. Anna reiste seg så brått fra stolen at Borgny skvatt.

– Ikke verdt å sitte her og gruble. Jeg blir så sint. Kom med meg.

De gikk opp trappen og bortover svalgangen.

– Vi har ikke mange i husholdet for tiden, sa Anna. – Vi er pålagt å huse soldater. De sa tre i hvert hus, men vi har fem nå. De bor i annekset der. Anna pekte på et lite hus som lå innerst i hagen, ved veggen. – Der bor de, og de har slett ikke lov til å komme opp hit. Våger noen seg, varsler du meg øyeblikkelig.

Borgny nikket. Anna så strengt på henne.

– Jeg påbyr deg det! De er soldater, krigere. Sky dem!

18
PESTEN 1654

En natt i mars braket det løs en voldsom storm som steg og steg, til husene ristet, trær ble dratt opp med rota, og tårn og spir falt i bakken. Fryktelige tordenskrall fikk vinduene til å klirre i soveværelset hos Anna og Rode, og lynene syntes å skjære gjennom rommet. Anna ristet forsiktig i sin mann. For en gangs skyld sov han fast og var ikke til å få våken. Anna ristet hardere i ham, og endelig slo han opp øynene.

– Hva er det? mumlet han søvndrukken og ville dra dyna over hodet igjen.

– Hør, Rode! Hør!

I det samme smalt et tordenskrall som virkelig satte en støkk i dem begge. Huset ristet. Rode sto opp og gikk til vinduet. Han løftet forhenget til side og kikket ut i den mørke natta. Så kom et nytt lynglimt. Det var som om ragnarok raste.

– Du store Gud! Slikt uvær. Jeg er redd, Rode! Er dette en straff, tror du?

– Visste man det, visste man mye, mumlet han og tuslet tilbake til senga. – God natt min kjære. Sov nå.

Anna gikk til vinduet der Rode nettopp hadde stått, og kikket ut. Han hadde ikke dratt teppet skikkelig til, og hun orket ikke engang å se et glimt av uværet. De bodde så nær havet. En flodbølge kunne komme inn mot land og da ville de som bodde helt nede ved havna, som dem, være de første som ble satt på sjøen. Hun dro forsiktig i det tykke ullteppet, glattet det ut i hjørnene så det dekket hele vinduet, og

121

skyndte seg tilbake i senga. Det ble kaldt i nattklærne. Hun trakk dyna godt over seg, men rossene kom med store brøl som smalt inn i husveggen med jevne mellomrom, og hun ble liggende å vente på neste smell. Hun skulle akkurat til å pirke Rode på armen da hun husket Guds ord – om å stole på hans gjerninger. Hun foldet hendene og ba. Da først kom det store sukket. Like etter sovnet hun.

Stormen varte hele natta og neste dag. I ukene etterpå ble det stilt mange spørsmål til presten i kirken. Folk snakket lavmælt seg imellom. Men ingen hadde våget å si det alle tenkte, at denne stormen, voldsomt til og med for mars å være, måtte varsle ulykke. En slik storm kunne bare bety en ting: Djevelen kom for å hente Christianias sjeler. Folk begynte å legge merke til månens formørkelser, stormer eller mystiske visjoner. Noen hadde sett tegn til Urdarmåne – en vandrende halvmåne som varslet pest. De hadde sett blodregn og kometer. En kvinne husket at hun året før hadde sett et hvitkledd barn i utmarka. Kvinnen ble selvsagt redd og ville løpe derfra, men barnet ba henne om ikke å være redd, og sa: For menneskers misgjerning, bør det først være stor død og pest blant menn, og så forferdelig krig, sult og nød.

De satt og spiste aftensmat da Rode kremtet høyt og tørket seg rundt munnen. Anna så forbauset på ham og la ned kniven hun hadde brukt til å skjære brødet med.
– Anna, sa Rode, – hold deg rolig. Jeg har noe fryktelig å fortelle. Pesten er kommet til byen, sa han.
Anna skrek, et kort lite skrik som steg opp fra magen, nesten før hun rakk å føle det. Faren hennes døde i den forrige pestilasjen og siden den gang hadde hele familien hatt bare elendighet. Hun slo hendene for kinnene og stirret på sin mann.
Rode sa:

– To småpiker døde i dag, fra samme hus.

– Hos hvem da? hvisket Anna.

– Ikke noen vi kjenner. Familien bor utenfor volden, på Vaterland. De hadde visst hatt et besøk, kommet med skip fra København. Anna reiste seg fra bordet, men ble stående rådvill med ryggen til ham. Rode reiste seg og gikk bort til sin kone. Han la armene rundt henne, og hun lente seg inntil ham.

– Vi vet hva det betyr. Jeg er byens lege og jeg er pestlege. Jeg blir i byen. Du må gjerne reise vekk, sammen med de andre som kan dra.

– Aldri om jeg forlater deg, Rode. Aldri.

Rode trakk pusten dypt og sukket ned i kysen hennes. – Vi skal klare det, Anna. Med Guds hjelp skal vi klare oss gjennom det, også denne gangen. Du får alt ansvaret for huset nå, min kjære. Du må også instruere husholdet.

Anna så opp på ham

– Hva med urtene, vi høster jo nå? Anna slo ut med armene og så oppgitt på sin mann. – Ingen høsting – ingen urter, mat og fôr til dyra.

– Det blir slik Gud vil, og nå er det i høy grad nødvendig å sette sin lit til Gud. Vi må være beredt når Herren kaller oss til å gå fra denne verden og inn i himmelriket.

Pesten begynte den 30. juli, da to piker fra samme hus ble begravet, men først ut i august kom utbruddet. Sykdommen kom plutselig på folk og viste seg først som avmakt, klem rundt hjertet og kulde-gysninger. Så fikk de hovne flekker og byller, først i nakken og under armene, og mot slutten de dødelige flekkene. Når de kom forsvant all smerte, og døden kom smertefritt. Alt i løpet av fire dager.

Ingen måtte gå ut av husene og ingen fikk komme inn foruten prester og pestmestere.

Det ble stadig stillere i byen. Trafikken i gatene stoppet opp, ingen skip fikk komme inn eller seile ut. Alt av løse hunder og katter ble slått ihjel. Kirkeklokkene ringte og ringte for de døde. Da pesten nok en gang var et faktum, vokste det fram en sterk religiøs bevegelse blant folket. Mellom geistligheten og den verdslige øvrighet vokste spenningen.

Legevesenet i byen besto av Ambrosius Rhodius. Ingen andre. Han kunne bare ha pakket og reist fra byen, slik andre gjorde, berget seg og sitt. For når pest eller blodsott raste, var ikke legene forpliktet til å tilse de syke, ifølge en gammel og etterhvert lovhjemlet skikk. Men Rode hadde et kall og det ville han aldri svikte, heller ikke under pesten. Han satte seg til rette i sitt kontor og analyserte stjernenes status i forhold til sykdommen og en eventuell kur. Stjernenes beskjed var tydelig, ingen kur måtte settes i gang før tidligst i desember, når sola hadde snudd.

Bartskjærerne, byenes barberere, som var de eneste som var noe skolerte i kirurgi, ble ansatt som pestmestere. De fikk lønn fra byen og skulle blant annet gå omkring i husene der sykdommen raste, og røyke ut huset med enebær og malurt, eller tjærefakler. De skulle også sørge for at det alltid sto brennende tjæretønner og røk i gatene, og dele ut mat og medisiner til dem som ikke fikk komme ut av husene sine.

Hjelpen Rode fikk, var en bartskjærer som i løpet av første dag på jobb stakk en mann i tarmene, og så ga ham en drikk som var så sterk at hjertet sprakk. Den arme mannens død var så voldsom at avføringen som skulle gå ut bak, sto ut av munnen hans.

124

Bartskjærerne hadde ikke lov til å gi innvortes medisiner. Det var det apotekeren som hadde bevilling til. Det eneste bartskjærerne kunne foreta seg, var amputasjoner og andre kirurgiske inngrep, samt drive med barbering, årelating, koppsetting og tanntrekking.
Bartskjærerne hadde også skjenkebevilgning, og bodene deres fungerte som sosiale treffsteder med spilling og drikking.
Presten refererte stadig til anvisninger fra bøker og skrifter under sine prekener om hvordan folket kunne inngå å bli syke:
«Be til Gud om tilbedelse og forbedring. Unngå direkte kontakt med pest, forgiftet luft og hus. Ikke bruk andres klær.
Ikke vær redd, det trekker sykdommen til deg. Stol på Gud.
Hold huset rent, brenn bøk, eik eller røkelse. Sett ei bøtte med rent vann i stuene - i stedet for spyttebakker.
Spis næringsrik mat og urter som er gode mot skadedyr.
Hvis du kommer inn i forgiftet luft eller er nær de syke, bør du drikke en forebyggende drikke av for eksempel hjertensfryd og rosmarin. En kan også drikke sin egen urin.»

De første ukene etter at pesten kom til byen, var gatene stille og øde. Alle som kunne, lukket og forseglet husene sine, om det var sykdom der eller ei. Vinduslemmene var slått for, portene var lukket og alle hus lå som døde. Det eneste som vitnet om liv var den grå røykdisen som lå mellom husene, og kistene som var plassert ute på gata utenfor. Men etter hvert måtte folk ut for å gjøre sine ærender, skaffe mat og medisiner. Bartskjærerne klarte ikke over alt.

125

Under fullmånen om morgenen den syttende august gjorde Anna og Borgny seg klare til å dra ut til den botaniske hagen. Fullmånen ga plantene kraft og potens, og var det noe folket virkelig trengte nå, var det kraftfull medisin. Selv om det viktigste var å berge livet gjennom pesten, var det også ærender som var så viktige at en måtte våge seg ut av og til. Nå var et besøk i deres botaniske hage det viktigste. Anna og Rode hadde vært nøye med detaljene da de planla den, og tegnet opp et kart som viste nøyaktig hvor de forskjellige plantene var plassert og hvor mange stiklinger de satte ut av hver sort, hvert år.

Morgenen var varm og lys og sola hadde akkurat rukket å tørke morgenduggen av plantene da de kom til hagen. Som i en slags trass mot den mørke hverdagen folk slet med, blomstret hagen som aldri før. Takk-nemligheten for alle Guds gaver gjorde Anna ydmyk og beveget. Brått falt hun på kne. Borgny trodde Anna var blitt syk og kom løpende. Men Anna vinket henne rolig til seg.

– Kom, Borgny, la oss be, la oss takke vår nådige Herre! Se hva han har gitt oss, lo hun og slo armene ut som for å favne det grønne landskapet. Borgny knelte ved siden av henne og foldet hendene. De bøyde nakkene og Anna framsa en takkebønn. Da de var ferdige reiste Borgny seg og neiet høflig for Anna.

– Takk, min frue. Tusen takk.

Selv om Borgny aldri kunne avlegge en svenneprøve, fordi hun var jente, var hun levende interessert i og flink med hagen. En svenn måtte kjenne igjen selve urten, kjenne måter å tilberede den på, og dens virkeområder. Urtene måtte ikke komme i blomst, det tok kraften fra dem.

Fire fulle kurver med bergmynte, malurt og karve sto klare for å bli fraktet hjem da de var ferdige. Borgny bredte et tøystykke over hver av dem før de tok en kurv i hver hånd og gikk hjemover. Borgny gikk et par skritt bak Anna og betraktet henne i smug mens de gikk hjemover. Det var helt uvanlig og nesten usannsynlig å se ei kvinne av Annas stand spasere nedover løkka med to fulle kurver i hendene. Var det ikke for pesten og at de var så tildekket, ville folk stått og glant måpende på dem. Men slik var Anna, hun gjorde som hun selv ville, og hun likte å arbeide med planter. Til og med høstinga var hun med på, pest eller ikke.

På utsiden av volden bodde de som ikke hadde penger til å bo i Kvadraturen. Det var de fattige som først fikk merke pestens vilje til å spre seg. På de to ukene etter de første dødsfallene var mange i forstedene merket av sykdommen, og minst fem var døde. Da de skulle gå inn byporten, fant de en mann sammensunket mot en vegg. Han slo det blodige hodet sitt mot muren og stønnet i villelse. Anna stirret på ham, så på portvakten, men han snudde seg og så en annen vei. Aldri om han ville ta på en syk mann.

Anna og Borgny skyndte seg i en stor bue forbi mannen. Da de var like ved hjemmet, møtte de et gravfølge. Ei kvinne gikk gråtende forbi med ei lita kiste i armene.

Utover september økte hyppigheten på dødsfallene. Opptil tjuefem mennesker døde hver eneste dag. Gateselgerne forsvant fra bybildet, og utropene som hadde lydd gjennom gatene i århundrer, stilnet. Mange butikker var lukket. Kjøpmennene var redde for kundene, kundene var redde for kjøpmennene. Venner som møttes så en annen vei eller gikk over gata for å slippe å snakke. Av frykt for å bli smittet var mange redde for maten, og noen sultet i hjel. Vertshusene og kroene stengte. Det var ikke lenger noen til å se på tryllekunstnere eller dukketeater. Selv henrettelsene ble utsatt. Ikke desto mindre vandret lange sørgetog gjennom gatene dag og natt.

Tross smittefaren var kirkene alltid fulle. Mange av prestene hadde flyktet, men noen var igjen. De sto på prekestolen og holdt straffeprekener. Pesten var Guds straff for menneskenes ondskap og ugudelighet. De skulle tuktes for deres synder gjennom pestens herjing.

Ei natt våknet Anna av bjelleklang og en mann som skrek: Bring ut dine døde! Bring ut dine døde! Hun så fort på Rode. Han sov. Hun ristet i ham og løp til vinduet.

Ute på veien knirket ei kjerre langsomt av sted. En mann satt på kuskesetet, en annen gikk ved siden av og ringte med bjella. I lysskjæret fra en fakkel som en tredje mann bar, så de at kjerra var halvfull av kister, den ene kastet opp på det andre.

– Hellige jomfru, mumlet Anna og snudde seg vekk. Kroppen ristet og knærne truet med å svikte. Hun støttet seg mot Rode som også hadde kommet til vinduet.

– Gode Jesus, tenk å bli kastet hulter til bulter slik. Det er mer enn man kan bære.

– Kom, kone, kom, sa Rode dempet, og hjalp henne bort til senga. Der ble hun liggende og trekke pusten raskt og hivende. Rode begynte å stryke henne, dro hendene med lange strøk fra hodet og ned til tærne. Gang på gang, til hun pustet jevnt og rolig.

– Kanskje best du reiser, Anna. Det er aldri for sent å dra. Det har vært mye de siste årene. Du er sliten.

Anna stønnet.

– Det er ikke noe i veien med meg. Jeg ble bare så overveldet av all denne døden.

Men Anna fikk ikke kjerra ut av tankene. Kistene, hulter til bulter oppå hverandre, de døde i gatene, den evige klokkeklangen fra kirkene, likstanken og den unaturlige roen i byen, alt presset på.

Og så nyhetene en vaktpost ga henne: 198 døde sist uke.

Borgny viste seg heldigvis å være den hun så ut til, stabil og arbeidsom, og rolig når det oppsto situasjoner. Også mens pesten var under oppblomstring beholdt hun sin ro. Så kom beskjeden. Ei av Borgnys søstre som arbeidet i byen, var blitt syk. Anna nektet henne å gå dit, og fulgte hvert skritt tjenestejenta tok de neste dagene. Ærender måtte utføres, og hver gang Borgny gikk ut, kom hun tilbake med nye medisiner. Stadig mer oppskjørtet. Hun fikk tak i lukteposer som en skulle puste i når en var ute, amuletter, enhjørningshorn, små beholdere med arsenikk, kvikksølv i et valnøttskall. Hun hengte til og med kvikksølvpiller om halsen på hesten. Men da kalte Rode jenta inn på arbeidsværelset.

Borgny banket på og åpnet døra forsiktig før hun smatt inn. Hun neiet.

– Du er ivrig, Borgny.

– Takk, herr Rode, sa hun og neiet igjen. Det var absolutt første gang hun var kalt inn til arbeidsrommet hans. Dit gikk hun bare om hun skulle støve ned, eller vaske. De to bordene var overlesset med papirer, vinkler, grafer og bøker som lå oppslått. I hyllene sto enda flere bøker og rader med remedier. Også meget giftige stoffer som hun hadde fått strenge advarsler mot å røre.

Rode rettet ryggen og så ut av vinduet, ut på gata der folk gled som skygger forbi, godt innpakket tross det varme været. Han reiste seg og gikk en runde i rommet med dyp, tenksom mine.

– Det avhenger kun av dosen om en gift er giftig eller ei. Det må du vite. Han tok opp nøtteskallet hun hadde hengt rundt halsen på hesten deres, og holdt det opp for henne, – Hvis du har kjøpt dette på torvet; eller i ei bakgate, kan det være laget av en ukyndig. Da kan disse såkalte medisinene være ren gift.

Borgny sperret opp øyene, men ble stående.

– Jeg visste ikke, min søster har fått syka---.

– Selvsagt visste du ikke. Men nå vet du.

Septemberkvelden var uvanlig kald. Ei rå sno hadde trukket gjennom byen hele dagen. Rode dro kappen tettere rundt seg, rundet hjørnet til Prinsens gate, og fortsatte mot torvet og apoteket. Tilgjengelige legemidler skulle finnes på apotekene, men i dag hadde Piper, apotekeren, sendt en henvendelse. Lagrene hans var snart tomme. Særlig vanskelig var det å få tak i remedier fordi skipene ikke fikk komme inn til havna.

Rode hadde mange ansvarsområder, men medisin til folket var like viktig som mat og åndelig næring. Han åpnet tredøra og gikk inn i det varme lokalet. Det var et pent sted, innbydende og praktisk innredet med hyller fulle av krukker fra gulv til tak. Selv aromaene fra medisinene og krydderne hilste en velkommen. Det eneste som skilte seg ut var en praktfull disk av sedertre og toppmoderne vektskåler av messing.

Rode gikk over det nyskurte eikegulvet til han sto med ryggen mot den hvitkalkete peishylla og det sprakende peisbålet. Apotekeren, en mann i førtiårene som ga inntrykk av å være inderlig sliten av tilværelsen, var opptatt med en kunde. Rundt ham var det kø. Alle sto litt for seg selv, og passet på å ikke røre ved eller snakke med andre. De fleste hadde dekket munn og nese og hansker på hendene, så de nesten ikke var til å kjenne igjen. Uansett ville ingen kjente innlede en samtale, det var for farlig. Apotekeren hadde også hansker og et tøystykke over munnen. Han leste rådene mot pesten høyt til hver enkelt kunde, hver gang de handlet. Da kundene endelig var gått, ble det rom for en prat.

Piper var dypt fortvilet. Han hadde ikke midler til å holde apoteket mer, uten forsterkning fra godtfolk og den høye øvrighetas beskyttelse. Han bad om at varer han nå kjøpte inn til apoteket måtte være sikret kreditt, inntil han kunne betale. Han hadde i lang tid bare måttet dele ut medisin og tinkturer, folk var desperate, livredde for pesten og trengte medisiner, men hadde ikke penger å betale med.

Rode lovet å gjøre alt han kunne for å hjelpe Piper videre, også med hensyn til privilegier. Og han skulle ordne urter og tinkturer fra egen hage. Apotekeren lyste opp og takket så mye for forståelsen. Han hadde kjempet en seig kamp for å få apoteket til å gå. Ja, han hadde endatil måttet opprette en ølkjeller for å tjene penger nok. Apoteket var Rodes hjertesak, og at en apoteker måtte selge øl så folk kunne drikke seg sanseløse, var helt imot alt som var godt for mennesket.

Borgny fortsatte sin jakt på en medisin som kunne hjelpe søstera. – Nådige frue. Vi trenger teriak, ja det er det beste mot pest, men ingen får tak i det denne gangen. Min mor sa---.

– Hva bryr jeg meg vel om din mors ord. Min mann er en velutdannet lege og professor. Vi følger hans veiledning og kun den.

– Ja, frue. Men kan jeg spørre hva frua tenker om Dronning Blankas legebok. Ja, jeg tenker på byllene – det står der at man skal legge den sykes egne ekskrementer som omslag.

Anna sukket og ristet på hodet.

– Barn, barn, barn! Hører du ikke hva jeg sier?

– Unnskyld, frue, sa Borgny og neiet. – Men flere jeg kjenner er syke, og jeg tenkte kanskje at noen råd var bedre enn andre.

– Det er de ikke. Bare hold deg unna syke, så holder du deg frisk. Så, ut i bakgården nå.

Borgny neiet igjen og gikk. Anna rynket brynene og mønstret jenta der hun gikk mot døra. Hun var blitt tynnere. Blek var hun også.

Anna kremtet.

– Ikke glem at du har forbud mot å oppsøke noen som helst – også din nærmeste familie.

Borgny stoppet og nikket, men hun snudde seg ikke, skyndte seg bare ut.

Anna sukket. At folk aldri kunne forstå. Pesten var dødelig alvor. Alle måtte holde avstand, passe seg for ikke å ta i noe fremmede hadde tatt i, og sørge for å få i seg frisk mat og oppbyggende urter. Det var de eneste rådene man trengte. Resten var opp til Gud.

Noen dager senere begynte Borgny igjen å snakke om medisin mot pesten. Hun bablet i vei: – Frue. Kan du hjelpe, min tante ligger syk. Hun ramlet sammen i går kveld, og jeg har hørt at det eneste som kan berge henne nå er Maria-melk, segljord som ble gravet ut i ei hule nær Bethlehem, på det stedet der jomfru Maria skal ha overnattet med sitt barn. Jorda fra denne hula formes som tabletter og ---.

Anna avbrøt henne.

– Maria-melk kan du bare glemme. En tablett koster minst to årslønner for en som arbeider.

– Men min tante---.

– Ja, din tante, slik alle vi Guds skapninger, må forberede oss på å forlate våre kjære og gå med Gud.

Borgny begynte å gråte.

– Men da---, snufset hun.

De ble avbrutt av et voldsom bråk utenfor vinduet. Anna reiste seg og Borgny fulgte etter. Begge lente seg inn i den dype vinduskarmen og kikket ut. Der sto handelsmann Olesen.

132

– Våkne opp! skrek han. – Syndere, våkne opp! Grava gaper mot deg! Du må våkne og angre dine synder!

Han hadde tydeligvis ikke hadde tålt påkjenninga pesten var, og den før så fjonge klesdrakten var tilsølt så man knapt kunne ane at den egentlig var rød. Håret hang i skitne floker rundt hodet, og de rødsprengte øynene stirret på Anna med et vanvidd hun aldri før hadde sett. Hun slo ned blikket. Men Olesen ville slett ikke gå videre. Han lente seg mot dem og pekte heftig oppover gata.

– Se til å ha deg hjem, herr Olesen! Gå rundt slik og skremme folk. Gå hjem med deg! Gud selv rår over våre liv!

Hun senket brynene og stirret på ham. Så trakk hun gardinene for.

– Nå lurer jeg veldig på hvem som har åpnet skoddene. Vet du, Borgny? Borgny bøyde nakken og ristet på hodet.

19

I oktober ble det kritisk trangt om gravplasser. På Akershus festning sto det like ille til som i selve byen, og snart var gravplassene rundt festningen fulle. Angsten rådet og flere soldater rømte av skrekk, selv om de ble lovet kister til både seg og eventuelle fruer og barn.

Det viktigste for byen nå var å få de døde i jorda så raskt som mulig, og helst samme dag de gikk bort. Byllepesten var ekstremt smittsom. Men så kom klagen fra graverne. De maktet ikke å grave like raskt som folk døde. Å grave så mange som opptil tretti graver daglig, i en fjellskrent som Vaterland kirkegård, var umulig. Nå hopet kistene seg opp. Rode fikk omgjort parken rundt Kristkirken til pestkirkegård. Det ble også bestemt at likkister av furutre nå alltid skulle være i beredskap, og til fastpris. For de fattige ble kista og begravelsen betalt av byen.

Tårnet på Hellig Trefoldighetskirke hadde fire klokker av ulik størrelse, og når klokkene ringte måtte folket gjøre seg klare til å sette kistene ut i gatene. Foran likvogna gikk en marskalk og skoleguttene fra latinskolen. Det ble holdt fellesbegravelser til alle døgnets tider, med skolens disipler som fast likfølge og med full kirkelig seremoni. Menn gikk alltid foran, fruene etter. Alle var kledt i sørgedrakt, også skoleguttene, som bar lys og sang salmer under seremonien og ved graven. Under pesten fikk kun de nærmeste følge kisten. Og presten skulle kun holde en kort preken.

Anna satt på sin stol i kirken. Ekteparet hadde penger nok til å kjøpe seg faste stoler og det var hun takknemlig for nå. Selv om hun syntes inderlig synd på stakkarene bakerst i kirken, der de satt sammen i klynger. Å sitte så tett på andre når pesten raste var som å invitere døden inn. Men hva kunne de vel gjøre? Anna foldet hendene og bøyde nakken.

Etter to måneder med arbeid dag og natt ble skrittene til Rode langsommere. Anna støttet ham alt hun maktet i pestarbeidet, men dødsfrykten var tung å bære. Trøsten var i bønnene og hun bøyde nakken og foldet hendene så ofte hun hadde tid. Det var god hjelp de første ukene, men så tok følelsene alvorlig tak og for Anna ble alt et ork. Hvorfor levde hun når alle andre døde? Skoleguttene, stakkars, døde som fluer. Rode hadde advart skolen mot den gamle ordningen at guttene sang og tjente penger til skolen ved begravelser, også under en pest. Men som alltid var penger viktigere enn liv, og skoleguttene ble færre og færre.
– Jeg vet snart ikke hvilken fot jeg skal stå på, sa Anna til sin mann en kveld de endelig kunne gå til sengs sammen. Sykdommen kommer inn overalt, gjennom lufta man puster inn, maten man spiser, på gata …
– Anna. Vi må ikke glemme at våre liv ligger i Guds nådige hender, ellers vil den friske vandre rundt og bare vente på å bli syk.
Anna krøp nærmere inntil Rode. Hun trakk dynen over skulderen hans og strøk fingrene kjærlig gjennom de mørke krøllene.
– Unnskyld, min kjære. Jeg mente ikke å legge stein til den tunge byrden du allerede bærer.
     I dagene som fulgte gjorde Anna alt hun kunne for å holde mannen sin hjemme så han i det minste fikk sovet ut. Men Rode var en mer enn vanlig pliktoppfyllende mann, og strøk på dør så snart han

hadde sovet litt og spist. Og selv om stjernene formante ham til å unngå en kur før sola hadde snudd, ba han Anna og tjenestefolket om å gjøre klar urtene de hadde i bakgården. Det fantes nå ikke en dråpe medisin igjen noen steder, og tinkturene ville uansett lindre litt.

Utover høsten eskalerte dødstallene til vanvittige høyder. Og at folk beskyttet seg mot pesten ved å ikke tenke på den, ble mer og mer alminnelig. Det var en farlig, men vanlig metode for å makte all død. Men da Antoni Bertelsen gikk bak kistene til sine fem barn, gråt hele byen.

Noen dager senere ble en av prestene, hans frue og de tre barna deres begravet. Den stridsglade rektoren på katedralskolen møtte opp i begravelsen og la stein til byrden for de sørgende da han ravende full overfalt en av skolens lærere, og slo ham til blods. Men alle hadde mer enn nok med sitt eget og Udby fikk rave og slå fra seg som han ville.

Anna, som kjente både Berthelsen og barna, var tung av sorg. Og da Udby begynte med sine nedrige handlinger også på kirkegården, ble det mer enn hun kunne bære.

Rektoren oppførte seg som en skamløs hund. Kirken var nesten alltid full av folk, og selv om store forsamlinger ikke var ønsket, sto den åpen dag og natt for alle som ønsket å be. Og prestene formante folket til å gjøre nettopp det. Anna prøvde å holde seg unna kirken. Alle menneskene som samlet seg der, gjorde den til et farlig sted å være. Men oppførselen til Udby virket så sterkt inn på henne at hun måtte søke kirkens hellige renselse etter begravelsen, før hun kunne gå hjem igjen. Hun hadde sett djevleglimtet i øynene til Udby. Bare i et glimt, men hun hadde sett det før og kjente det igjen.

136

Ondskap er vanskelig å glemme. Mannen var demonisk og derfor måtte hun i kirken og be Gud om beskyttelse og nåde.

Da hun kom hjem igjen, satt til hennes store overraskelse Rode, presten Niels Svendsen og oberst Løvenklau fra Akershus festning rundt bordet. Anna kikket spørrende bort på Rode som bare ga henne et lite nikk til svar. P – p Kom og sett deg med oss, kjære frue, sa Rode og dro ut stolen ved siden av seg. Anna satte seg.

– Jeg forstår ikke … Besøk i disse dødens tider?

Mennene løftet glasset med den hjemmelagede vinen.

– Vi trengte litt avveksling. Vi er friske, brummet Løvenklau.

Løvenklau hadde rykte på seg for å være både en slyngel og en eventyrer. Ekteparet Rhodius hadde imidlertid stor glede av hans vennskap og anså ham som et tenkende og meget erfarent menneske. Obersten var nå i Norge, etter mange år i svensk og dansk tjeneste. Uheldigvis var han kommet i alvorlig klammeri med stattholder Trolle fordi han hadde anklaget Trolle for uregelmessigheter i embetet da han overførte deler av oberstens embete til en annen, nemlig sin egen nevø. Ekteparet hadde støttet obersten så godt de kunne, men mot stattholderen var det ikke enkelt å heise seil.

– Vri på kjensgjerningene i saken, sa Rode. – Jeg har den aller største respekt for deg, naturligvis. Stattholderen er ikke til å stole på. Kongens forlengede arm i Norge er en kjeltring. Dette sier jeg som vitenskapsmann og kirkens sanne sønn. Og som kristen er jeg fast overbevist om at vitenskapen aldri kan stride mot den sanne lære, og at hvis de to later til å motsi hverandre, skyldes det vår utilstrekkelige forståelse av det ene eller det andre. Gud gav oss Bibelen og Han ga oss naturen for å vise oss sitt skaperverk. Det er mennesket som kommer til kort også i din sak, ærede Løvenklau.

137

– Det er altså noen som tar feil i denne saken sa obersten og kikket avventede på sine venner rundt bordet.

– Åpenbart, svarte Rode. – Alle Trolles rådgivere er ute etter å mele sin egen kake, det ser vi hele tiden her i byen. Fogdene underpriser varene til bøndene, tar det som skatt og selger med god fortjeneste og da er folkets lidelser uviktig. Men Signore Galileo tok også feil, muligens mer enn dem.

– Nåh, men Den katolske kirke er mer åpen for vitenskapen enn den protestan-tiske, skjøt Niels inn. – Hver eneste betydelige vitenskapsmann hittil har vokst opp i den katolske tro. Tenk bare på Kopernikus, Vesalius, Torricelli, Pascal, Descartes---. Nei, forresten, sa han etter å ha tenkt seg om et øyeblikk. –Jeg er bekymret for at makten skal gjøre menneskene arrogante.

Obersten viftet med hånden for å slå bort et emne han var lei av. Han ville mye heller snakke om Christianias tilstand, nå som pesten var kommet på besøk igjen.

Ekteparet hadde tidligere på året besøkt Niels, men etter å ha slept seg opp trappene og inn i hans trange, illeluktende bolig i ei sidegate et kvarters spasertur fra dem, ble de enige om å holde sine sammen-komster hjemme hos seg isteden. Men nå var pesten der, og de burde ikke hatt besøk. Besøk skulle vises bort, det var avtalen.

Anna unnskyldte seg og gikk fra bordet. Trangen til å protestere høylytt mot at mennene var på besøk ble nesten uimotståelig. Hun lukket hun døra lydløst bak seg og gikk inn i bokstua. Den var fylt opp med bøker fra gulv til tak på alle vegger, foruten én, der den store åpne peisen og ørelappstolene sto. Det var god fyr i peisen og hun satte seg ned og lot sinnet hvile i ilden. De duvende luene roet sinnet, og krevende tanker forsvant opp pipa med røyken.

Døden og stanken av den blandet seg med tjære og einerrøyk og var ikke til å holde ut. Smitten fortsatte å eskalere. Folk hamstret kvann og søterot, to høyt skattede pestmidler. Etter som dagene gikk, kom det flere kors på dørene. Lange likfølger gikk gjennom gatene, og folk så skremt på de sørgekledde menneskene.

Snakket om de vonde varslene som var sett for noen måneder siden, fikk stadig ny næring. For i desember året før, hadde noen sett en komet på himmelen, kveld etter kveld. Andre hadde sett flammende sverd. Og noen hadde sett begravelsesvogner og haugevis med døde legemer i skyene.

Så døde Piper. Rode beklaget det sterkt. Ble de uten apoteker nå, var det mer enn krise. Han var derfor glad da Adolf Geiseler overtok. Men det gikk bare noen uker, så kom den store utmattelsen til ham også. Fire dager senere var både Geisler og hans kone begravet.

Folk var merket av pesten på alle måter, både psykisk, fysisk og økonomisk. Den religiøse disiplinen var streng. Bare kirken og Bibelen hadde myndighet til å forklare livets sammenhenger.

Så dro Borgny. Hun hadde reist om natta. Drengen ga dem beskjeden om at hun måtte dra hjem fordi søsknene ikke hadde noen som kunne ta seg av dem. Men hun skulle komme tilbake om hun kunne.

20

Det var en lys juni natt. Pesten var heldigvis over. Rode gikk hjem sammen med rektor Udby da de havnet i krangel og slåssing med to unge menn på torvet, like ved rådstua. De unge mennene var trompeterere hos stattholderen. Det hele startet fordi en av de unge mennene plystret idet de passerte de to skolemennene. Rektor Udby snudde på hælen og gikk raskt etter de to. Rode, som ikke helt skjønte hva som skjedde ble stående der han ble forlatt. Snart nådde rektoren ungguttene igjen. Bryskt tok han tak i den ene av ungdommene og spurte, om det var ham de plystret til. Deretter skjelte han dem ut for guttvapser.

– Vi er ikke gutter, men tjener for stattholderen, ropte den ene forskrekket og slet i jakken for å komme seg løs av det solide grepet den voksne mannen hadde i ham.

– Oi, dere guttvapser. Om dere så var to eller tre til så skulle vi nok snakke med dere og være dere gode nok! Du gutt. Han pekte på den han hadde holdt fast. – Jeg har alt hatt min hånd på deg og jeg er deg skyldig!

Så slo han. Først langet han ut til unggutten som sto nærmest så han gikk i bakken med et slag, i neste øyeblikk grep han tak i den andre som prøvde å stikke av da rektoren slo, og slo ham også med knyttneven så han datt i bakken på første slaget. Da den første prøvde å reise seg igjen, kastet rektoren seg over ham og brøt ham ned igjen. Han satte kneet sitt på guttens brystkasse og var klar til å fortsette å slå, da vakten kom løpende til og skilte dem. Begge ungguttene kom seg opp på beina igjen. Fortumlet begynte de å koste av seg. Rennesteinen var tilsølt av gatens skitt og de hadde nettopp rullet i den.

Unggutten som først ble angrepet trakk kården og gikk rasende mot rektoren som rygget tilbake.

– Så du vil sloss din hund. Kom igjen, ropte han og fektet i luften. Vakten måtte til igjen og fikk etterhvert skilt dem.

Rode som var en fredens mann ville slett ikke blande seg inn i en slik kamp og holdt seg på god avstand. Endelig så det ut til at vakten hadde klart jobben med å skille dem og roe ned rektoren som ble enda mer kamplysten fordi han ble såret i hånden. Og endatil blitt plystret på. Rode og vakten fikk ham med seg hjemover. Rektoren som var langt fra å være en saktmodig natur, beklaget seg høylytt over guttvapsene. De kunne vente seg litt av hvert heretter. Om han så dem igjen.

Vakten og Rode fulgte Udby helt hjem til hans bolig og hadde ringt på porten da de så at trompetererne fulgte etter dem. Så istedenfor å gå inn og legge seg, kastet rektor Udby bare kappen sin inn porten til piken, som kom for å lukke opp. Så trampet han bort til sine motstandere. Igjen begynte de å krangle, og da den ene trompetereren dyttet rektoren i skulderen, grep denne fatt både på ham og den andre, og slo dem begge for andre gang i bakken. Vakten måtte pånytt prøve å skille dem og få dem hjem til sitt. På det tidspunktet syntes Rode han hadde hatt nok ubekvem underholdning og ruslet fredelig hjemover, glad han ikke slet med en natur som måtte se blod for å få fram sitt poeng.

Anna hadde tre brett med stiklinger i armene og var akkurat kommet til døra til bakhagen der de skulle plantes ut, da hele verden ristet så voldsomt at hun ble kastet ut av døra og ned i hagen. Forskrekket så hun at tjenestejenta og gutten løp mot henne der hun lå. I neste øyeblikk kravlet hun det hun maktet mot det digre trebordet og smatt inn under det. Tjenestefolket fulgte etter. Verden ristet og den buldrende lyden, som et evig bjørnebrøl, kom hun aldri til å glemme. De krøket seg sammen og vernet seg så godt de kunne. Treverket knaket voldsomt og innefra hørte de lyden av glass og servise som knustes. Like etter ble det stille og de skulle akkurat til å reise seg opp da verden ristet på nytt. Så stilnet rystelsene og duren likeså. Endelig var det stille lenge nok til at folk våget seg fram fra sine skjulesteder og inn i husene igjen.

Drengen syntes plutselig han hadde vært tålmodig lenge nok og ville ut. Anna dro ham i skjorteermet.

– Du blir her. Vi blir alle her til Rode kommer.

Hun hadde knapt sagt ordene før Rode kom løpende.

– Anna! Anna! Stemmeleiet lå unaturlig høyt og redselen hans var følbar. – Vi er her ute, ropte Anna tilbake. Ansiktet hans lyste opp da han så at Anna og tjenerne var uskadde.

– Hvordan er det med deg? spurte han og hjalp sin kone opp på beina igjen. Han forsikret seg så om at tjenestefolket også var uskadde, så snudde han seg mot sin kone igjen. Med lette drag børstet han av henne jord og strå.

– Vi har nettopp opplevd et jordskjelv, sa Rode. – Men nå er det over, verden er rolig igjen og vi kan fortsette våre liv som før. Han kikket bort på drengen og tjenestejenta. De sto der ved bordet, usikre og skjelvende og ventet på beskjed om hva de kunne gjøre nå. Så gikk han med raske skritt til laboratoriet. Anna og tjenerne gikk nølende inn i stua, usikre på om det var trygt. Verden hadde nettopp vært et farlig sted å være og ingen visste om eller når neste skjelv kom. Inne i stua var storskapet veltet og alt inni var slengt ut og lå som et glass- og porselensteppe utover gulvet. Alt som sto på bordene var ristet ned, og inne på kjøkkenet var det totalt kaos. Rode som hadde løpt til

142

laboratoriet, sto like etter i døråpningen til stua og ristet på hodet. Anna så spørrende på ham.

– Ikke mye igjen der inne, nei, sa han.

Det meste i laboratoriet var knust og ødelagt og at Rode ble dypt sjokkert da han så den totale ødeleggelsen. Han var nullstilt, alt han hadde bygget opp i løpet av flere år var borte. Å karre seg opp fra en slik avgrunn kom til å kreve uendelig med tid, krefter og penger. Om han i det hele tatt klarte det, da. Han hadde vært langt borte i sjokket og tankene da skrikene fra folk ute på gata trengte gjennom vinduet og inn i rommet. Han så ut. Gata var full av folk. Voksne, gamle og barn stimlet sammen. Noen skrek og jamret seg, andre var tause og sto bare der med stive blikk. Rode kunne selvsagt det meste om jordskjelv. Han gikk ut. Som lege måtte han hjelpe om det var nødvendig. Folk stimlet sammen rundt ham, men ikke alle var enige i hvorfor dette var skjedd. Dette var et tegn, ropte noen. Andre sukket og ristet på hodet over ødeleggelsene rundt dem, mens andre bare gråt. Ei kone ropte med skjelvende stemme: – Det er dommedag. Det er dyrets tegn som viser seg. Antikrist! Så snudde hun og løp mot kirken og mange løp etter henne.

Jordskjelvet hadde vært særlig kraftig og flere hus hadde fått omfattende skader, men ingen menneskeliv gikk tapt og ingen fikk større skader på kroppene enn et par skrammer. Likevel var folk redde, de var overbevist om at enda større katastrofer ventet dem. Folk fryktet årstallet 1666, dyrets år.

Så brøt det ut enda en krig. Danmark-Norge erklærte krig mot Sverige. Soldater i hopetall ble beordret til Christiania for å beskytte festningen. Andre havnet på feltsykehuset som ble opprettet der.

En aften Rode spaserte hjemover etter en lang dag på arbeidet, så han et syn på himmelen. Han stoppet opp, overvar det merkelige som skjedde oppe på himmelen, og så løp ham. Hjemme nærmest slo han opp døra og skyndte seg inn på arbeidsrommet. Anna løp etter og prøvde å finne ut hva som var skjedd. Rode slengte seg ned i stolen og da først slapp han pusten med et tungt sukk. Han satte nevene i bordkanten og lente seg mot det solide arbeidsbordet.

– Anna, jeg har sett et syn på himmelen. Et sterkt varsel om endringer, på grunn av krigen, tror jeg. Men jeg må regne posisjoner og ---. Han så opp på henne.

 – Beklager, Anna, men jeg må arbeide.

Han satte seg ned og la plansjen med stjernekartet foran seg. Anna strøk ham forsiktig over nakken og kjente et snev av ærefrykt overfor synet Gud hadde tildelt hennes ektemann, så gikk hun ut og lukket døren stille etter seg.

Noen dager senere kom han til Anna og fortalte: Det var alvorlig. Synet på himmelen var et varsel om storpolitiske endringer. Den pågående krigen skulle ende med ulykke, deretter skulle kong Fredrik den tredje herske eneveldig i Danmark-Norge. Det var allerede snakk om at de borgerlige ønsket å legge ned gymnasiet. Skjedde det, ville det bare være biskopen og sognepresten igjen av geistlige i hele byen. De ville ikke regnes som en stand engang. Det ville være borgerskapet, og kongen. Et enevelde. De geistlige vil miste det lille de hadde igjen av makt og veien til rikdom ville ligge vidåpen for borgerskapets ulver. Han hadde forfattet hele affæren i et dikt, dedikert til kongen. Rode la de nyskrevne sidene i hendene hennes og ba henne lese. Anna leste det og så opp på ham med åpen munn. – Dette må folket få vite, kjære!

Rode trakk på skuldrene.

– Divinare, min kjære! Vi må utrede den guddommelige vilje først.

– Men dette må da folk få vite?

– Ikke ennå. Det kan bli mistanke om konspirasjoner. Hvem vet, en gang kanskje.

– Bare disse evige krigene kunne ta slutt snart, sukket Anna. – Det er uhørt at vi, de geistlige er blitt pålagt å fø på soldater. En skam er det. Adelen er kongens menn, det er de som skal holde soldatene med det de trenger, og føre krig og forsvar. Noen av de styrtrike borgerne kunne også blitt beordret til å ta imot soldater. Flere av dem kunne fødd på et helt kompani uten engang å merke det.

– Vi får skrive en klage på det, Anna, selv om jeg er lei av å krangle for hver en rettighet. Men hva annet kan vi gjøre?

Like etter synet på himmelen døde Annas yngste søster og formynderen Eric Olesen, krevde arven etter henne. Anna og Rode protesterte. Moren til Anna hadde dødd bare et år etter faren og fordi begge foreldrene var døde anså de søstrene som rette arvtagere. Eric Olesen vant saken. De var rettsløse. Tapet av troverdighet var så stort, mye større enn tapet av arven. Uretten som ble begått mot dem lå ulmende i livet deres, lik evigvarende glør som bare trengte et lite pust for å levne til igjen og brenne hett.

21

Etter pesten i 1654.

Ekteparet hadde arbeidet hardt for å etablere seg i Christiania. Anna hadde opparbeidet flere urtehager til Rodes legemidler. Nå som de lagret og videreforedlet alle urtene hjemme hos seg selv, var det lettere å holde oversikten.

Anna gikk langs de grønne haverennene og speidet, bøyde seg og luket vekk ugresset som kun hadde én vilje, og det var å vokse der det ikke skulle. Hun stelte havene med en lidenskap som var en botaniker verdig. Både bakhagen, huset deres og løkkene var overfylte av guds skaperverk. Hver art var nøye plassert i forhold til hverandre. Det lettet innhøstingen. Anna ledet alt arbeidet og hadde alltid to tjenestejenter med. Men hun savnet Borgny og lurte ofte på hvor jenta ble av, om hun overlevde pesten. Da Borgny arbeidet hos dem, trengte de bare henne som ekstrahjelp, nå hadde hun to for å gjøre samme arbeidet. Urtene ble buntet og tatt med hjem. Noe ble tørket og noe kom på krukker; ble til tinkturer, salver og annet.

De første årene hadde ekteparet vært fornøyd med å bo i byen, men så, etter pesten i 1654 da nesten halvparten av innbyggerne strøk med, vokste det fram en større gudsbevissthet hos folk. Mange – og særlig de geistlige – kritiserte nå den store makten borgerskapet hadde fått de siste årene. Det var som om de regjerte hele byen, ja hele landet. Kongen var snart maktesløs. Kirken tapte også mot borgerskapet, som besto av grådige kjøpmenn som hadde karet seg opp til status i løpet av de siste årene.

146

Livet var ikke til å kjenne igjen for de geistlige, men også andre opplevde uretten, som skogeierne, bøndene og håndverkerne. Skattene var harde, men borgerstandens hus ble stadig større og klærne deres vakrere. Det ulmet i folket, men ingen våget å ytre sine protester for høyt. Straffene var harde og sto sjelden i forhold til protestenes uttrykk. Opprør mot kongens menn skulle sables ned, hardt og effektivt.

*

Selvfølgelig visste Stattholder Trolle at det foregikk både den ene og den andre form for handel mellom embetsmennene. Men slik var livet. Den som klarte å få til noe, fortjente sin belønning, uansett. Det var slik velstanden økte og det var godt for byen å ha rike, solide borgere. Adelen, som han selv tilhørte hadde aldri drevet med handel og måtte leve av sine landområder. Det var ikke særlig lukrativt. Alle krigene, som ingen ende ville ta sugde dem tomme. Å fø soldater og utruste skip krevde store økonomiske ressurser og snart var hele adelen blakk. Så var det denne magisterfruen. En plage var hun blitt med sine hissige kommentarer, sin åpenlyse løgn og kritikk.

    For stattholderen hadde ekteparets kritikk av borgeskapet vært som en murrende tannpine som stadig økte i omfang. Det var på høy tid å gå til aksjon. Men det måtte planlegges nøye. Ekteparet var begge vel ansette borgere og han visste at de hadde stor støtte i enkelte kretser. Saken kunne bli alvorlig for dem alle om de fikk fortsette med sine anklager. Borgermestrene var enige.
– Når Magister Rhodius ikke klarer å få kontroll på sin gale kvinne får vi hjelpe ham. Jeg skal få henne i tale under gjestebudet. Jeg ønsker at dere begge er til stede da, så har vi vitne på hennes uttalelser.

147

Den gale fruens snakk var begynt å gå dem på nervene. I tillegg trampet hun på deres troverdighet og ære.

– Da sørger jeg for at Rhodiusene får invitasjonen.

Niels Trolle snudde på hælen og nærmest marsjerte ut av rommet. Han gikk ned den lange hallen. Forbi store malerier, med ornamenterte rammer med ekte gull. Han svingte til høyre ved enden av korridoren og gikk ned to små trappetrinn, åpnet den gamle tredøra mot stallen.

– Petter! ropte han. – Petter, sal hesten og ri til Rhodius med en gang.

Stallkaren reiste seg fra krakken der han satt og oljet seletøyet med en grov fille som han dyppet i oljekaret ved siden av.

– Gi dem dette brevet. Niels Trolle rakte fram hånden som var overraskende hvit og glatt for å tilhøre en mann på godt over femti.

Stallkaren tørket av nevene sine, men det tok tid før oljen slapp taket i hendene som mer lignet på et par gamle skinnhansker enn mannfolkhender.

Niels Trolle begynte å trå grunnen.

– Nå, er du ikke snart tørr nok?

Endelig var Petter tørr nok til å rekke ut hanskehendene. Niels Trolle så ned på nevene hans og nølte.

– Kanskje jeg skal finnet et etui til brevet? Han så fra det bleke papiret til hendene og til Petter igjen. Så snudde han og gikk.

– Bare gjør deg ferdig. Jeg er snart tilbake.

Petter ristet på hodet og bannet mens han gikk mot stallen. Han hatet å bli avbrutt slik, midt i et arbeidsstykke. Det ville aldri skjedd for et par år siden at stallkaren måtte være budbringer, men det var han blitt. Og særlig nå under krigen mot svenskene måtte man bare tie og samtykke – til alt – og være glad om man hadde husly og arbeide.

148

Niels Trolle kom tilbake til stallen akkurat da Petter var ferdig med å sale opp. Han rakte ham brevet som var pakket inn i et sort fløyelsstykke.

– Til Rhodius straks! Be dem lese det, og få med et svar tilbake.

Petter tok brevet og stakk det innenfor jakkeslaget. Han lukket jakken nøye og rettet på lærbeltet. Så leide han hesten ut av stallen og porten og inn i bygata. Han satte seg opp på hesten og red av gårde mot Rhodius' hjem. Ekteparet bodde helt nede ved havnen, i huset nærmest volden. Han hadde levert invitasjoner til dem før. Særlig frua hadde fått rykte på seg de siste årene for å være både krigersk og taleør. Men Petter syntes det var helt greit, ja, rett ut flott, at noen sto opp mot korrupsjonen alle visste florerte, og mot øvrigheta som stjal landområder byens innbyggere skulle bruke som beiteland. Flere av løkkene som tidligere hadde vært beiteland, var nå inngjerdet og opparbeidet av embetsmenn. Løkka som tidligere borgermester Ruus hadde ervervet seg var ei særlig flott løkke med små innsjøer og frodig jord. Snart sto det hus der også. Rykter gikk om at noen av dem som våget å protestere mot tapet av beiteland, fikk se skjøtet, og om de fortsatte å protestere ble de kastet i fengsel, uten nåde. Men frua hadde alltid vært hyggelig mot ham og aldri ufin, som han hadde opplevd at andre fruer ofte var.

Han proet på hesten og dro lett i tøylene da de var utenfor huset, så hoppet han ned og bandt tøylene fast i fortaustangen som var til slikt.

Anna satt i stua og leste da bjellen ringte. Hun så mot døra. Det var skumle tider og viktig å være forsiktig. Vanligvis ville en av tjenestejentene åpnet døra, men krigen krevde at de skar alt inn til beinet, også med hensyn til husfolk. Alle, foruten adelen og borgerne måtte forsake. Hun lukket boka og la den fra seg på det runde bordet og reiste seg. Det hadde skjedd så mye i det siste. Onde anklager, kranglet med både hin og hint. Hun var aldri sikker på om den som ringte på døra ønsket henne Guds goder.

– Hvem er det? ropte hun bak døra.

– Det er Petter, stallkaren til Trolle. Jeg har et brev til Dem.

Anna åpnet døra. Stanken av harsk olje slo mot henne og hun rygget bakover.

– Rekk meg brevet, sa hun og strakte ut hånden.

– Dere må lese og svare nå, det sa stattholderen.

– Anna tok brevet, fjernet tøystykket og åpnet det.

Gjestebud hos stattholderen! Fri oss fra slike Judasbud, utbrøt hun og ville gi brevet tilbake, men ombestemte seg i det samme. Hun tok ut brevet og gav ham tøystykket tilbake. – Si at vi kommer. Vi takker for invitasjonen.

Anna så etter stallkaren da han red av gårde oppover gata, så lukket hun døra og gikk til bibliotekstua.

Invitasjon fra Niels Trolle. Hun fnøs og slengte brevet på bordet som sto mellom stolene. Brevet seilte videre og ned på gulvet. Hun så etter det, men gjorde ikke mine til å ta det opp igjen. De burde ikke gå i slike gjestebud. Det ble bare mer uro. Men selskapene stattholder Trolle ga på Akershus festning, var de flotteste i hele Christiania. Å bli bedt dit var en ære og en bekreftelse på at en sto høyt på den sosiale rangstigen.

Ekteparet hadde for lengst innsett at deres anklager mot embetsmennene kom til å gi dem problemer, men det var greit. For de talte de svakes sak - og de talte mot borgerskapets usedeligheter. Rettferdigheten ville vinne.

150

Anna dro fra gardinene. Desembermorgenen var mørk. I det hun snudde seg, kikket hun rett inn i to bittesmå svarte øyne. En bokfink. En hann, så rødbrun og fin over brystet. Den satt i karmen på utsiden av vinduet og stirret på henne, som om den insisterte. Anna bøyde seg lett mot vinduet.

Fuglen fortsatte å stirre henne inn i øynene og da hun kom nærmere bøyde den nakken litt bakover, så den ikke mistet kontakten. Kunne det være at stakkaren satt der og tagg om mat, eller var det et tegn? Fuglene var budbringere. Rode var allerede gått til frokost, men dette måtte han se.

— Bare vent litt, sa hun til bokfinken.

Rode satt ved bordet klar til å løfte kniven og skjære seg et stykke pølse da Anna kom. Kjapt fortalte hun om fuglen og tok en brødskalk. Jo, dette måtte han se. En slik fugl kom ikke bare og satte seg i vinduskarmen, så uredd og bydende. Den var ikke der for ingenting. Spesielt ikke om den fortsatt satt der når de kom tilbake. Det gjorde den. Bokfinken tok et par skritt til siden da Anne hektet vindushaspene av og åpnet vinduet. Hun la fra seg neven med brødsmuler. Grådig som en kråke, hakket den i seg smulene.

De diskuterte opplevelsen ved frokostbordet, og valgte å tolke det til eget beste. Budbringere kom ikke alltid med dårlig nytt. Rhodius mente det som skjedde her nede på jorden kunne avleses ganske nøyaktig oppe på himmelen. Derfor kom fuglen. Nå ventet de på beskjeden.

22
GJESTEBUD

Gjestene som var kommet til 2. juledagsballet på Akershus slott var i et overstadig humør. Kvinnene i sine røde og blå kjoler, årets farger og mennene i broderte jakker. Men ikke alle hadde sansen for det pompøse. Anna og rode og flere med dem holdt seg til en mer diskret stil. Sort, hvitt, dempede farger.

Bordene bugnet med mat og drikke. Den bleke desembesola gled som et kjærtegn inn gjennom de høye vinduene og over gjestenes ansikter der de forsynte seg av store tårnkaker, fat med nykokte pølser som fortsatt dampet, spekemat og nystekt brød og forskjellige slags ost som parmesaner, hollandsk og limburger, rosiner, dadler og fiken og hollandske pepperkaker. Og den fineste drikke, både ølet og brennevinet var beste sort, fra Tyskland.

Anna betraktet Stattholder Niels Trolle der han spradet omkring blant gjestene med Guds advarsel midt i ansiktet. Han smilte, for så straks å gå videre til andre. Anna konsentrere seg hver gang de møttes om ikke å stirre inn i det skadede øyet, men det var vanskelig å la være. Det ble sagt at det venstre øyet var ødelagt fordi han ikke maktet å se bjelken i sitt eget, bare tornene i alle andres.

Rode havnet i en dyp samtale med prest Moen og Anna løftet blikket, kikket ut gjennom vinduet. Den mørkeste tiden av året. Hun tok en liten sipp av vinen. God. Rød, rund og dyp, slik hun likte det. Hun hadde grublet på så mange scenarier og forberedt seg på det meste av kommentarer fra både Trolle og borgermestrene.

De kom til å utfordre henne i løpet av kvelden. Men hun skulle tie. Være yndig, men myndig.

Hun ble dratt ut av tankene da familiene til borgermestrene Hans Eggertsen og Nils Lauritsen plutselig lo støyende og så spøkefullt mot henne. Anna rødmet, men overså disse ymtene og snudde seg vekk. Hun ville ikke engang tenke på hva latteren skulle bety.

– Fru Magister Rhodius, sa Trolle. Det er en glede å se dere her. Anna neide og Rode avsluttet samtalen med moen og bukket høflig mot stattholderen.

– Det er en ære å være her. Vi takker for invitasjonen.

Mens Rhodius og Trolle utvekslet høfligheter kom borgermester Niels Lauritsen og fruen Margharetha også til dem.

– Si meg, Anna, sa Margaretha. – I din alder skulle du vært omringet av barnebarn og så har dere ikke barn engang. Ja, ja. Gud gir og Gud tar, sa hun og smilte medfølende. Hun viftet formålsløst et par ganger med viften og smilte mot sin mann. Så gikk de. Anna og Rode så på hverandre. De var blitt enige om ikke å la seg provosere eller hisse opp på noen måter. Så da Rode bød henne armen tok Anna den. – Vi går og smaker på tårnkaken, sa han til Trolle og de som sto rundt. Men da de ville gå tok stattholderen et skritt til siden og sperret veien for dem.

– Jeg ville bare spørre en sak før ekteparet går. Hva mener de høylærde, som dere, om at dere også må innkvartere soldater i eget hjem, og ikke bare adelen, slik det var før?

Trolle så rett på Anna, som møtte blikket hans et øyeblikk før hun så bort på Rode. Der var de, spørsmålene de ville unngå. Anna svarte uten å se opp.

– Vi sier ikke så mye til det, herr Stattholder, sa hun, neide og ville gå videre. Niels Trolle tok et skritt til siden og bremset henne igjen.

153

– Nå, fru Magister, vi vil gjerne høre deres mening om dette. Det er viktig for freden i byen at alle er fornøyde, ikke sant? Si bare sannheten, gode frue.

Anna løftet hodet og så inn i det glatte, smilende ansiktet med den store nesen.

Sinnet kom som kastet på henne. Sinne over uretten som de og andre geistlige hadde måttet leve med i årevis. Før hun klarte å samle seg igjen og før Rode klarte å stoppe henne, kom ordene:

– Vi tar det ikke så ille at vi skal fø på soldater, som det sies. Men at kongens arm i Norge, tillater korrupsjon og misbruk av makt av borgermesteren og ordførerne, det protesterer vi mot. Vi protesterer også mot at borgermester Goodman, Niels Lauritzen, som giftet seg til penger og makt med den shanthoren Margarethe. Hun nikket mot Margrethe og ektemannen som sperret opp øynene og gapte som to tåper før de klarte å ta seg sammen.

– At slike kan ture fram som de vil. Det må det snakkes om. Alle vet at Borgermester Goodman, som folk ironisk nok kaller den hykleren, har mottatt et skjøte på en hageflekk, for å skjule at Thomas Glassmesters datter hadde født et illegitimt barn.

Vi rapporterte offentlig det vi hadde hørt, men fikk aldri svar på vår rapport. Vi vet hvem som er løgnere i denne saken. Det er ikke vi, Rode og jeg, men dere. Fordi forrige søndag sto jenta i kirken og tilsto at hun hadde født et slikt barn.

Mens Anna snakket så hun at stattholderens glatte, vennlige ansikt trekke seg sammen og bli mørkt og lukket. Da hun var ferdig ble de stående å se på hverandre.

Brått snudde han på hælen og gikk ut av salen og inn døra til de private gemakkene.

154

Anklagen hun nå hadde sluppet, hadde gjort henne til et brennpunkt for hele distriktets interesse, det visste hun. Både adelen og andre høyverdige ville ønske henne taus. Det visste hun også. Men det var den hele og fulle sannhet hun hadde lagt ut for dem. At shant-horen Margarethe Lauritsdatter brisket seg med alle pengene sine, at de høylærde ikke hadde så mye som tørt brød og at borgermestrene, i hvert fall Niels Lauritsen, gikk fri for innkvartering, var overgrep. Lauritsen hadde større inntekter enn dem, og skaffet seg flere på ulovlig vis, som med Thomas Glassmesters datters sak, der han fikk skjøtet på en hage for å få saken unna offentlighetens lys.

Det overfladiske livet i Christiania hadde plaget henne mer ettersom årene gikk, og så fikk det sitt utbrudd i full offentlighet. Den eneste hun hadde av egen familie var en søster i Danmark. Det var tyve år siden de som brud og brudgom begynte pakten, og fortsatt brant ilden sterkt mellom dem; det kunne man ikke være i tvil om når man så Rode idet han stakk hodet inn av døra. Det alvorlige ansiktet lyste alltid opp når han fikk øye på henne.

De kledte seg om sammen etter gjestebudet. Rode kneppet igjen vesten da han kom til å se bort på sin kone som hadde tatt av seg hodepynten og gredde det lange håret sitt. Visst var hun blitt eldre. Sølvstripene i de askeblonde lokkene blinket i det skjære lyset. Da hun oppdaget at Rode gransket henne, smilte hun mykt mot ham. I det samme kom det et sterkt uttrykk av kjærlighet og beundring over ham og han gikk mot henne med åpne armer, trykket henne inntil seg med en ungdoms heftighet. Hun så opp på ham; hvor stolt var hun ikke av ham, av å eie ham som ingen andre, kjenne ham på denne måten, mens andre kun kjente ham som den filosofiske og veltalende legen og matematikeren.

155

– Måtte du alltid holde meg på denne måten, Rhodius, hvisket hun.
– Lille frue. Det skal jeg nok. Sammen skal vi vandre på Guds veier, tjene og elske ham alene. Det har vi også gjort, om enn på hver vår måte. Tror du jeg er blind for hvor vakkert du har tatt til deg gjerningen som en god kone, siden vi flyttet til denne falsknerbyen. Anna så ned og smilte. Rosen hans, ordene, var solskinnet på hennes vei.
– Gid jeg kunne fulgt med deg ut i verden på jobb, eller rettere sagt, gid jeg alltid kunne ha deg rundt meg. Du er den eneste jeg har, Rode.

I løpet av alle årene i Christiania hadde Anna aldri møtt noen av sin stand som hun kunne slutte seg til, bli venninne med. I selskaper ble hun overlatt til å konversere med adelsfruene, de kaklende hønsene som knapt hadde interesse av å kunne alfabetet. Og når hun forsøkte å føre samtaler med dem fant hun dem alltid tarvelige og uvitende.

Hun hadde lite å snakke med dem om og ingenting til felles. Bondekonene derimot var som en annen rase kvinner. Ute på løkkene hadde hun møtt mange av dem og gjennom forpaktingen av Grorud gård ble hun kjent med flere. Slike kvinner kunne hun kommunisere med. De kjente til alt om jordens grøde, månens sykluser og når de skulle plante og høste. Det var også der hun fikk hun den dypere forståelsen av hvordan bøndene ble rundstjålet år etter år.

Rode derimot hadde mange venner. Han var en populær og velaktet mann og ekteparet ble stadig invitert i selskaper der alle flokket seg rundt ham og ville høre hans kloke ord.

156

23
1657 -1662

Tre dager etter gjestebudet, ved middagstid, kom en mann til Rode. Anna hadde aldri sett ham før. Den fremmede var kledt som en bonde, i enkle klær. Han snakket lavmælt og intenst til Rode, som om han bragte med seg en fryktelig nyhet. Rode nikket tenksomt mens mannen snakket og da han var ferdig klappet han mannen på skulderen som en takk for nyheten. Mannen trakk skinnkappen tettere sammen om seg og forsvant rundt hjørnet, mot volden.

Rode ruslet sakte inn på arbeidsrommet sitt der han sank ned i stolen. Slik satt han fortsatt da Anna banket lett på døra før hun gikk inn.

– Hvem var han? Rode besvarte ikke blikket hennes, men reiste seg og gikk bort til henne. Han førte henne vennlig bort til stolen ved vinduet og ba henne sette seg. Så fortalte han

– I dag ble det i Christianias herredagsmøte luftet anklager om at Anna Fredriksdatter, fru Magister Rhodius har rettet beskyldninger mot begge borger-mestrene for korrupsjon og tyveri. Borgermesteren som var skriver, skrev ikke navnet på den som luftet anklagene. Han underskrev heller ikke notatet.

Anna spratt opp av stolen og stirret på Rode med et blikk selv han ble ubekvem av.

Han kremtet.

– De sender en begjæring om å underskrive protokollen.

– En begjæring? Vi er utskjemt for hele byen, Rode, som løgnere og bakvaskere. Jeg er ærekrenket på det groveste. Gode Gud! De er fiender av Kristi kors.

Anna sank tilbake i stolen, bøyde nakken og foldet hendene.

– Alle borgere kan møte på rådhuset Thomas-messedagen, for å høre den årlige opplesningen av byens privilegier. Alle, Rode. Dette har de planlagt, det vet jeg. Hun reiste seg igjen og vandret rastløst over gulvet slik hun alltid gjorde når hun ble nervøs.

– Stattholderen utfrittet meg hardt den søndagen. Han tvang meg til å snakke om hva vi mente om innkvarteringen av soldatene. Og den avskyelige horen Margarethe sto ved siden ham av og hånet vår barnløshet. Hun hånet vårt liv, Rode.

Rode ryddet distre på skrivebordet, flyttet blekkhuset ved siden av pennene, la tre bøker i en stabel og satte den ved siden av.

– Ja, vi syntes slett ikke det var så ille å få soldater i hus, som det sies. Slett ikke, mumlet han.

– Nemlig! Det er den horen som løper rundt og lirer av seg alskens. Alle disse adelshorer har ikke annet å bedrive dagene med enn å finne på usle historier som de sprer som støv for vinden.

– Nå, Anna! Dette kan være den åpningen vi trenger. Jeg går straks til rådhuset og begjærer en avskrift av protokollen. Så ber jeg om at borgermesteren som har skrevet notatet, setter sitt navnetrekk under. Anna bråsnudde.

 – Vi burde løpe ned og sette et brennemerke i pannene deres - de er hunder.

– Anna!

Hun tidde. Hun hørte det selv, hun snakket som en besatt.

– Du vet hva jeg mener, sa hun og sank ned på stolen igjen.

– Hustru. Gud fører oss dit vi skal, bare husk å holde deg rolig. Du vet, det hjertet er full av, renner munnen over med.

Rode leverte henvendelsen.

De første dagene ventet han tålmodig på svar, men det kom aldri. Derfor satte han seg ned og skrev et brev til borgermestrene, der han krevde å få svar på sin henvendelse om notatet. Fortsatt ingen svar. Å ikke svare en borgers brev gjentatte ganger var tvilsom embetsførsel, og nå bestemte ekteparet seg for å koble inn både stattholderen og biskopen. De la enda en gang fram sine anklager mot Hans Eggertsen Stockfleth og Niels Lauritzen – som forsto å mele sin egen kake og tok imot gaver i sitt dommerembete. Fortsatt ingen svar. Ekteparet deponerte da en forespørsel for Anna, om at de to borgermestrene neste dag måtte møte i retten med namsmannen og svare på beskyldninger som var sagt mot dem. Borgermesterne svarte at de hadde andre oppgaver denne dagen.

Slik oppsto andre ledd i planene, som knyttet ødeleggelsen av deres rykte til ødeleggelsen av deres liv. For borgermestrene var anklagene en direkte trussel på deres gode navn og rykte, og de tok aksjon. Partene ble innkalt til mekling med stattholderen til stede. Alle holdt på sitt. Situasjonen var alvorlig, mente borgemestrene, da de begge var anklaget for både tyveri, korrupsjon og annen umoral. Saken måtte komme for retten.

Da det var avgjort spurte de Rode om han ville møte for sin kone. Det ville han. Trolle og biskopen overvar saken.

Det ble en opprivende sak. Anna la fram alle sine beskyldninger. – Jeg har aldri villet være en æreskjender, men derimot villet redde og befri min ære, som dere vil ta fra meg. Borgermestrene har stjålet et menneskes ære og kristennavn, ved denne protokolltilførselen der jeg er blitt betegnet som et uforskammet menneske. Og det er sannheten, det holder jeg på, at borgermester Nils Eggertsen er en kirketyv som stjeler store summer av kirkens gods. Over lang tid har han solgt land som var betrodd pantegods. Han er også en tømmertyv fordi han solgte tømmer fra annen manns skog.

At Margaretha er en shanthore er det vel ingen tvil om. En gang har hun vært besatt og det ble bekreftet at hun har født et barn – og hvor er det barnet nå? Som om ikke det er nok skal hun beses en gang til for et sår hun har, men har ikke møtt. Jeg har sett at hun med alle sine penger blir frikjent for alle anklager mot henne, men de som våger å anklage henne blir dømt. Dannemann og dannekvinne. Ha!

Kapitlets dom falt 4 april og varslet at borgermestrene var frikjent for alle Anna Rhodius' beskyldninger, som hun heller ikke hadde levert skygge av bevis på. Trolle pekte på henne.

– De er nektet å reise fra byen, Fru magister Ambrosius Rhodius!

24

– Nå er det jammen nok! Stattholderen slo knyttneven i bordet. –
Den gale kvinnen! Nå har de reist til København – på tross av
reiseforbudet.

Det hastet. Trolle måtte straks sende et brev til sin venn i det
danske kanselliet, Erik Krag. De måtte advares mot den gale kvinnens
mulige beskyldninger om ham, overfor kongen. Ekteparet var i
posisjon til å levere klager til kongen, det var han fullt klar over. Kom
de fram og ble trodd, var hans karriere knust til støv. Trolle hastet ned
til Kapittelbygningen og spurte om Ambrosius hadde sendt en
anmodning til kong Fredrik den tredje, på vegne av menigheten?
Kapittelet svarte nei, og Trolle pustet lettet ut.

Trolles brev kom fram til Krag før ekteparet fikk sitt møte hos
kongen. Da Rode endelig fikk levert klagen til kongen om grunnene
for anklagen deres, ble de avvist. Etter avvisning av kongen ble de
levnet med nye spørsmål og tvil. Mistenkte kongen dem for ikke å være
tro mot ham? Synet Rode hadde sett ved Eiker varslet systemendring,
enevelde, og ryktet sa at kongen ønsket det.

Nå var tiden der for å trykke opp diktet han hadde skrevet om
opplevelsen. Venner rådet ham også til det, diktet ville styrke hans
posisjon hos kongen, det var de sikre på. Kongen ville endelig forstå at
han tilhørte ham, og ikke rovfuglene i Christiania. Visstnok hadde de
alle merket at kongen ønsket at kristendommen skulle bli en personlig
sak og ikke en kirkesak. En forferdelig tanke, mente ekteparet og deres
meningsfeller. De valgte å overse det. Nå måtte de vinne kongens
gunst. Og kjempe for å overleve.

Trykket «Til Guds og Kongens Ære» ble et hyllingsdikt til kongen. Rode pakket og sendte heftet til kongen og alle andre han mente burde lese det.

Da svaret kom kunne han ikke tro det. Diktet de hadde håpet skulle mildne kongen ble tolket som Rodes eget ønske om forandringer, at han var i opposisjon mot de danske adelsmenn. Diktet ble ansett som et direkte angrep på deres rettigheter. Nå hatet adelen ham og stridighetene mellom ekteparet og embetsmennene fortsatte å utvikle seg. Anna leverte et nytt dokument til møtet, der hun protesterte mot Niels Trolles tyranni, og biskopens sleskhet.

I slutten av januar 1660 var dommen fra lagretten klar: Borgermestrene ble frikjent. Det ble også fastslått at Rode hadde gjort en lovovertredelse, da han uten grunn har støttet angrepene på borgermestrene. Dommen lød på 20 Riksdaler. Ingen var fornøyd og nå stevnet Rode borgermestrene for retten. Anna la også ved et brev. «Jeg akter meg for god til å gå i rette med slike menn, som ikke er verdige til, at et ærlig menneske ikke bør eller kan drikke eller sitte med dem på en benk. Før de blir rengjort av den urenhet, går jeg ikke i retten».
Anna Magister Ambrosius Rhodius.

Borgermestrene ble rasende og stevnet begge ektefellene for domkapitlet, for å dømmes til bakvaskelse. Til tross for at biskopen nå måtte dømme i sin egen brors sak, lot Trolle saken gå til doms. Det betød at Anna måtte skaffe fram skriftlige bevis for sine påstander om tyveri av skatt fra bøndene.
– Så får jeg skaffe bevisene de ber om. Jeg reiser når snøen kommer. Jeg tar Borgny med. Godt hun kom tilbake til oss.

162

Så snart snøen hadde lagt seg såpass at det var gode kjøreforhold, reiste de. De besøkte både Gudbrandsdalen, Valdres og Hedmarken. Men selv om bøndene fortale det samme nå som før – at de ble ranet, var det ingen papirer på hvor mye fogden hentet av varer og hvordan han prissatte dem. Bøndene fikk kun et skriv på at de hadde betalt sine 12 riksdaler til kongen, men Anna trengte en beskrivelse av mengden varer fogden hadde hentet. Fant de bare et slikt dokument, hadde de beviset.

Reisen var nytteløs. I flere uker søkte de fra gård til gård etter et dokument som kunne bekrefte hvor mye fogden hadde hentet fra bonden. De resignerte og returnerte til Christiania, med enda flere fortellinger om uretten mot bøndene, men uten skriftlige bevis. Siste mulighet for støtte til saken var å legge den fram for kongen i egen person.

På tross av krigen, som stort sett ble utkjempet til havs, at skip nesten daglig ble senket eller skutt på, og at hun hadde forbud mot å forlate Christiania, bestemte Anna seg for å reise til København. En hel måned var hun der. Hun banket på alle bekjente og fjerne slektningers dører og tagg om hjelp, deres liv og ære sto på spill. Alle ville så gjerne hjelpe henne, men hun hadde jo bodd så lenge i Norge---. Foreldrene hennes var døde, båndene forvitret. Nye allianser var dannet. Anna måtte returnere uten å ha gjort sitt ærende. Saken gikk til høyesterett.

Rode sank sammen i stolen der han satt da han fikk nyheten om det. Livet hadde bydd på flere slag enn han egentlig mente han tålte. De siste årene hadde de vært forfulgt av ondskap og intrigemakeri og dagen etter måtte de møte i Herredagen, den høyeste retten. De skulle dømmes eller frikjennes.

Rettens besto stort sett av adelsmenn som hatet ham. De bestemte seg for å kjempe med det de hadde: Rodes talegaver.

– Intet menneske, ingen fare, verken for liv eller død har kunne holde min hustru borte. Jeg har ikke tatt hennes sak på meg og ikke forsvart hennes sak som min. Hvis jeg har forgått meg, er ære, kjærlighet og troskap årsaken til det. En advokat som snakker og skriver til beste for sin klient, rammes ikke av samme straff, som klienten kan pådra seg. Ærlighet, kjærlighet og troskap er det alene som har fått meg til å svare for min hustrus sak i retten. Intet menneske, ingen fare, hverken død eller levende har kunnet holde henne fra denne saken. Hennes valgspråk har vært; hun ville ikke flykte som Jonas, men åpenbare herrens vilje og landets tilstand for kongen. Gud har også gjennom meg latt sin nåde forkynne. Mitt dikt om systemendring var en ren hyllest til vår konge av Gud. Som det nå viser seg, at kronen har vokst ut over kongens hode og blitt en valgkrone, var ikke min vilje.

Rettsaken varte kun en liten time, men dagene, ukene og månedene ble lange mens de ventet på dommen. Det naget dem begge at i denne, deres livs viktigste sak, skulle bror dømme bror. Hva kunne de vente?

Endelig kom beskjed om å møte for retten igjen. Dommen var klar.

«Anne Rhodius hustru er gitt tid nok til å bevise hennes anklager over begge borgermestrene her i Christiania, Hans Eggertsøn og Niels Lauritssøn. Hun har skriftlig lagt inn harde beskyldninger, både på ære og liv. Hun har ikke levert bevis, men handlet tvert imot den velbetenkte og godt funderte befaling om at hun var pålagt å holde seg i byen. Istedenfor å føre sin sak i retten og styrke den med beviser, har hun også lagt ut på en hemmelig reise oppe i bygdene. Det må hun straffes for.

164

Hennes medfødte og inngrodde udyder klarer verken hun eller hennes mann å styre, sa stattholderen. Dommen er derfor tap av ære og forvaring så lenge kongen finner det for godt».

Fire vakter kom og tok dem i hver sin arm og førte dem av sted. Bestyrtelsen over dommen og at de nå satt fengslet i et usselt rom på festningen der de før hadde vært gjester i de flotteste gjestebud, var så stor at ingen av dem klarte å si noe på lang tid. Ikke før Anna begynte å gråte, fløt ordene igjen mellom dem.

– De som høylytt vil endre uretten blir syndebukkene. Vi burde vært strateger, Anna. Ikke latt oss rive med. Vi burde tenkt på at embetsmennene er krigere, hærførere. Hele livet har de lagt strategier. De la felle etter felle for oss, og vi trampet rett inn i den, gang på gang. Nå leker de katt og mus med oss til vi er forvirrede og hjelpeløse. Da slår de til og napper oss. Vi er ferdige, Anna.

– Nei! Nei, det tror jeg ikke. Aldri om jeg aksepterer at disse sende-budene fra helvete skal svelge oss levende. De anser oss nok som dissenter fordi vi møtes og priser Gud i våre hjem. Se på mester Svendssøn. Hvor raskt forsvant ikke han? Ikke før hadde han ytret seg mot embetsmennenes falskhet, så var han vekk. Ørnene lever av rov.

Ekteparet hadde fri tilgang på penn og papir og de skrev brev etter brev til stattholderen og alle andre de kunne nå. Håpet deres var at kongen ikke ville godkjenne dommen. Han kjente deres sak. De anmodet også om å få komme hjem til sitt hus og hente klær og annet de trengte.

I slutten av november får de beskjeden om at de har mistet sin tillatelse til å bruke penn og papir.

I februar året etter får de innvilget sin anmodning om å hente nødvendigheter i sitt hjem.

165

Huset var et sørgelig syn. Vinduene og døra var stengt, som om pesten rådet, og utenfor grodde dunger med avfall. Inne var det stille, skittent og rotete. Anna gikk rett til bakgården. Urtene og laboratoriet hadde vært deres største ubesvarte spørsmål mens de satt innelåst på Akershus. Borgny hadde lovet å holde sin hånd over alt der hjemme. Men alle tjenerne ble jaget da stattholderen stengte huset to måneder etter at de ble innelåst.

De var forberedt på hva som helst, trodde de. Snøfallet hadde vært beskjedent og dekket knapt det brungule villniset som fylte gårdsrommet. Såkassene var veltet og slengt rundt som om noen hadde gjort hærverket med vilje. Laboratoriet med flasker og krukker med diverse vesker, seks små hauger med pulver-stoffet han hadde lokket ut av flaskene, og kjemikalier som han hadde kjøpt eller andre hadde hatt med til Christiania, var det ingenting igjen av. Alt av var borte. Hyllene var tomme og dekket av flere måneder gammelt støv, og skapdørene sto åpne som om de ble ranet i hui og hast.
– Så håper jeg apotekene har hatt nytte av mitt arbeide, da. Det håper jeg virkelig, sa Rode og lukket døren.

For et arbeid de hadde foran seg! De måtte begynne helt på nytt den dagen de slapp ut igjen. De pakket to reisekister hver. I felleskap plukket de ut bøker de mente de trengte, om kongens lover, Gud, helbredende urter og alle verkene av Paracelsus. Å holde kunnskap ved like var viktig, også for å hedre den gode gud som hadde forært den. Anna pakket ned det de trengte av klær og tepper. Det var forferdelig kaldt på festningen, selv om de hadde peis i rommet. Varme klær, alt av ull og skinn pakket hun ned. Og fire store ulltepper.

166

De var kommet tilbake til festningen og blitt låst inn, da nøkkelen igjen ble vridd om. En tjenestemann leste opp stattholderens vedtak:
De skulle skipes til Vardø for der å sone på ubestemt tid. Sammen med mester Madsen skulle de til Vardø. Alle tre var pålagt å forsørge seg selv under oppholdet på Vardøhus.

Madsen hadde også lagt fram beskyldninger mot embetsmennene i sitt fylke, for korrupsjon, og som dem, blitt dømt som løgner. Han hadde fem barn. Hvem skulle forsørge dem og ham selv når han ble sendt til Vardø? Han hadde håpet at noen måneder på Akershus ville være nok for å sone sin dom, og at han så fikk reise hjem igjen. Men til Vardø---.

– Vi er ikke de eneste som protesterer, men vi har gjort det høylytt. Vi er politiske fanger. Jeg hørte det var sterke protester i Christiania mot dommen dere fikk. Stattholderen er kanskje redd for et opprør?

Rode kikket på Madsen med løftede bryn.

– Vi har ikke hørt noe om opprør, ikke en lyd.

– Men da er det kanskje håp? Anna reiste seg og kikket forventningsfullt fra Rode til Madsen.

Rode ristet på hodet.

– Nei, det tror jeg ikke på, ikke om vi er politiske fanger – og det er vi.

Madsen knyttet den høyre hånden og slo den mot hjertet.

– Så lenge det er liv, skal vi kjempe for guds rettferdighet. Usle menneskers gjerninger skal ikke stoppe oss! La oss bøye våre nakker og be.

Madsen ledet dem i bønn i nesten en halv time og da de var ferdige, takket Anna ham ydmykt og kysset ermet på jakken hans. Rode og Madsen ville sitte og diskutere saken, men Anna var så inderlig trøtt. Hun la seg i sengen og dro ullteppet godt over seg. Rommet de hadde fått tildelt var kaldt og rått.

De tykke murveggene trengte lang tid for å bli skikkelig oppvarmet og
de fikk bare fyre med den veden de selv ordnet. Det var ikke alltid lett
å få tak i det de trengte. Det kunne gå dager fra de bestilte til de fikk
varene, om de kom. Men hun var takknemlig for at de slapp å bli låst
inne i fengselet. Det var et forferdelig sted med mange fanger i ei
bittelita celle. Ofte var de lenket fast til veggene, så de ikke skulle skade
hverandre eller seg selv.

De skulle til Vardø. Hun kunne ikke fatte at kongen hadde sendt en
slik befaling. Alle deres ord var blitt misforstått. Hun erkjente at hun
burde vært mer smidig, litt mer yndig, men myndig. Men hun hadde
hatt så mye å tenke på. Det hadde vært endringer på alle plan, hele
tiden. Nesten hvert år hadde hun opplevd tap; av familie, søsken.
Tapte kamper om arv og ære, om utgifter og lønn. Og til sist disse
rettssakene. Men at dommen måtte være så hard, å bli forvist til
Vardø, den ytterste øy var som å bli dømt til helvete. Vardø var kjent
som verdens mest demoniske sted, der det lå i mørket, lengst nord og
øst i landet. Til og med Madsen var bekymret. De måtte bruke
båtreisen til å forberede seg grundig på å overleve blant så mange
demoner.

Hele Europa var sløret av redsel for den lille istid og uværet, som på
mystisk vis bare økte i omfang. Langt der nord rådet mørket og fjellene
var nakne av uværets alle herjinger.
Der oppe hadde kristne mennesker funnet selve nedgangen til helvete
og der plaget hekser kristne mennesker.
Dit skulle de, til djevelens øy, Vardø.

DEL TRE

25
VARDØ MAI 1662

Vardøs nye amtmann Christoffer Orning og fruen kom seilende til øya midt på vinteren. Nå var det vår og de gledet seg over de sjeldne solstrålene som badet stua deres i lys dag og natt. Særlig var amtmannen imponert over nattlyset. Til og med den nedslitte amtmannsstua, som i tillegg til å være en del av ekteparets private bolig, også var tingssal - virket tiltalende i det duse lyset. Han kunne ikke slutte å undre seg over fenomenet midnattssol. Nå ventet de gjester og Ording bestemte seg for å ta imot dem ute i borggården. Han la hendene på ryggen og spaserte over gården og mot porten.

Et raskt blikk på muren rundt festningen var nok til å konstatere at den var mer som en ruin å regne. Den enkle muren av torv og stein på østsiden av borgen var falt helt sammen og om noen ville inn, kunne de skreve over steinene og mosen og så var de inne i borggården. Hva skulle de med en bevoktet port? Han sparket unna en stein. Den suste over gårdsplassen og rett i veggen på skytterhuset, der trollkvinnehullet lå.

– Å fy! Utbrøt han og grøsset. Var det et tegn?

For amtmannen hadde allerede opplevd trollskapen som bodde i Vardø. Bare to uker etter at han kom, ble han truet av et kvinnemenneske. Han skulle få på sin rygg fordi han dømte mannen hennes for tyveri, skrek hun mot ham.

Like etter gikk en voldsom smerte gjennom ryggen hans og han måtte holde sengen en hel uke. Men de tok henne og vristet sannheten ut av trollet. De var ufølsomme disse trollvesenene og man må nesten strekke dem i to deler før de kjente smerten og ville tilstå.

I Vardø hadde Orning for første gang stiftet bekjentskap med ekte trolldom. Selvfølgelig hadde han hørt om slikt i flere sammenhenger, men aldri selv opplevd det før han kom til øya. Strekkbenken var et brutalt, men effektivt verktøy i kampen mot trollheksene, ja, uunnværlig. Nesten alle som ble plassert der tilsto alt de var tiltalt for og mer til etter kort tid. Skrikene og tårene til de anklagede plaget ham ikke, ikke i det hele tatt. Orning var bare glad de hadde effektive metoder mot djevelskapen. Det som plaget ham var å tenke på hekserodene, det tette nettverket av trollhekser, som økte i omfang for hver dag, og som spredte sine ugjerninger som støv for vinden. Satan var alltid på jakt etter nye kvinner å forlyste seg med og innlemme i hæren sin.

Det var farlige tider og han avskydde trollkvinnehullet. En gang hadde han vært der. Det var som å komme rett ned i helvete. Trollheksene som satt lenket der skrek og hveste mot ham. Han hadde snudd i døra. Fogden fikk ordne resten. Men, aldri så galt at det ikke var godt for noe. De to forrige trollheksene som hadde fått smake den røde hane på sin kropp, viste seg å være kvinner som eide hus og annet. Det ble slått to fluer i en smekk, han hjalp verden med å bli kvitt trollene og for det fikk han en andel av boet til de dømte.

Det bodde ikke all verdens mange mennesker i Finnmarken, men han var villig til å vedde på at det var nok trollpakk i landsdelen til at han kunne øke sin formue betraktelig, og løse seg ut av panten onkelen hadde i gården hans. Målet var å være gjeldfri når de reiste hjem igjen. Han trakk pusten dypt og spaserte til sørmurens høyeste punkt. Der sto han og så utover det blankstille havet og undret seg på hvordan noe så vakkert og nesten poetisk kunne være så dødelig.

Fru Trude Orning, fogden, handelsmannen, presten og deres fruer satt rundt langbordet i amtmannsstua. Vin, brennevin og øl hadde de nok av.

Alle sorter drikke en kunne få tak på sør i landet, hadde de i Vardø også, sendt oppover med skipene som regelmessig frekventerte kysten. Maten var det annerledes med. De fikk sjelden tak i noe av det de var vant med å spise der sør. Men fersk torsk, stekt hyse og reinkjøtt var velsmakende mat og ingen klaget. Og om noen gjorde det, var det fordi de savnet friske grønnsaker og frukt. Særlig savnet fru Trude de lilla plommene de hadde så rikelig av i hagen sin der sør. Amtmannen hadde beroliget henne med at ingen av dem skulle dø i Vardø, hun måtte bare vente litt, ett par år kanskje, så reiste de sørover igjen. Han smilte mot sin kone og gjestene, og løftet glasset.

– Skål mine skjebnevenner. Skål! Amtmannen, fogden og handelsmannen tok dype slurker av vinen før de satte glassene fra seg, og konene nippet forsiktig. Tjenestepikene kom med maten og amtmannen reiste seg og hevet glasset igjen.

– Forsyn dere! I dag serverer vi krydderbakt torsk.

Senere, da alle var godt forsynt og praten gikk løst, rensket han halsen og sa:

– Det kommer et høylærd ektepar til Vardø snart.

– Det var nå også noe å finne på, utbrøt mester Mogens. All slags folk skal vi slite med her oppe.

Amtmannen tørket seg rundt munnen med den nystrøkne servietten og viftet vekk utsagnet.

– Det kan De si, herr Mogens men disse ønsker jeg særlig velkommen. Ambrosius Rhodius er lege og astrolog. Hustruen Anna er sønnedatter av Frederik den annens livlege, og begge er høylærde.

De kan bli nyttige hjelpere mot trollpakket. En prest er også ombord, Ingebrigt Madsen. Ham har jeg ikke særlige forhåpninger for, avsatt fra sitt embete for usømmeligheter som han er. Men, de er alle lærde mennesker og den dypere årsaken til deres forvisning er nok av en annen natur. Jeg tenker det er best de bor i langhuset, sa amtmannen og løftet glasset til en ny skål.

– Fengslet er fullt av trollkvinner og flere skal det bli, sa fogden.

Det drakk de på.

Fogden drakk ut, satte fra seg glasset og nappet seg i fippskjegget.

– Ja, I kjenner vel til dem, herr Orning, I som har arbeidet som kanselliherre på slottet i København? Amtmannen humret fornøyd over at fogden nevnte hans storhet.

– Tja. De er ikke ukjente for meg, for å si det slik, sa han og satte fra seg glasset. Han smattet. – Hm, god vin denne spanske, søt og aromatisk. Er det Canari Sec? Han så på sin kone.

– Ja, sa hun og løftet glasset. – Søt, hvit og spansk.

Amtmannen nikket og smattet igjen.

– Herr Rhodius er en vennlig mann, har jeg hørt. Det er visstnok hans hustru som ikke klarer å styre munnbruken sin. Men som høylærde har begge stor kunnskap i det overnaturlige og kan bli til god hjelp mot trollheksene. Kjedeprosessene vi nå arbeider utfra, er lærd europeisk doktrine, demonologi. Og den kan vi takke Kramer for. Heksehammeren var den første og etter min mening den beste instruksjonsboka for hekserisaker.

Presten nikket anerkjennende.

– Ja, både rettslige og geistlige embetsmenn frykter den skjulte hæren av djevelens medsammensvorne. Og det er derfor maktpåliggende å få utryddet dem alle. For i følge demonologien er evnen til å utøve trolldom basert på overføring av makt fra djevelen, gjennom inngåelse av pakten. Og hva ser man? Jo, de anklagede bekjenner nettopp at trollfolk samles i store mengder og de arbeider systematisk for å øke ondskapens hær.

– Skål for det, sa fogden og reiste seg. – Skål for krigen vi skal kjempe!

Alle reiste seg, hevet glasset og skålte høylytt.

Utpå kvelden ble presten tankefull. Han snudde seg mot fogden.

– Det er farlige tider, men Kongen vil lønne dere for arbeidet.

Fogden nikket.

– Jeg er en arbeidsvillig mann, herr Mogens.

Presten løftet glasset. Alle måtte trå til som best de kunne. Djevelen hadde erklært krig mot Gud og gjorde de ikke jobben sin, ville han bli den nye herskeren.

Han sa:

– Gud Fader har gitt oss ilden i kampen mot Djevelen. Vi plikter derfor å ha vett til å forstå slike vidunderlige gaver---. Kampen mot Satan skal vi, Guds barn, vinne. Sjelden var presten så klokkeklar og myndig i sin tale.

– Gode og kloke ord, sa amtmannen. – Det må en si. Jo flere som forstår dette, desto nærmere et godt liv er vi.

– Sant, sant, sa fogden mens fingrene flagret over fippskjegget, kjente etter om alt var på plass, i en spiss slik det skulle være. – Vi er mange som er mer enn villig til å fortsette kampen.

Amtmannen snudde seg mot handelsmannen som satt ved siden av ham, taus og tankefull.

175

Han la en tung hånd på skulderen hans. – Se på herr Bras, han gjenkjenner alle tegnene til en trollkjerring. Også han har fått smake trolldommen på kroppen. Men nå er det slutt!

Det skålte de også på.

Kvinnene som hadde samlet seg omkring det runde bordet, med sine kniplinger og likør, løftet også glassene.

– Da må jeg atter en gang få minne dere på de trollkvinnene som ikke vet om sine krefter, skjøt presten inn. – De som eier den ubevisste evnen til å skade ved misunnelse. Bare døden kan fri dem fra sin ulykke.

26

Ryktene hadde i flere måneder hvisket om et høylærd ektepar – et høylærd fangeektepar som var på tur til Vardø. Og da skipet med fangene seilte inn mot øya, sto fjæra full av folk. Folket på øya møtte alltid opp når fogden hadde vært runden og samlet inn trollhekser og forbrytere som skulle svare for seg på tinget, men den folkemengden som sto i fjæra da ekteparet kom, var uvanlig stor. Hele øyas befolkning, nesten 300 mennesker var møtt opp. Fogden pekte og kommanderte. Lettbåten ble satt ut og to menn rodde ut til skipet for å hente fangene inn til land.

Elli sto også der, sammen med Birthe. Hun var spent. De aller fleste hadde sett en høylærd mann før, men en kvinne---. Det ville hun se.

Dagene før ekteparet kom hadde vært fylt av solskinn. Dag og natt hadde sola lyst opp og varmet det vinterkalde landet. Bare noen snøflekker som lå igjen i kløftene på Vårberget vitnet om at vinteren så langt nord var seiglivet. Men da ekteparet gikk i land var sola skjult bak en regntung himmel, som gjorde land og folk grå og skyggefulle som de nakne bergene de bodde på.

Robåten la til i fjæra og en mager kvinne i sort fløyelskjole steg i land. Elli sto forundret og så. Hun hadde ventet å se en mer elegant kvinne, med rød kappe og gullornamenter, slik standskvinnene på øya så ut, eller bedre. Ansiktet til fruen var ovalt med rene trekk. Men lukket. Elli og Birthe gjorde øyne til hverandre, men ingen sa noe. Også folkemengden var taus. Ryktet sa at fruen var gal, hysterisk. Men Elli syntes fruen så helt normal ut der hun gikk sammen med sin ektemann, som hilste til alle han fikk

177

øyekontakt med. De lange grå krøllene blåste lett i vinden, under den bredbremmete, svarte hatten. Bak dem stavret en eldre mann med stokk. Det måtte være presten som var dømt for usømmeligheter. De hadde hørt om ham også. En prestefyllik. Pass til ham at han måtte i fengsel, det mente både Elli og Birthe og de andre.

Elli smugkikket på folkene rundt seg. Alle var tause, og det var merkelig. Ikke en lyd kom ut mellom leppene deres. Hadde alt vært som vanlig, ville folk ha spyttet på dem og kalleordene ville haglet. De ville ha kalt dem for skitne hunder, gale katter, horer, troll og æreløse krapyl. Nå stod de tause og stirret på menneskene som gikk forbi dem. Så velkledde fanger hadde de aldri sett.

Tre måneder på havet hadde satt sitt preg på ekteparet og prest Madsen. De var sultne og skitne, og selv om de gruet seg til å gå i land på øya der djevelskapen lurte i hver en krok, gledet de seg til landkjenning. Men ingen hadde fortalt dem at i fjæra i Vardø og et godt stykke oppover land lå et lag på omtrent halvmeteren med stinkende fiskeslo, som de måtte vasse gjennom før de kom til hestevognen som ventet lengre oppe. Fogden sto i fjæra med slo langt oppover storstøvlene og veivet med armene at de måtte få opp farta, se til å komme seg i land.

Anna skrevet over ripa og satte en prøvende skotupp mot gjørma. Stanken slo opp mot henne og hun trakk den tilbake, men da var fogden der. Kjapt la han en arm rundt livet hennes og nærmest vippet henne ut av robåten og ned i fjæra. Så sto hun der, midt i den glinsende, gråsvarte massen. Skjørtekanten badet i sloet og hun trakk seg tilbake. Stanken var uutholdelig og hun svelget og svelget. Gatene i Christiania var ingenting mot dette.

– Kom igjen her, opp med farta! ropte fogden og skjøv Anna framover så hun ramlet mot Rode som sto på land og ventet. Anna løftet skjørtet så høyt hun kunne og Rode grep henne. Verre ble det da de gikk gjennom den tause portalen av skulende mennesker. Redselen satt som ei skrustikke i henne og uansett hvor myeAanna prøvde å lede tankene over på noe annet, sto hun igjen med en redsel så sterk at hun heiv etter pusten. Var det ikke for at Rode holdt armen hennes så fast, hadde hun falt sammen og blitt liggende i slodungen.

Båtturen hadde vært et seigt mareritt og reisen svekket dem alle. De hadde begge reist flere ganger mellom Christiania og København, og trodde de ante hva de hadde i vente da de gikk ombord. Men sjømennene var bryske og maten elendig, og da de endelig seilte inn i siste etappe mot Vardø, kom tårene. Hun hadde hørt så mye om det nakne ugjestmilde landskapet, men aldri klart å forestille seg hvor goldt det virkelig var. De siste dagene ombord hadde sola skint dag og natt og badet landskapet i et lys som ga henne en følelse av å være i en utenomjordisk verden. Det steinete landskapet var brutalt, som om det var frarøvet alt liv. Hvordan kunne mennesker leve her? Hvor fikk de maten fra?

Rode derimot var imponert over landskapets egenart. Planeten han bodde på; aldri før hadde han sett den slik, avkledt og naken, og han nøt de slake linjene i landskapet. Som astrolog var han godt kjent med at kraften nordpå var mange ganger sterkere enn andre steder i verden. Det gjaldt både for godt og vondt. Det var derfor beklagelig at folket i Finnmarken benyttet muligheten som var gitt dem, og matet beistet når de burde prise Herren Gud.

Men da de skimtet den lille øya ute i havet sank alt håp om at Vardø var bedre enn ryktene sa. Været hadde også endret seg.

Den blå solhimmelen var erstattet med tunge skyer. Domen, heksefjellet, lå mørk og truende som en vegg ut mot øya og resten av verden. Anna forsto brått hvorfor nettopp dette fjellet ble det foretrukne blant trollhekser, platået på toppen av fjellet var som skapt til heksedans og de innså at livet aldri kom til å bli som det en gang var. Hva hadde de vel håpet på?

Hestekjerren kjørte dem til Vardøhus festning og Anna slapp en vantro latter. Festningen var en ussel steinborg der muren rundt var falt sammen på hele ene siden. Porten inn til borgen var så lav at hun måtte bøye hodet da de kjørte gjennom den. Inne i gårdsrommet var det ikke stort bedre, snarere verre. Alle bygningene var forfalne. Torvtakene hang i buer på midten, biter av steinhusene var falt av og vinduene var små glugger, som for hundre år siden. De hadde ikke hatt store forventninger om fengselet i Vardø, men at det stinket så mye av råtten fisk, og at rottene pilte rundt bena deres som fluer en sommerdag, det hadde hun ikke sett for seg. Fogden tok dem med til Langhuset, et lavt stein- og tømmerhus, midt i borggården, som ble brukt til å huse fanger og soldater. Soldatene bodde i ene enden og fanger i den andre. Det største rommet i huset var et stuekjøkken med åpen peis til mat- laging, og et stort bord av grovt treverk med benker på hver side. Langs den ene veggen sto fire stoler, lutende og skjeve. De andre tre rommene var møblert med to soveplasser på hvert rom. Anna og Rode ble vist til det største rommet og Madsen det minste. Soldatene bar inn kistene deres og forsvant uten et ord. De reisende hadde akkurat satt seg ved bordet og sukket over deres usle skjebne, da amtmannen kom inn og presenterte seg. Alle reiste seg og hilste.

Orning var overraskende spinkelt bygget, men med en godt voksen mage. Ut fra bedriftene han hadde utført som sjøkaptein,

180

trodde hun at han var en større mann, kroppslig sett. Amtmannen smilte vennlig, håndhilste og så dem inn i øynene etter tur, gransket dem, før han satte seg ved bordet og viftet generøst med hånden at de også skulle sette seg. Han var selv kommet til øya for få måneder siden, og han var fortvilet. Mandatet han hadde fått – å utrydde trolldommen i Finnmark, hang tungt på ham, forklarte han. Vardø og Finnmark huset flere trollhekser enn han våget å tenke på. Heksene organiserte seg i roder, de var mange og de rekrutterte nye hver dag. I Finnmark tok de trolldom på alvor. Her danset nemlig trollfolket med Fanden selv oppe på Domenfjell.

– På denne lille øya med knapt 300 individer kan man gå ut fra at de fleste kvinner er infiserte med trolldom, det må man våge å tro, sa amtmannen. – Trollpakket på øya og i Finnmark forøvrig er nådeløse og fullt integrert blant folket – som vanlige borgere. Jeg er maktesløs, sukket han, – og har ventet i spenning på at dere skulle komme. Han nikket hyggelig mot Anna og Rode. Presten som satt og skulte på ham, verdiget han knapt et blikk. – Så til saken, sa han og hvilte blikket på Anna slik at alle skjønte at dette gjaldt henne.

– En kristen, lærd kvinne kan gjenkjenne ondskapens vesen. Hun kan blande seg med andre kvinner i byen og forstå når hun møter på en trollheks.

Madsen reagerte voldsomt på det amtmannen sa. Han reiste seg opp og ropte.

– Aldri! Aldri om dere får meg med på heksejakt. Slik er ikke for vanlige folk å holde på med. Det kan slå tilbake på deg. Jakt på trollfolk skal være initiert av og gjennom kirken! Det vet da alle. Amtmannen snudde seg mot den gamle presten og gransket ham et par sekunder.

181

– Nåvel, vi tvinger ingen, men det kan gagne den som hjelper oss---.
Han reiste seg, gikk bort til Madsens rom og åpnet døra. – Du kan
holde deg der inne mens jeg drøfter viktige ting med Rhodiusene.
Presten sperret opp øyene og ville protestere. Men da Orning viftet
med hånden at presten skulle pelle seg inn dit, som til en hund,
reiste han seg tungt og ruslet inn på rommet. Orning lukket døra
etter ham. Så satte han seg ned med dem igjen.
– Her i Finnmark er vi plaget med heksekjeder. Dere er selvsagt kjent
med demonologi?
Begge nikket tankefullt og amtmannen fortsatte.
– En rekke demonologiske verker er som kjent publisert – og flere av
disse har vi tilgang til her. Han pekte mot bygningen han bodde i. –
Både rettslige og geistlige embetsmenn frykter en skjult hær av
djevelens medsammensvorne på jord, som det er maktpåliggende å
få utryddet. Han fortsatte etter en dyp pust:
– Det er viktig at de anklagede bekjenner, uten noe vrøvl og at
bekjennelsene er av kollektiv karakter. At en trollheks arbeider alene
er utdatert kunnskap. Her i Vardø viser vi ingen nåde mot trolldom.
Trollhekser føler ikke smerte, men de er så dumme at de tror vi ikke
vet om det og skriker og bærer seg som dyr. For å få vår
medlidenhet. Men vi vet hvem de er og vi tar i bruk alle metoder for
å vriste sannheten ut av dem. Vi er akkurat så nådeløse som vi må.
Sannheten skal og må fram. Klarer vi ikke det er vi fortapte. Om
dere hjelper til kan det lønne seg. Dere har det formodentlig travelt
med å komme dere herfra?

Anna øynet plutselig et lite håp. Hun klarte ikke å beherske
seg, og slapp et hvin av glede. Så slo hun hendene for munnen og
kikket raskt bort på Rode som ikke gjorde mine til at han hadde hørt
utbruddet hennes. Orning derimot nikket til Anna og reiste seg og

rettet på knappene i den sorte silkevesten. Så klappet han seg på magen som om han hadde fått servert et bedre måltid.

– Sier dere ja til samarbeidet er dere å betrakte som mine ansatte og kan bevege dere som dere vil i Vardø, men dere kan ikke forlate øya og det skjønner dere vel. Dere er jo først og fremst her fordi dere har fått en dom og er derfor som fanger å regne. Prøver dere å rømme vil dere bli jaktet på, fanget inn og hengt. Og det ønsker dere vel ikke? Han bøyde nakken og kikket på dem under senkede bryn.

Rode reiste seg.

– Selvsagt, junker Orning, sa han og strøk seg tenksomt gjennom skjegget. – Selvsagt! Vi takker så mye for tilliten, men ber om unnskyldning for at vi må finne ut om vi er den verdig. Kan vi få sove på det?

Han bukket dypt til Orning som gryntet til svar. Orning mønstret Rode et øyeblikk, så var det som om han bestemte seg og gikk mot døra. Han åpnet den og snudde seg mot dem. Dette ekteparet, slike ynkelige mennesker; kvinnen så stiv og ektemannen så bløt. Men, å skue hunden på hårene gjorde han ikke. Ryktene om ekteparet var kommet før dem og fortalte om en fanatisk utholdenhet og det ønsket han å dra nytte av. Rhodiusene hadde vært Christianias mest beleste ektepar. De hadde lett for å oppnå kontakt med folk og Rode var en sindig mann. Anna derimot måtte sannsynligvis kontrolleres, ustabil og hysterisk som hun var. Men, overfor trolldom og hekser ville udydene hennes være en utmerket egenskap. Han nikket mot dem.

– Til i morgen da.

De hadde bedt amtmannen om å få sove på saken, men søvn var det de fikk minst av den natta. Var det guds vilje at de skulle hjelpe amtmannen, var de utvalgte til å gjøre et slikt arbeid?

183

Helt siden de ble dømt hadde de spurt seg selv og hverandre om meningen med det grusomme som skjedde med dem. Rode skulle så gjerne ha søkt svar hos stjernene, men det var umulig med alt lyset på himmelen. Han manglet også penn og papir. De var som bastet og bundet. Hjelpeløse.

Anna reiste seg.

– Amtmannen kjenner til vår boklige lærdom og verdsetter den. Nå ber han oss om assistanse til å fange og få brent fandens friller, horene hans. Heksene. Jeg blir vettskremt bare av å tenke på det. Hun senket stemmen.

– Madsen har rett, hvisket hun og pekte diskret mot rommet hans. Rode sukket tungt.

– Kanskje syntes vi historiene til amtmannen er noe overdrevne. Men når han påstår i fullt alvor at trollskapen skjer bak hvert nes, og nesten i hvert hus, i hele Finnmark, må det jo være alvorlige tilstander her. Hvis folket er så gjennomsyret av ondskapen at de ikke oppdager den selv, fordi de har fått den inn fra de var barn av, da blir resten enkel matematikk.

For et valg de hadde fått. Anna trakk på skuldrene og gikk til rommet deres. De var jo nettopp kommet i land. Rode tok kisten og kom etter. Sengen måtte ordnes før de kunne legge seg i den. Liggeunderlaget av lyng og skinn stinket, og var tett bebodd med lus. Hun ristet lett på det og la et av deres egne ulltepper over.

– Vi kommer med friske øyne, Rode. Jeg forstår amtmannens frykt og lengsel etter fredelige forhold og jeg klarer å skille mellom hekser og ubesmittede. Jeg er et rettferdig menneske, Rode. Det er jeg. Det som skjer nå er Guds vilje og kanskje Hans vei. Vi hjelper til med å lokalisere og eliminere trollhekser, og for det blir vi fri. Anna hentet opp det siste teppet fra kista og la det på sengen.

Kanskje ville de klare seg med det ene teppet, men hun tvilte.
Kulden var til å holde ut når de beveget seg, men natta kom til å bli
kjølig, og de hadde fått så mye lus på turen oppover at de følte seg
som midt i en maurtue, det krafset og kløddet i ett og overalt.
– Store avgjørelser tar tid, Anna. La oss sove nå. La oss sove sammen
i kjærlighet og tillit. Gud elsker oss og kanskje gir han oss svaret i
drømme.
Anna smilte og gikk bort til ham og kneppet opp vesten hans. Rode
var alltid så flink til å huske kjærligheten, de dype og viktige tingene i
livet, og det elsket hun ham særlig mye for. Langsomt kledde hun av
ham alle ytterklærne. Hun ba ham om å rette ut armene og bøye seg
litt fram for å trekke nattserken over hodet hans, så kledte hun av og
på seg selv. Etterpå ga de hverandre en lett massasje på nakke og
føtter. De fulgte samme rutine hver kveld.

Helsa og vettet måtte de stelle nøye under slike forhold, skulle
de holde seg friske til de kom seg hjem igjen. Prøvelsene kom til å bli
store og de måtte være godt rustet.

Neste kirkesøndag ble de nye fangene introdusert av presten.
Tømmerkirken, som rommet omtrent ett hundre mennesker var fylt
til trengsel. I de lukkede stolene fremst ved koret satt storfolket.
Amtmannen og fruen satt like under prekestolen i en egen losje.
Fogden kom i blå frakk med hvite kniplingsmansjetter på ermene.
Fruen satt vever og blodfattig ved ektemannens side, kledt i en diskré
mørk kjole med skuldersjal. Videre bakover satt en broket skare av
folk, plassert etter rang og fortjenester. Som i alle andre kirker grånet
fargene av ettersom det bar lenger bak i kirken, og i skyggen under
galleriet forsvant det meste i halvmørke. Der sto de fattige, de syke og
usle.

185

Da presten var ferdig med sin preken og introduksjon av de nye fangene, satt et måpende kirkefølge tilbake. Aldri hadde de vel hørt på maken. Velstandsfolk, høylærde endatil. Statssvikere og sinnssyke.

I de følgende dagene og ukene brukte ekteparet mer og mer tid inne hos amtmannen. De underviste hverandre om demonologi og signeri, og fikk ny informasjon om ondskapen i Finnmark, om kjedene av hekser som viet sine liv for å jakte på nye medlemmer. I Vardø handlet man med djevelen in persona og ekteparet hadde bestemt seg for å kjempe kampen fordi den var dem pålagt av Gud. Hans prøvelser var harde. Men om de bøyde nakken og godtok det livet som var staket ut for dem, ville alt bli bra.

Sammen satte de opp punktliste for hva de trolldoms-anklagede måtte svare på. Det viktigste var å avsløre de befengte og hvordan de fikk trolldommen i seg. Hadde djevelen sett sin mulighet til å trenge inn i dem gjennom drikke, mat, eller direkte kopulasjon? Og hvem hadde de eventuelt fått drikke og mat fra? Mor, søster, nabo?

Som dagene gikk vokste tvilen hos dem begge. Prest Madsen som fortsatt nektet å delta i arbeidet, fikk hverken mat eller drikke av amtmannen. Og fordi han, som ekteparet, var dømt til å underholde seg selv fullt og helt i fengselet ville han ha sultet om ikke Anna og Rode delte maten sin med han. Hver dag mens presten stappet i seg det han klarte å få ned, anklaget han dem for å være delaktig i drap og for å berike korrupte tjenestemenn. Anna og Rode lukket ørene og spiste i taushet. De hadde tatt et valg, og de skulle gjennomføre det de hadde satt i gang.

Men da de så hvordan fogden og amtmannen gikk fram, også overfor kvinner de absolutt ikke trodde var trollhekser, ble Anna redd.

– Jeg er livredd, Rode. Hvordan våger jeg å sloss mot Djevelen og hva om Madsen har rett?

Rode som satt ved kjøkkenbordet og skrev, la fra seg pennen og så tenksomt på sin kone. Hun var tydelig preget av oppgaven de var begynt på. Ansiktet hennes var gråhvitt av redselen, og de ellers så blå øynene hennes var som svarte hull i øyehulene. Dette var hardt for hennes følsomme natur, det så han. Han reiste seg og gikk bort og la armene rundt henne og Anna lente seg mot ham og sukket.

– Elskede kone. Jeg ber deg, vær ikke redd. Husk ordene i femte mosebok. 31:8. «Herren selv skal gå foran deg. Han skal være med deg. Han svikter deg ikke og forlater deg ikke». Vi står sammen som alltid, Anna.

Selv om ordene hjalp henne der og da og pusten roet seg, ble hun syk og sengeliggende. I tre hele dager svettet og skalv hun, sovnet og våknet med redselsfulle mareritt. Når hun var våken vandret hun fram og tilbake over gulvet i det lille rommet deres. Rode hjalp henne ned på sengen og tørket svetten av ansikt og hals, kokte vann og ga henne i små slurker. I løpet av de dagene snakket han ikke til henne, hvisket bare oppmuntrende små ord og strøk over henne med lange rolige bevegelser. Og ba med henne.

Endelig sov hun en hel natt og neste dag var hun tankefull, men rolig.

27
ANNAS GJERNINGER

Fire måneder etter at ekteparet ankom Vardø, begynte Anna sin virksomhet. Hun hadde fått frihet til å vandre omkring på øya og banke på den døra hun ønsket, og stille spørsmål. Og det gjorde hun. Snart var trollkvinnehullet på Vardøhus festning overfylt av desperate kvinner.

Anna var nå ikke til å kjenne igjen. Folk flyktet når de så henne komme. Ryktet fortalte at magisterfruen hadde rukket å pine minst ti kvinner allerede, og at hun var uten nåde i sine metoder. Noen hevdet sågar at hun selv pinte kvinnene hun fikk anklaget.

Det var fru Rhodius som hadde truet høygravide Magdalena Jacobsdatter sensommers, da hun satt fastspent med kjettinger på hals, armer og bein. Hun hadde tømt bøtte etter bøtte med skittvann over den høygravide kvinnen, og fått henne til å tilstå at hun ikke var med barn, men svanger med Djevelen. Tre dager etter at Magdalena hadde født barnet, brente de henne og fire andre kvinner. Den snikende uroen blant folket utviklet seg til en paralyserende redsel som slo ned på de fleste og gjorde dem handlingslammet.

Tiden rant vekk i et kaos av trolldomsanklager og gråtende kvinner og barn. Anna hadde ikke brydd seg med hva som skjedde med kvinnene etter at de hadde betrodd seg til henne. Men utover høsten og vinteren ble hun stadig oftere bedt om å hjelpe til nede i trollkvinnehullet. Der skulle hun hisse kvinnene opp og få dem til å anklage hverandre der og da, og så skulle de rykke med seg trollheksen som røpet seg mest, som var mest snakkesalig.

Da Anna startet arbeidet møtte folket henne med taushet eller ei spytteklyse, men det endret seg da hun begynte å dele ut skillinger. Anna arbeidet med å finne ut mer om kvinnene de fikk navnet på. Det kvinnelige lynnet kjente hun godt. All løgnaktighet og sleskhet kvinnenaturen rommet, hadde hun erfart i livet og derfor innførte hun skikken om at kvinnene skulle legge sin hånd på den de hadde lagt ut som trollkvinne og anklage henne direkte.

Det hendte noen ganger, når amtmannsstua var opptatt, at avhørene ble gjort inne i deres egen kjøkkenstue. De hadde protestert heftig på det, men fogden og amtmannen slo vekk argumentene deres. For når øvrigheten hadde behov for stua, måtte de innsatte vike, og holde kjeft. Kanskje de heller ønsket å flytte ned i fengslet, undret fogden.

Hver måned hele den høsten ble kvinner dratt på tinget og dømt, de fleste samme dag, selv om det stred imot loven. Arbeidet Anna hadde tatt på seg viste seg å være mye større enn hun trodde. Uendelig mye større, og amtmannen hadde rett. Trolldommen florerte. Hele byen var infisert og på høsttinget i september ble tre trollhekser dømt. Uken etter ble de brent.

***

Ekteparet hadde hverken fått varsel eller forespørsel da fogden en dag i desember kom inn i stua deres med pikebarna Maren, søstrene Ingeborg og Karen, og lille Kirsten. Barna var ansett som heksebarn. Marens mor ble brent ti år tidligere og hun vokste opp hos tanten, Maritte. Nå var hun også brent. Fogden hadde prøvd jentene på

189

tinget. Han ba om ild og bål for alle barna. Men tinget nektet. Barn hadde de aldri dømt før og saken mot dem ble derfor anket til lagmannen kom neste år, i juni. I mellomtiden påla tinget fogden å prøve å lære barna den lille Katekismen. En slik stor sak måtte lagmannen dømme i fordi de var små barn, og kanskje mottakelige for Gud likevel. I mellomtiden måtte barna være i forvaring.

– Deres oppgave nå er å lære barna Den lille Katekismen, og fritte dem ut, sa fogden til Anna. – Disse heksebarna, han pekte på jentene som sto på rekke og stirret ned i gulvet, – kjenner selvsagt sine mødres og tantes omgangsvenner. Og du, han pekte på prest Madsen, – skal lære dem katekismen. Om barna ikke er helt besudlet, kan de bli kvitt trolldommen, sies det.

Madsen, som hadde overlevd på grunn av Anna og Rodes generøsitet, så på fogden med et bedende blikk.

– Du får mat når du arbeider for oss, sa fogden med et nikk mot Madsen som lukket øynene og nikket takknemlig.

Fogden snudde seg mot Anna og Rode. – Dere gis alle tillatelser. Vrist sannheten ut av dem, med alle midler. Trollhekser kommer også i et barns skikkelse.

Han hilste dem med et kort nikk før han gikk.

De fire barna sto fortsatt der fogden hadde levnet dem. Ingeborg og Karen holdt hverandre i hendene. Bare lille Kirsten våget å løfte blikket opp fra gulvet og se på dem av og til.

– Så! Gå til rommet deres! Der. Anna pekte mot døra til venstre, og barna lot seg ikke be to ganger.

Maren på tolv hadde de så vidt hørt om før. Amtmannen hadde flere ganger fortalt dem om forholdene i Vadsø, og spesielt nevnt ungjenta Maren som allerede hadde pekt ut flere som trollhekser for dem. I tillegg hadde hun tilstått at hun hadde vært i helvete på besøk hos Satan. Der omskapte hun seg til en katt og kråke. Trollkunstene hadde hun lært av sin tante Maritte og djevelskapen hadde hun fått inn med øl.

De ble enige om å gå fram forsiktig. La djevelen få avsløre seg selv, for det ville han før eller siden.

***

Anna holdt sjalet tett rundt kroppen og skjørtet unna snøskavlene da hun småløp over gårdsplassen og tilbake til langhuset. I desember var skavlene allerede høyere enn husene og hun frøs dag og natt. Hun var slett ikke vant til kulden og de gjennomtrengende vindene som blåste alle veier. Selv om hun ble advart om de harde vintrene på øya, kunne hun ikke forestille seg det før kulden krøp inn i margen på dem alle. Kroppene stivnet og ble umedgjørlige og smertefulle.

Samtalen med amtmannen hadde opprørt henne. Han hadde vært tydelig irritert da hun kom. Jobben hun gjorde gikk for sakte. Skjønte hun ikke at trollheksene konspirerte mot ham? Han hadde smerter i ene armen og foten nå, uforklarlige smerter. De var kanskje ute etter livet hans, tilogmed. Det viktige nå var å få dømt og brent trollpakket, så han fikk helsen tilbake. Hustruen var også syk, og barnet deres---. Det hastet.

Anna måtte intensivere innsatsen, krevde han, særlig mot barna. De hadde nøkkelen. Klarte hun å vriste sannheten ut av dem, ville de få inn enda flere trollhekser. Anna hadde bare stått der og nikket alvorlig mens han snakket, men da han lovte å skrive brev til kongen om deres benådning, så hun opp.
– Vil hans nåde gjøre det for oss?

– Selvsagt, sa amtmannen og slo generøst ut med armene.

– Gjør dere en god jobb, skal jeg gjøre en god jobb med hensyn til løslatelse. Det er vel bare rimelig?

Anna var enig. Det var helt rimelig.

Amtmannen hadde tidligere mer enn antydet at de ville bli belønnet om de tok oppdraget med å lete opp trollhekser, man aldri før hadde han sagt det med så rene ord.

De hadde dillet for mye med barna, det var sant. De hadde stelt med dem som om de var uskyldige barn, glemt at de var hekseyngel. Det skulle det bli slutt med nå. Hun skulle arbeide systematisk med dem og alltid ha i bakhodet hvem de egentlig var, tenkte Anna. Tårefylte barneøyne skulle ikke røre ved sjelen hennes mer, for de var hekseøyne.

Utenfor døra til langhuset nølte hun et øyeblikk. Skulle hun buse inn og fortelle alt amtmannen hadde sagt, eller ta det hele gradvis? Rode var blitt mer og mer unnfallen etter som månedene i fengslet passerte. Det var hardt å være fanger på slottet, selv om de fikk vandre fritt og slapp å sitte lenket på hender, hals og føtter slik mange andre måtte. Rode mente det umulig kunne være så mange hekser som amtmannen og fogden påstod. Hans far var prest og hadde undervist sønnen grundig om trollfolk og trolldom, men aldri nevnt at trollfolk opererte i organiserte former, som her nord. Og prest Madsen---. Med sine skarpe utgydelser og sitt overtydelige kroppsspråk var han bare til bryderi. Men han hadde skrantet betydelig siden de kom. Månedene i Vardø hadde redusert ham til en vandrende knokkelmasse, og hjernefunksjonen var deretter.

Anna trakk pusten og åpnet døra. Rode, presten og barna satt rundt bordet og øvde på Katekismen. Maren som leste godt allerede, leste høyt for de andre. Anna ristet det tykke strikkesjalet ved peisen, varmet det opp og la det rundt seg igjen. Hun satte seg på kanten ved peisen og lente seg inntil den oppvarmede veggen og døste. Men våknet da Rode ristet lett i henne. Presten var gått til rommet sitt, bare barna satt ved bordet og leste. Rode nikket mot rommet, han trengte en hvil.

Anna reiste seg og gikk over gulvet. Så satte hun seg ned med barna. De så på henne. Ventet. Lille Kirsten med det sky blikket. Maren, alltid parat og søstrene Ingeborg og Karen som alltid så ned på hendene som de holdt foldet i fanget.

– Det skjer skumle og farlige saker her på slottet, sa hun. Barna sperret opp øynene.

– Midt i blant oss gjemmer det seg farlige trollkvinner, som er villige til å drepe oss alle.

– Det er trollheksene, ropte Maren, og slo seg for munnen i det samme.

Anna ignorerte henne og fortsatte.

– Dere er alle barn av trollhekser, det vet vi.

– Det er vi ikke, protesterte Ingeborg. – Vi er vanlige Guds små uskyldige---.

Blikket Anna sendte henne fikk jenta til å tie og se ned igjen.

– De som protesterer mest er de som er mest trollkyndig, sa hun. Barna så på hverandre, og så tilbake på Anna.

– Vi forstår ikke, hvisket Maren.

– Nei, det gjør dere ikke. Men dere fire som sitter der. Hun pekte på dem en etter en, – er alle trollhekser. Og vi vet nå at en hel horde med trollhekser er ute etter å skade amtmannen og vi vil vite hvem. Men først; dere har fått trolldommen i dere på en eller annen måte. Og jeg vil vite hvordan og av hvem. Vi starter med deg, Maren.

193

Maren vrei seg.

– Meg?

– Ja, drakk du trolldommen inn med melk eller øl?

– Med øl, ja, mumlet hun.

Anna nikket fornøyd. Det var nesten ikke til å tro, det var bare å spørre og barna tilsto med en gang. Maren var særlig pratsom, ordene rant av henne når hun ble spurt: Hun hadde lært av sin tante. Hun hadde fått i seg noe øl som på bunnen var så tykt at hun måtte tømme det ut. Så snart hun hadde drukket kom fanden som en sort hund med to horn, som så ut som to bukkehorn. To ganger spurte den om hun ville tjene ham. Da hadde Maren nektet, fordi hun tenkte at en hund ikke kunne snakke. Samme dag kom fanden på nytt, nå med horn på knærne, klør på hendene og føttene, og med svart hår og skjegg.

Historiene var mer enn Anna kunne tro på og da hun kommenterte de livlige fortellingene og spurte om alt hun fortalte var sant, sa Maren at hun hadde fortalt alt dette før, til fogden og amtmannen.

I flere uker avhørte de barna. Den første tiden endret barna stadig historiene sine. Men etter hvert fikk fortellingene deres både struktur og nytt innhold, og Maren ga dem stadig nye navn på kvinner som måtte etterforskes.

Søstrene innrømte at de hadde lært trolldom av sin mor, som var dømt og brent for flere å siden. Jentene og faren hadde vært på Steilneset da dommen ble fullbyrdet, fortalte Ingeborg. Karen hadde ingen minner om det, men hun husket hvordan søstrene hadde fått trolldommen i seg. Det var moren som hadde gitt dem det, i en skål

med melk. De hadde drukket opp nesten alt da de oppdaget noe sort
på bunnen av skåla. Like etter fikk de vondt i magen og klaget til
moren som straks hadde påkalte den onde. Han viste seg for dem
som en sort hund og bet Ingebjørg i armen så hun blødde, sa hun og
dro opp skjorteermet og viste fram merket. Etterpå ville Fanden ha
dem til å koke svart kjøtt, men det nektet de å gjøre, så da kokte han
det selv. Da de hadde spist, dro de til Lerviken på neset i Vardø, der
fanden spilte på ei sort fløyte. Solveig Nilsdatter og Elli Jonsdatter var
også der med og danset omkring han. Ingeborg husket også at de
hadde forvandlet seg til kråker og fløyet til slottet for å drepe
amtmannen med knappenåler. Men uansett hvor mye de prøvde
klarte de det ikke, for han satt hele tiden og ba til Gud om nåde.

Den minste av jentene måtte Anna ta på fanget for å få henne til
å fortelle.

– Bekjenn det du kan, så skal du bli et Guds barn, og jeg vil ha deg til
min egen pike.

Men ordene strømmet ikke alltid lett ut av henne eller de andre to.
Noen dager var de helt umulige, gråt og ba om å få slippe. Verst var
når de var godt i gang, og så orket ikke barnet mer, ville bare legge
seg. Ingeborg slet i tillegg med å lære Katekismen utenat, og
unnskyldte seg med at det var fordi hun var solgt til Djevelen av sin
mor. At det var derfor hun ikke klarte å ta til seg Guds ord.

Anna mente piken var lat å lese og tvang henne til å fortsette å øve.
Da gikk barna til amtmannen og klaget fordi Anna, fru Rhodius
hadde bedt dem lyve, og det ville de ikke.

195

Avhørene av barna var slitsomme og Anna ønsket gi opp det hele. Det var for stort for henne, mente hun. Særlig fordi Rode og presten stort sett var tause under avhørene.

Ofte trakk de seg helt tilbake til rommene sine. At Madsen ikke ville, var som ventet. Men at Rode tok avstand fra letingen etter trollfolk var ikke til å forstå. De hadde gått sammen inn i dette. Rode forsvarte seg med at han og Madsen hadde nok med å få Katekismen og Gud inn i barna, og at de kunne bli vrangvillig hvis de også måtte spørre dem ut om trolldom.

Anna tilga ham unnfallenheten fordi hun så at det var tungt for ham å arbeide slik med barn. Selvfølgelig mente han også at barn ble ofret av sine mødre, men den fysiske jobben var særlig vanskelig for ham.

Lille Kirsten hadde hun tatt på fanget, og spurt henne spørsmål om djevelen. «Bekjenn det du kan, så skal du bli et Guds barn og mitt barn, og jeg vil ha deg til min egen pike», hadde hun sagt til Kirsten. Anna arbeidet møysommelig før hun klarte å overbevise den lille om at kvinnen som satt nede i trollkvinnehullet bare var et skall av det som hadde vært moren hennes.

***

Alle barna var angitt av den voksne kvinnen Barbra Olsdatter, som også la ut sin egen datter, og tilsto at de alle hadde deltatt i den store forsamlingen trollhekser da de ville forgjøre amtmannen på Vardøhus. Barbra ba selv om å bli prøvet på sjøen for å bevise sin uskyld, men da hun kom opp igjen til overflaten og fløt rundt som en duppell, ble hun overbevist; hun var en ekte trollkvinne. Hun hadde bare ikke visst om det selv.

Etterhvert innrømmet hun frivillig at hun hadde lært sin kunst av Ivers kone, Maren, i Vadsø. Hun hadde fått en melkeskvett i ei skål en gang og i bunnen lå noen sorte frøkorn. Dagen etter kom Satan til henne, som en hund, og spurte om hun ville tjene ham. Det nektet hun å gjøre, for hun hadde sin egen mann. Da han hørte det ble han sint og for av gårde. Likevel kom han tilbake senere med samme spørsmålet. Da var han kledd som en mann med askefargede klær og med klør på hender og føtter. Da først lovet Maren å tjene ham og forsverge sin Gud i himmelen. Til gjengjeld lovet han henne at alt hun foretok seg skulle lykkes vel. Løftet holdt han dårlig, og han hadde merket henne med sine klør, der, på venstre låret, sa hun og løftet opp skjørtet og viste fram arret. Hennes Gud het Isak.

Stadig kom barna med nye navn på kvinner de kunne avhøre. Særlig var Elli Jonsdatter et interessant navn. Hun hadde vært mistenkt tidligere. Henne måtte de straks få inn.

28

Elli var akkurat kommet inn døra hjemme da Birthe smatt inn. Hun
så seg rundt i rommet og hvisket.
– Ryktet går, Elli. Du vet vel at fogden har anklaget små barn - som
trollfolk og Brassen driver rundt på øya og snakker om da vi var hos
ham siste gang. Jeg er bedt om å advare deg. Brassen snakker, og det
er ikke godsnakk.
– Handelsmannen snakker, hermet Elli. Hun gikk bort til grua og
raket forsiktig i glørne før hun la på litt torv. Det var på tide å koke
middag og torsken hun fikk byttet til seg mot en lykkegiver var så feit
at den nesten var rund. Takknemlig hadde hun tatt imot byttet og
skyndet seg hjem.
Elli kikket bort på Birthe. Hun var tydelig nervøs. Elli smile
beroligende til henne.
– Handelsmannen bor i det beste huset, eier båter og en butikk som
bugner av gryn, mel, te og krydder og redskaper, og jeg vet ikke hva.
Han og kona sprader rundt i moteklær i gilde farger og kniplinger så
digre at de henger nedover magen på dem. Han skal snakke. Hadde
det vært opp til meg skulle jeg vridd han tørr og knust han til støv!
Birthe satte seg ved grua. Et lite smil rykket i munnviken hennes, så
ble hun alvorlig igjen.
– Det er farlig nå, Elli.
– Farlig for barn og voksne, sukket Elli.
Hun la fisken fra seg på fjøla og hengte gryta med lettsaltet vann over
varmen.
– Ja, men det er sant. Folk er som gale, de er så redde.

– Birthe, ser du den feite fisken som ligger der, sa Elli og pekte på torsken på fjøla. Birthe nikket.

– Den fikk jeg for en giver i dag.

Birthe slo hånden for munnen og kvalte det lille skriket. – Du er gal, Elli! stønnet hun. – Har du da ikke livet kjært?

– Visst har jeg livet kjært, men jeg blir også sulten. Nils kan jeg ikke stole på. Du ser nå, sa hun og slo ut med hendene for å vise sin ensomhet. – Stoler jeg på Nils' ord om at han skal komme hjem med mat, sulter jeg.

Elli tok kniven og skar fisken i passelige stykker. Hun løftet et stykke opp mot Birthe. – Se så fin den er, hvit som snø i kjøttet og blodfersk.

– Hadde jeg ikke hatt noe å bytte med i dag, så---. I dag var jeg nødt. Elli snudde seg vekk fra Birthes granskende blikk. Skammen var så stor. Hun, gifte kvinnen sultet mens mannen satt i ølkjelleren og drakk opp det lille de hadde av penger.

– Jeg har ikke smakt annet enn vann og tran på to dager, mumlet hun.

– Du kan alltid komme til meg, vet du.

– Som en tigger? Aldri! Da får de heller brenne meg.

– Gud forby, Elli! Ikke si det, ropte Birthe.

– Jeg sier det jeg mener. Kanskje du vil ha litt fisk med hjem? Hun holdt opp nakkestykket, godbiten for dem som likte å smatte og gnage på fiskebeina.

Birthe ristet på hodet. – Mange takk, vi har så vi klarer oss.

Elli kikket bort på Birthe. Hun burde gå nå, tenkte hun. Det var ikke heldig at de var sammen hvis ryktene gikk, det var mat for den røde hane. Med så mye fisk som hun nå hadde, kunne hun koke flere porsjoner suppe. Klærne hang løst rundt henne og hun måtte ha mel og gryn, om så bare et par never. Det var som om Birthe leste tankene hennes og Elli krympet seg. Birthe hadde hørt de mest avskyelige ting om den høylærde fruen. Ingen var trygge nå, ikke engang barn. Hun hadde nok hørt at Barbra Olsdatter hadde lagt ut sin egen datter.

Fogden og fruen plukket kvinner like lett som blåbær, anklaget dem for trolldom og fikk dem brent nesten før de rakk å dømme dem. Noen hadde dødd i fangenskapet, de ble pint for hardt og det visste alle. Elli visste selvsagt om faren med å selge lykkegivere og suppe. Men hva kunne hun vel gjøre, om hun ikke kokte suppa? Sulte langsomt ihjel eller bli drept på bålet? Men det var sant som Birthe sa, noe var i emning, noe større enn noen gang før. Hun hadde aldri før hørt at barn kunne være ekte trollfolk, eller at kvinner festet sammen med Djevelen selv. Hvordan kunne noen våge slikt?
– Jeg passer meg.
– Nåvel, da må jeg hjem igjen, sukket Birthe.
De ga hverandre en klem og Birthe forsvant ut døra.

Elli la fiskestykkene varsomt opp i det kokende vannet og løftet gryta av ilden. Fisken måtte ikke koke og ødelegges. Nils var alle andre steder enn der han tjente penger, og vanligvis i kjelleren til Drikk-Marthe. Sulten kom først til henne, for Nils hadde sine svirebrødre der i kjelleren, og de gikk ikke av veien for å nappe med seg gryn og mere til, om de så sitt snitt, det hadde hun hørt. De siste årene hadde han vært så sjelden hjemme at han var som en skygge som av og til rørte seg i kroken. Og selvfølgelig hadde hun hørt ryktene om fruen, de begynte å surre bare uker etter at de kom. Hun hadde også hørt ryktene om amtmann Ornings tidligere grusomheter og at de hadde slått seg sammen, handelsmannen og amtmannen om å utarme folket, for å mele sin egen kake. Handelsmannen nektet fiskerne lønn for fisken de leverte, det opplevde de støtt og stadig. Og da konene tok turen innom ham for å få litt gryn så ikke barna sultet ihjel, nektet han fortsatt å gi dem noe. Selvfølgelig truet de desperate kvinnene med alskens for å få litt mat til ungene og seg selv. Etter at kvinnene hadde grått, skreket og truet gikk Bras til amtmannen og fortalte at det var i butikken hans at trollheksenes sanne natur kom fram, de hadde vist sitt grimme ansikt for ham.

Elli og mange andre trodde ikke på noe av det Bras sa. Selvfølgelig trodde de at det fantes trollhekser, for det sto det om i bibelen, det hadde presten talt om. Men at hele Finnmarken var som et ormebol for dem, det trodde hun ingenting på. Men det var sant som Birthe sa, det var skumle tider.

Da fisken var ferdig tok hun opp nakkestykket og la det på fatet. Hun øste tran i en bolle og satte seg. Elli kneppet hendene og takket sin gode gud som nok en gang hadde sett i nåde til henne.

Hun bestemte seg for å slutte å selge lykkegivere, men suppa holdt hun fast ved. Noe måtte hun leve av og mat måtte alle ha. Ble alt tatt fra henne måtte hun lete fram tiggerstaven, men en gift kone som tigget fikk aldri en bit mat av noen, ikke en smule. Slike ble foraktet og jaget fra døra og noen havnet på bålet. Hun var også litt i tvil om hvor grusom den høylærde egentlig var. Kvinner kunne lett lyve på andre kvinner, det hadde hun kjent på kroppen flere ganger, men at en kvinne pinte en annen kvinne med glødende tenger og hadde henne på strekkbenken, det trodde hun ikke på. Aldri. Det meste var snakk og rykter, som vanlig. Men hun tok likevel alle forhåndsregler og de neste dagene gjorde hun det hun kunne for å være usynlig. Hun gikk aldri ut når det var lyst og kun når hun visste at folk flest var hjemme i husene sine. Møtte hun likevel noen snudde hun og gikk en annen vei før de kom for nært. Merkelig nok så det ut til å fungere. Dagene gikk og hun burde vært hentet inn hvis ryktene var sanne, men kanskje var ryktene bare det, også denne gangen. Hun håpet det var slik.

Like før jul forsvant det meste av snøen og januar kom med nesten bar mark. Elli gledet seg over det. Flettverkskorga var fylt med rekved og hun var på tur hjem da den brune, slitne festningsbåten seilte inn i Østervågen, nedenfor slottet. Den samlet inn kvinner og menn som var tiltalt for lovbrudd. Folk stimlet sammen i fjæra og Elli satte opp farten. Hun dro sjalet over hodet, knøt det tett sammen rundt seg og smøg seg inn blant folket som samlet seg i fjæra.

Kun en person var med denne gangen. En kvinne satt på toften i lettbåten med sjalet tett rundt seg og bøyd nakke. Støyen fra den urolige folkemengden steg i takt med åretakene. Og da robåten nærmet seg fjærekanten, satte Elli korga med rekved fra seg.

Vantro stirret hun på kvinnen med den lange tykke fletta.
– Ingeborg. Herregud, Ingeborg! ropte Elli og presset seg gjennom fokemengden. Spyttklysene og skjellsordene haglet over kvinnen da soldatene førte henne mot festningen. Ingeborgs ansikt var som stein, utrykksløst.

Dagen etter var tinget satt, og Elli møtte opp. Tvilen hadde naget hele natten. Våget hun å vise seg på tinget? De kom til å legge merke til henne. Men Ingeborg trengte noen som kunne gi henne godt skussmål og Elli ville så gjerne hjelpe. Men hun hadde vært mistenkt før og gjorde hun slikt var det med fare for sitt eget liv. Hun møtte Ingeborgs øyne. De sa: det gjør ikke noe, jeg klarer meg. Christoffer Orning snudde seg og fulgte Ingeborgs blikk mot Elli. Han mønstret henne et øyeblikk før han så ned i papirene igjen.

Ansiktet var fylt av en bisterhet Elli ikke hadde ord for. Ryktene om at herr Ording var overmåte brutal og tilsvarende overtroisk, rant inn i bevisstheten hennes. Plutselig forsto hun at dette var farligere enn hun hadde antatt og angret på at hun hadde gått dit. Hvordan kunne hun engang tenke tanken på at hun kunne være til hjelp? Hun som hverken burde synes eller høres om hun skulle berge livet. Var amtmannen en nidkjær embetsmann, var fogden fullt på høyde med han.

Ingen våget å reise seg for Ingeborg. Fogden sendte henne på sjøen og de dømte henne til pinsomme avhør.

***

Lille Maren svarte på alt de spurte henne om, og uten å betenke seg ga hun dem navn på nye trollhekser. Prest Madsen som fortsatt hadde arbeidet med å omvende barna klaget stadig over at de var vrangvillige og tungnemme. Han ble mer og mer irritabel og når han ble lei stotringen, kastet han barna ut i snøen, for å skjerpe hodene deres, som han sa. Men barna fortsatte stotre og gråte og be om å få slippe å lære Katekismen.

Anna konsentrere seg om arbeidet med Maren. Hun ville høre henne fortelle om da hun var i helvete og hvem flere hun møtte der, og hun formante Rode og Madsen om å være tilstede. Hun var sliten og trengte deres støtte nå i innspurten.
Maren satt på den andre siden av bordet med hendene foldet på bordplaten. Barna hadde ikke sett vanndråpen på flere uker og langt mindre en kam da de kom. Anna hadde vasket dem, stelt klærne deres og gredd alle tre. Nå så de nesten ut som andre barn.

Maren smilte prøvende mot dem. Rode smilte tilbake.

– Nå, Maren, sa Anna henvendt til Maren. – Kan du fortelle oss hva du har opplevd? Vi har hørt at du har vært nede i helvete. Er det sant? spurte Anna. Det lille håpefulle smilet som hadde lekt i munnvikene til Maren stivnet og hun vrei seg på stolen.

– Bare fortell, fortsatte Anna. – Vi har jo hørt om det før.

– Kom igjen, jente. Snakk! sa Madsen.

– Jo det var slik---. Hun klødde seg i nakken. – Kan jeg ikke få slippe?

– Ikke snakk om, jente. Fortell, ellers får Madsen overta her, sa Anna.

Maren kastet et skremt blikk bort på den gamle presten som skulte på henne.

– Ja, det var slik at det var Satan i egen person som var min omviser der nede. Hun pekte ned i gulvet. – Jeg skulle få se det som var verdt å se, sa han. Vi begynte å gå, men veien var veldig lang og da vi kom fram, pekte Satan på et stort vann som kokte, og der ved vannet blåste han ild ut av ei jernpipe. Da han var ferdig å spille stakk han en bit av ei fleskeskinke uti vannet, etter ei kort stund trakk han skinka opp, da var den ferdigkokt. Vannet lå langt nede i en svart dal, og det var fullt av mennesker der. Menn og kvinner kokte i vannet og skrek som katter. Som lønn for din tjeneste skal du også få brenne i vannet, sa Satan til meg. Men det ville jeg jo ikke. Jeg ble redd og---. Maren senket hodet og hulket.

De lot henne sitte slik ei stund før neste spørsmål.

– Var det andre med på reisen? spurte Rode.

Maren nikket. – Det var hun Ingeborg, fra Makkaur. Hun haltet og gikk med krykker, men skapte seg også om til en due. Men det vet dere jo. De har hentet Ingeborg. Hun er her i Vardø nå, det vet jeg.

– Du skal ikke tenke på hvor hun eller noen andre er, Maren. Bare fortell oss om alt du har opplevd sammen med trollheksene.

Rode var rolig og varm i stemmen og Maren senket skuldrene.

– Fortell oss mer om denne Ingeborg, sa Anna.

– Ingeborg tok meg med på festen St. Hans natten. Det var mange trollkvinner der. Satan var også der og spilte opp til dans på sin røde fiolin. Etter dansen skjenket han oss øl av ei sølvskål. Da festen var over fulgte han oss hjem.

– En og en? spurte Anna.

– Ja, en og en. Først Ingeborg, så de andre. Og meg til slutt.

– Ja ja ja, sukket Madsen. – Fanden har rikelig å ta av.

Anna reiste seg og gikk til grua og satte seg der. Hun rørte i glørne og la på mer torv. Hun klarte ikke å sitte der og se på den unge trollheksa, som hun var overbevist om at jenta var. Intet barn i hele vide verden kunne sitte og dikte opp slikt og se dem inn i øynene mens hun fortalte. Det trodde hun ikke på.

Barn får de, trollheksene. Mange. De kravlet ut av dem som rotteunger. Djevelens rotteunger. Anna vemtes når hun så på de bulende magene og visste at de inneholdt et nytt skudd på djevelstammen.

– Maren, du kan gå nå, sa Anna og viftet henne av gårde. Maren reiste seg, neide raskt og skyndte seg til rommet deres.

Anna fulgte henne med blikket. Så ung og så bedervet i djevelskapen. Hun senket stemmen.

– Gud fader se i nåde til oss alle! Å sloss med Djevelen selv, slik vi må, er nesten for mye for et menneske.

Lille Kirsten derimot var det kanskje håp for. Hun hadde allerede lært Katekismen, så liten hun var.

Anna satt på stolen med Kirsten på fanget. Hun hadde akkurat gitt henne mat og gredd håret hennes. Det hendte stadig oftere at jenta

kom og satte seg på fanget hennes. Anna hadde skjøvet henne ned de
første gangene. Men så fikk hun lov likevel. Anna strøk en hårlokk
vekk fra det lille ansiktet.

– Du er ei sånn fin jente, du Kirsten. Jeg skulle ønske du var min.
Hun strøk henne over håret.

– Vet du om Sigrid, tanten din har et merke på seg?

– Nei, det vet jeg ikke. Men jeg har et merke her. Se.
Kirsten dro opp ermet og viste fram et hvitt merke midt på armen.

– Jovisst har du merke. Har moren din også et merke?

– Ja, mamma har mange merker.

– Har hun. Hvor da?
Kirsten pekte på flere steder på kroppen sin.

– Kan du vise meg dem, om vi går ned i Trollkvinnehullet?

– Til mamma? spurte hun og klappet i hendene av glede.
Anna skjøv barnet litt fra seg.

– Vakre barn, husker du ikke, det ikke er din mamma som sitter der
nede.

– Er hun reist hjem, da?

– Kanskje, sa Anna og strøk henne enda en gang over håret. Mykt
som silke var det. Hun hadde ikke hatt mye med barn å gjøre
gjennom livet og ble overrasket over hvor mykt og glatt håret deres
var, selv om de var infisert av trolldommen.

– Kvinnen i kjelleren er bare forkledd som din mamma. Hun er ei
trollheks, ei trollkjerring som har flyttet inn og bor i kroppen til din
mamma. Gud være oss alle nådige.

– Men hvor er mamma, da? Er hun død?
Anna trykket Kirsten lett inntil seg og strøk henne over ryggen.

206

– Hvis du gjør alt jeg sier når vi kommer ned i kjelleren, vil din mor snart komme til vår herlige Gud Fader. Der vil hun sitte varmt og godt og høre englenes sang hele dagen. Og vente på deg.

Ordene fikk en annen virkning enn Anna hadde tenkt og Kirsten begynte å gråte.

– Ikke gråt barn. Du vil hjelpe din mamma, ikke sant?

Kirsten nikket.

– Da går vi ned i fengselet og leter etter merker, slik Maren bruker å gjøre, vet du. Maren er så flink til det. Jeg er stolt av henne.

Anna tok Kirstens hake mellom tommel og pekefinger og så henne formanende inn i øynene.

– Hvis du er flink pike og ikke blir redd når heksene begynner å skrike og rope på Djevelen, så kommer din mor fri. Men du må gjøre som jeg sier, uansett. Du vil at din mor skal bli fri og få det godt?

– Ja, det vil jeg, sa Kirsten og tørket tårene med håndbaken.

– Da må du vise meg merkene hennes. Så blir hun fri.

Kirsten nikket. Anna tok barnet i hånden, hektet ned en tranlampe og sammen gikk de ned den mørke, slitte steintrappen.

Trollkvinnehullet var et stinkende, mørkt fengsel med lenker festet i vegger og gulv. Fengselet var fylt til trengsel av kvinner som satt fastbundet i lenkene. Gjertrud i Kroken var Kirstens mor, og hun var høygravid. Da Kirsten så moren løp hun mot henne.

– Kirsten! Anna ropte etter henne.

Jenta stoppet og trakk seg usikkert tilbake.

Moren strakte armene sine ut mot datteren.

– Kirsten, ungen min kom hit, kom til mamma. Kom!

Moren gråt og trakk de fastlenkede armene så langt ut mot sitt barn som lenkene tillot.

– Vi er her for å lete opp dine djevelmerker. Kirsten har fortalt---.

207

Gjertrud skrek.

– Du er en mester til å lyve livet av folk. Så mange er allerede brent, ropte hun.

Kirsten trykket seg inntil Anna.

– Kirsten, mitt barn. Gå bort og pek på et av djevelmerkene til heksa. Ikke vær redd, jeg passer på deg.

Kirsten nølte, så pekte hun.

– Hun har ett der hvor jernringen sitter rundt foten der nede. Hun tok et skritt mot moren som illskrek da piken nærmet seg. Anna bøyde seg og lyste opp ankelen til Gjertrud. Det var ikke lett å se noe som helst. Den magre leggen var full av størknet blod og skitt.

De andre kvinnene ropte og lokket.

– Kirsten. Gå til moren din lille jente!, gå til henne. Ikke hør på Anna Rhodius. Hun er en hund til å lyve.

– Jeg tør ikke, hvisket Kirsten.

Anna la en kjølig hånd på den lille skulderen og bøyde seg ned og hvisket.

– Du husker hva jeg sa til deg? Spytt på den heksen som har stjålet din mors kropp. Så, spytt på henne! Anna skjøv jenta fra seg og ga henne en dytt så Kirsten sto rett foran sin mor. Så spyttet hun, og da hun gjorde det skrek Gjertrud enda høyere. De andre kvinnene ropte også og noen gråt.

Kirsten gråt. Hun løp tilbake til Anna og boret ansiktet inn i forkleet hennes. Anna la hånden over håret hennes og holdt henne fast og trøstende inntil seg. Gjertrud gråt mot dem.

– Kjære Gud Fader fri oss fra dette marerittet. Fri oss fra djevelen Anna Rhodius. Se i nåde til min lille Kirsten, mitt elskede barn, min datter. Kjære Gud ha også nåde med oss alle – og mitt ufødte barn.

208

– Ditt ufødte barn? Anna fnøs. – Buken din svulmer og gynger av ormeyngel. Du fortjener kun ett, den rensende ild.

– Tilstå, for ditt barns skyld, din kjærlighet til Satan, ropte Anna. – Tilstå at du har solgt denne lille jenta til ondskapen.

– Aldri! Hvordan kan jeg vel lyve slikt på meg? Jeg er Gud Faders trofaste tjener.

Anna så ned på Kirsten.

– Ikke engang for hennes skyld vil du tilstå. Så mye elsker du djevelen, så mye hater du Gud Fader i himmelen.

Gjertrud skrek etter dem da Anna tok barnet og gikk ut.

– Er mamma fri nå? spurte Kirsten da de gikk opp trappa igjen.

– Det får vi håpe. Du var veldig flink pike, Kirsten.

29
VARDØ JANUAR 1663

Kulingene og småstormene byttet på besøkstidene til øya lengst nord og øst i landet.

I det dunkle lysskjæret denne vinterdagen vandret Vardøs fogd med breie skritt og vaiende kappe inn mellom de små jordhusene. Bak han ruslet to sjuskete festningssoldater. Irritert sparket fogden unna noe skrot han snublet i, og bannet.

Folk vek ydmykt unna, men fulgte forsiktig etter. Noen hadde forbrutt seg mot kongens lover. Alle ville vite hvem. Et par ganger stoppet mennene, spurte om retningen til huset de søkte. Ivrige fingrer pekte. Alle visste hvor. Følget stanset utenfor et av de små husene. Fogden bøyde seg og banket hardt. To ganger. Så åpnet han den skråstilte, lille døra og trampet inn. Elli som satt og stoppet klær, slapp tøyet og reiste seg.

– Elli Jonsdatter?

– Ja?

Han viftet henne mot seg. Men Elli ble stående.

– Jeg er her for at forkynne en anklage, sa han på gebrokkent dansk.

– Anklage?

– Ja, I er anklaget for å ha brutt Kong Christian IVs lover om trolldom.

Elli ville holde fast i noe. Men hun sto alene i det kalde gufset som seilte inn døra. Hun trakk sjalet tettere rundt skuldrene.

– Nei, jeg har ikke---.

Fogden løftet hånden og den strenge minen, som aldri vek fra ansiktet ble strammere.

210

– I morgen er det tingmøte på festningen. Vi henter deg før møtet starter. I har ikke lov å forlate eders hjem! Blir I sett utenfor, betraktes det som om I prøver å rømme og I vil bli pågrepet.

Mannen med de bugnende, sorte fløyelsklærne tok all plass. Halsen snørte seg og Elli så forbi han og opp på måsene som seilte over himmelen. Tankene skylte som bølger over dekk og truet med å senke henne.

– Men Nils er på havet.

Fogden lettet det ene øyenbrynet og strøk seg over fippskjegget mens blikket smøg seg foraktelig over den bleike kvinnen. Målte hennes uanselighet. Fra håret som var bundet i en tilfeldig hale i nakken, til de hjemmesydde skinnskoene som stakk ut under den lurvete skjørtekanten. Han rettet fingeren advarende mot henne.

– Det er I som skal svare for seg. Vi henter deg her i morgen tidlig! Den lille rykningen rundt munnen var ikke til å misforstå. Det var som om han været angsten og boret sitt blekblå blikk i hennes.

Enda en gang hadde han sporet opp dem som dreiv verden rett i Fandens vold. En Fandens frille som solgte sjelen for å slukke sin kjødelige lyst og sitt begjær etter verdslig rikdom. En som ikke har forstand til å forstå; at Gud er den som velger menneskets plass på jorden og det må mennesket forsone seg med.

Steinflisene Elli og Nils med stor møye hadde spikket med hammer og meisel og fått til å passe på det ujevne underlaget, seilte utrygt under beina hennes. Hun løftet blikket mot de to slottssoldatene som sto i døråpningen. Som to hunder som ikke har fått beskjed om hva de skulle gjøre så de på henne.

– Ikke forsøk på noe! I kommer ikke langt! Vi har øyne og ører som passer hvert skritt I tar!

Elli bøyde nakken og holdt igjen. For alt i verden måtte hun ikke si noe nå.

Bak mennene hørte hun uroen fra naboene. Hun kikket opp igjen og møtte blikket til Lange-Laurits. Han raget et hode over de fleste og øynene leita panisk bak henne, inne i rommet. Saumfarte grua og torvhøyden nøye. Ilte inn i de mørkeste krokene, en runde over stolen, opp på bordet, oppi kurven der han lynsnart gravde det nysgjerrige blikket ned i tøydungen. Han møtte Ellis blikk igjen og ventet i spenning på at hun skulle røpe seg og uforvarende kaste et blikk bort på sine mørkeste gjemmer.

– Jeg blir her. Hun senket blikket igjen. Hadde ikke tenkt å si de ordene. Ville ikke si noe som helst.

– Jaha. Da sier vi det slik da, sa fogden og snudde på hælen. Han bøyde seg og gikk ut.

Døråpningen fyltes med folk. Taust så hun tilbake. Elli var kuet, lita og hjelpeløs.

– Fy for trollkjerring. Kom deg til helvete! ropte fredelige gamle Johanna.

Den massive forakten buldret mot henne. Ei spyttklyse klasket i gulvet og Elli brukte noen sekunder på å samle kaoset inni seg og slite beina løs fra det sugende underlaget. Tvang seg de få skrittene til døra, presset den hardt igjen og satte på slåen som ellers bare var til stas. Knoklene ble gjennomskinnelige rundt det kalde jernet og en summende lyd overtok inni hodet. Sjalet hun hadde holdt fast i, gled ned fra skuldrene og landet mykt på stein. Så våknet hun igjen og skjønte først ikke hvorfor hun satt sammensunket ved døra. Blikket gled opp mot takluka som stakk mot nattehimmelen. Tre ganger ti telte hun, tre ganger ti, tre ganger ti. Sakte kom hun seg opp i stående igjen. Hun hutret og så at sjalet lå igjen på gulvet. Slik kunne det ikke ligge og ødsle med varmen, kulden var blitt en arg fiende de siste årene. Hun tok det opp og la det rundt skuldrene. Lyset fra grua virvlet urolig i rommet og blikket stoppet på kurven med trøyen til Nils. På tråden med nåla, som hadde vært midt i flettverket da det banket. Nå hang den livløst over kurvkanten. Det fikk bli dens lodd, tenkte hun. Sengen sto i andre enden av rommet og hun ville dit. Men det var som å slåss mot en vinterstorm som i det ene øyeblikket raste rett mot henne, for i det neste å overrumple henne med et sideangrep. Hun nådde bordet og seg ned på de ventende saueskinnene. Gjennom torv og treverk hørte hun opphisset snakk. Hun holdt pusten og prøvde å skjelne ordene, men de forble en grøtete masse.

Hvem hadde sviktet henne? Drikk-Marte? Kvinnfolket var ikke vanskeligere å forstå enn en katt. Den var lykkelig når den fikk krølle seg sammen foran varmen uten andre katter i nærheten. Men trodde den at andre snuste rundt matbiten dens, så nåde være lovet.

Lagmannen, Mandrup Schønnebøl, reddet henne første gangen. Men han kom bare hvert tredje år, til vårtinget. Det var et halvt år til våren og lenge siden sist han hadde vært i Vardø. Elli prøvde å telle årene siden han sist var der, men tankene glapp og snodde seg videre om anklagen. En følelse av at onde makter hadde innhentet henne, ålte seg inn og blandet seg i kaoset.

Hun frøs og sto opp igjen, løsnet tøyfilla i nakken, samlet håret og knyttet det stramt. Glørne i grua lyste svakt under det grå askedekket. Kassen med knusktørr rekved var tom. Hun la på noen utvaskede biter. Snart brant det livlig og hun la en stor torv bit oppå, samlet skjørtet rundt seg og satte seg på huk ved grua. Hun gnidde hendene rundt, over og i hverandre og satt slik til varmen svei i ansiktet og tankene var myke og dorske. Hun kastet et blikk på tøydungen oppå bordet, men måtte tilbake til sengen. Ville la lunken fra saueskinnet under henne og det store ullpleddet over, varme henne til margen fløt bløtt inni beinpipene og trøstet den vanærede sjelen hennes.

Hun hadde vært dum. Dum og naiv. Hysteriet og angsten for trolldom dreiv blant folk som en giftig vind, det burde hun ha forstått. Hun burde også ha forstått at hun levde på den ytterste randen. At hun tøyde alles tillit. Syv kvinner hadde den nye amtmannen og Rhodiusene fått på bålet siden de kom til Vardø få måneder tidligere. Elli krøkte seg sammen og skrek, men sanset seg i det samme. Naboene!

Hun hadde ikke hatt rom i hjertet for de lemlestede kvinnene som hadde stått en liten meter unna ho på tinget. De hadde vært for fillete, for skitne og altfor umenneskelige i sin elendighet. Hva hadde hun trodd? At hun skulle klare seg bedre enn de andre kjerringene? Hun hadde vært som et fjols og unnskyldt seg med at hun bare holdt gamle tradisjoner i hevd, og fortsatt med å selge suppa for lykke på havet.

Elli tørket tårene og ønsket inderlig at fogdens besøk var en ond drøm som hadde gått seg vill og at denne dagen hadde vært en helt vanlig dag. Besøket skulle vært drengen som kom og ba om hjelp på hjellene. Da skulle hun ha strålt mot ham, av ren glede. Løpt ned til hjellene og arbeidet med glede. Hun skulle ha sperret fisken og med glede ofret neglene for kulden. Hun skulle ha sunget, mens hun med frosne, vante fingre lirket fiskespordene gjennom den lille tauløkka, før hun snurret fiskene motsatt vei, til skinnet rynket seg og fiskene var klare for å henges opp på hjellene.

Hun skulle arbeidet til hun ble blå på leppene og segnet om, og skjedde *det* skulle hun klamre seg fast i nærmeste fjærestein og reise seg igjen. I dag, i

morgen og alle dager. Dag som natt. I storm og stille, om hun kunne gjort fogdens besøk ugjort.

– Elli? En kvinnestemme hvisket og det banket forsiktig på døra. Elli holdt pusten.

– Elli, lukk opp! Det er meg. Elli lyttet. Hun klarte ikke å skjelne den hviskende stemmen.

Hvem som helst kunne drepe henne nå og snike seg unna uten problemer. Ingen ville si noe på det.

– Elli! Det er meg, Birthe!

Birthe! Elli hadde alltid kunnet stole på henne, men kunne hun det nå? Sto bermen der ute sammen med henne, klar til å ta henne?

Elli smøg seg inntil døra.

– Er du alene?

– Selvfølgelig.

Elli løftet slåen og åpnet døra på gløtt, men selv da Birthe presset på og ville inn, nølte hun.

– Skynd deg, da. Jeg kan ikke stå her ute!

Elli åpnet døra på gløtt, og Birthe smatt inn.

– Som du somler! sa hun andpustent.

Birthe satte seg på stolen og kikket på tøyet som lå i kurven.

– Arbeider du?

– Jeg prøver, sukket Elli og satte seg på sengen.

Snille Birthe. Nå var hun her igjen og ville redde henne.

– Du er gal som kommer hit nå, hvisket hun og samlet sjalet tettere rundt seg.

Birthe hermet bevegelsen mens hun mønstret henne.

– Folk sier at fogden har mange vitner og at du blir dømt i morgen.
Birthe reiste seg og vandret rundt i rommet.

– Du må rømme. I natt, sa hun.

– Rømme? Elli slo ut med armene. – Hvor da?

Birthe hadde tenkt på det. Hun tilbød Elli å ro henne fra øya over til
fastlandet. Derfra kunne Elli gå over til Sverige, mente hun. Dit
ingen kjente henne. Elli lyttet mer og mer forferdet. Hvordan skulle
hun overleve en slik tur? Alene?

– Samene inne i Varanger hjelper deg.

– Nei, jeg kan ikke. Det er mange som har prøvd, men ingen har
kommet lengre enn til Vadsø. Og nå må du gå, Birthe. Det er farlig
for deg å komme hit---. Jeg kan få anket saken, til lagmannen. Da må
de vente med saken til lagtinget. Selv om handelsmannen og
amtmannen er blant anklagerne, kan de ikke gjøre meg noe da.

Birthe sukket tungt og reiste seg. Hun strakte armene ut mot Elli og
de møttes i en lang omfavnelse.

– Jeg kom for å hjelpe, hulket Birthe.

Elli satte slåen på igjen. Med tunge skritt gikk hun over det vesle
gulvet og slengte seg ned på sengen. Der sovnet hun og drømte og
fantaserte. Med ett våknet hun og var lys våken, og husket tydelig
drømmen som hadde vekket henne. Hun sprang over havet mens
lange ildtunger slikket hælene. Hun sprang for livet, likevel svei det
stadig iltrere bak på hælene. Hun ville ikke på bålet! Heller ville hun
omkomme i det frådende havet og skylles på land som et glisende
sjølik. Eller bli drept av en råtten hjellstaur over nakken. Slik som
Birgitte i vår, da de hengte fisk på hjellene. Stauren løsnet bare i den
ene enden og slo Birgitte som sto rett under, mot fjæresteinene og
banket livet ut av henne. Folk hadde strømmet til.

De skrek og gråt og reiv i den store stokken. Men Birgittes uformelige, blodige skalle fortalte at det var ingen hast med å få henne løs.

Den gode Gud Fader kan ikke bare hånle nå, tenkte hun. Nå, når jeg trenger Ham mest. Jeg har hjulpet mange ved Hans ord. Hun kneppet hendene og ba alle bønnene hun kunne. Ba om tilgivelse for alt hun hadde gjort galt. Og lovet at hun skulle bli enda mer ydmyk heretter. Om bare Gud ville se i nåde til henne denne gangen også. Fogden hadde bare suppa og lykkegiveren å mase om. De kunne ikke dømme henne til ild og bål for hverdagskunnskaper som hun hadde lært hjemmefra, kunne de? Nei! Hun slet seg opp i sittende, måtte opp fra sengen, selv om hun helst ville legge seg ned og aldri mer reise seg. Likevel sto hun opp og vaklet bort til den lille hulen de hadde gravd ut til spiskammers. Hun kostet unna høyet og røsket forsiktig i de morkne treplankene som stengte varmen ute fra den lille grotten. Forsiktig løftet hun ut den dyrebare flaska med tranolje, helte en liten skvett oppi den tørkede lærlampen og tente på taubiten. Surret av ungeskrik, folk som ropte, dyr som brekte og måseskrikene, var stilnet. Av gammel vane kikket hun opp mot det gjennomsiktige fiskeskinnet i takluken.

Så husket hun. Det var natt nå. Dagslyset på denne tiden av året var noen timer med grålig lys. Akkurat så lyst at man ikke kunne si det var mørkt. Hun dro nølende i ulltrøya til Nils. Strøk med varlige hender over de strikkede lappene som var sydd fast der hullene ble for store til å stoppes. Filler sydd fast i filler. Slik var hele plagget. Ermet hun hadde strikket nytt var det nå kun morkne tråder igjen av. Hun løftet opp trøya og betraktet den. Den burde henges opp i kirkespiret og vaie i vinden, som et fillete nødskrik til Gud og øvrigheten. Hva var det vel for mening med slitet? Elli sank ned på stolen og ble sittende uvirksom med hendene og trøya i fanget å stirre på ilden som brant mykt og livlig i grua.

Illmotet gjorde henne rastløs og hun vandret urolig rundt i rommet. Hun ville be, finne roen og tryggheten i bønnene. Men klarte ikke å samle tankene til en eneste sammenhengende mening. Pånytt overrasket tårene henne og Elli famlet seg tilbake til stolen.

Hun skalv på hendene, men tvang seg til å fortsette med arbeidet. Blunket hardt flere ganger og siktet garnenden mot det lille øyet i nålen Nils smidde til henne, av bein fra høstens slakt.

– Jeg har vært nøye med pussingen, sa han. Han hadde vært blyg i stemmen da han ga den til henne. Han var ikke flink med ordene, og Elli kjente ømheten fra de første årene. Hun strøk over nålen. Den var kjølig, grå og silkeglatt - som huden til de to barna deres, da hun for siste gang strøk fingrene avmektig over bitte små runde kinn. Enda en gang gled fingeren lett over nålen, før hun vevde den inn i de løse trådene.

Det nye ermet var snart ferdig. Hun la det bort, reiste seg og strakte den stive kroppen. Å strekke seg som katta var godt for kroppen, det hadde hun hørt. Brått jog et smertelyn gjennom magen, som om noen sleit henne i tarmene, dro og halte. Hun krøkte seg sammen og stønnet. Et øyeblikk svartnet det og en beksvart glede lynte gjennom henne. En glede som hvisket om den befriende døden. Men smertene roet seg igjen og hun kom på andre tanker. Hun ville se det elendige mennesket som klarte å være som før, når de ventet på å bli hentet av fogden. Et øyeblikk så hun stemoren for seg, som i et syn. Den tause kvinnen, rundrygget som under en urimelig bør, og det alltid bleke ansiktet. Nå var det som om hun sto der foran henne og ville si noe. Men så reiv smertene igjen og stemorens halvåpne munn svant vekk. Smertene varte ikke lenge denne gangen heller og

Elli snudde seg over på siden, trakk knærne opp mot magen og dro sauefellen over seg. I morgen skulle det skje. Hun stønnet og snudde seg over på andre siden. Det ble nok som Birte fryktet. Hun kom til å bli dømt og brent samme dag. Hver uke hadde de hentet inn kvinner som var mistenkt for trolldom, ingen av dem kom tilbake til sine hjem. Før hadde alle hatt en sjanse til å bli satt fri på tinget, om noen snakket godt om dem. Ingen kom til å reise seg og snakke godt om henne, det visste hun. De siste årene med skulende blikk og åpen kalling av henne gjorde henne sikker på det. Og om noen gikk god for henne, ble de garantert hanket inn og satt på tinget de også. Døden det verste som kunne skje henne, det var bålet som skremte. Og den store skammen. Å bli dømt som trollkvinne, var en skam for hele familien.

Å få sove var umulig og hun satte seg opp og stirret ut i mørket. De kom til å dømme henne og hun måtte bruke natten på å akseptere det. Og på å forberede seg på avhøret. Hun skulle si alt som det var, og ta dommen. Ryktene om de pinlige avhørene hadde nådd dem alle. Den nye amtmannen var så brutal at nå døde folk mens de ble avhørt, ingen kom seg unna. Ryktene svirret, men hun kunne ikke tro på alt hun hørte. Folk snakket så mye. Men at de pinte livet av folk, det trodde hun ikke på.

Hadde hun bare blitt på Senja, hadde ikke noe av dette skjedd. Hun kjælte for minnet om blåbærskogen sensommers, da hun lå i lyngen og spiste seg mett og blå, mens sola filtrerte nattlyset. Faren og stemoren var begge døde. Lille-søsteren og stebroren som hun ikke hadde sett siden hun dro---. Likevel presset minnene om dem på, som om de ville huskes for siste gang. John ville aldri ha sviktet henne slik Nils gjorde. Han hadde vært hennes ungdoms sol!

Reisen til Finnmark, langt mot nord – forfølgelsen. Omringet av onde mennesker som ville ta livet fra henne. Måtte Gud tilgi dem deres synder, ellers vil de for alltid brenne i helvete. Elli bøyde hodet, kneppet hendene og ba. Hun sovnet og våknet og hadde ingen formening om tid. Hun åpnet døra på gløtt og kikket ut. Månen fortalte henne at det snart var morgen. Havet var rolig og lå blåsvart og skimrende foran henne. Hun spiste restene av fisken og trana fra i går. Skrapte tranbollen med siste fiskebiten. Klappet inn vann i ansiktet og håret og tok kammen, som manglet omtrent alle tinnene, men likevel gjorde jobben med lusa. Hun gredde det lange håret nøye og med seige tak, plukket små kryp fra tinnene og kastet dem på ilden som svarte med en sprakende gnist hver gang. Hun flettet håret stramt og tok på seg snørehatten, den hun fikk av Martin for god hjelp. Martin kom alltid i tankene hennes når hun tok hatten på. Et godt og uegennyttig menneske var han, og det var ingen tvil om at han satte pris på hjelpen hun ga. Hun tok på seg den tykkeste ulljakken, knyttet storsjalet tett rundt seg. Så satte hun seg på stolen og ventet. Blikket for over rommet. Det var fyr i grua. Alt var på plass. Torvkassen, som ennå luktet lever, var fylt til randen. Kom hun ikke hjem før Nils, var det ikke noe å utsette på husholdet. Trøyen til Nils lå på bordet. Hel og klar for en ny runde på havet. Snart kom de.

Så hørte hun den, den dumpe gjenlyden av hover som stampet hardt mot bakken. Elli reiste seg. Hun ville gå inn i fangeburet med hodet hevet. Naboene skulle ikke se henne knust.

30

Døra smalt opp.

– Kom igjen! ropte fogden. Elli trakk sjalet tettere om seg, gikk forbi ham og ut. Hun snudde seg for å lukke døra, men i det samme grep to soldater armene hennes, og dro henne mellom seg mot buret som ventet oppå vognen.

– Dere må lukke døra! ropte Elli.

– Hold kjeft! freste soldaten.

Elli ville gå oppreist, men soldatene gikk i utakt og slepte henne mellom seg. De få skrittene til vognen varte en evighet og naboene strømmet til.

– Nå tar de henne! Herregud! De tar henne, ropte noen.

Soldatene slengte Elli inn i buret og hun krøp bort til den nærmeste kroken, trakk sjalet over hodet og lente seg inn mot det ruglete treverket. Det var isnende kaldt. Hun dro beina opp under seg og la skjørtet beskyttende rundt dem. Hun ønsket å være rolig og følelsesløs, men angsten var sterkere enn viljen og kroppen ristet ukontrollert, ikke bare av det ujevne underlaget.

Soldaten smattet på hesten og ferden mot tinget var i gang. Det var et forferdelig ståk utenfor buret og hun visste akkurat hvordan det var der ute. Hadde sett oppsynet altfor mange ganger. Den gamle vognen. Trollburet oppå. Gampen spent fremfor. Soldatene som stolte leide hestevognen gjennom været, som om de kom hjem fra en vellykket jakt og ville vise fram byttet.

Fogden gikk bak vognen. Etter han gikk følget med innbyggerne, som et likfølge tullet inn i all slags lurv for å unngå kulden som beit der den fikk tak, fulgte de etter. Bleke, magre ansikter gransket den elendige inne i buret. Noen ropte, andre skrek og hyttet med nevene. Vognen ristet og skramlet av gårde på de få snøflekkene.
Inne i festningsgården stoppet den.
– Kom ut! ropte fogden.
I det samme Elli satte foten på bakken grep soldatene henne og dro henne med seg. Hun var viljeløs. De skulle ikke se henne kjempe som ei flagrende høne med nakketak. Det unte hun dem ikke. Soldatene dro henne over slottsplassen og mot amtmannsboligen og dyttet henne inn i storstua, bukket høflig til øvrigheten og trakk seg tilbake.

Forundret så Elli at ingen av legmennene var tilstede. Heller ingen fra allmuen. Bak bordet i stua satt amtmannen, fogden og skriveren. Og på ene langveggen, der benkene sto, satt den høylærde kvinnen. Hun hadde ikke sett kvinnen siden de gikk i land, bare hørt om henne. Det smale ansiktet hennes syntes smalere nå enn da de gikk i land i fjæra den dagen. Og det lå en tung dysterhet over henne. Den ruvende fløyelskjolen var erstattet med det vanlige vadmelskjørtet og en tykk jakke, med sjal over. Fruen var kledt som ei vanlig kjerring, men ryggen var for rak og hodet for høyt løftet til at hun ble hvem som helst bare med nye klær. Elli ville møte blikket hennes, fortelle med øynene at hun var uskyldig. Men da kvinnen endelig så på henne var det bare avsky og mistro i blikket hennes. Elli så ned i gulvet igjen.

Amtmannen snudde seg mot Elli og leste prosedyrene. Hun hadde hørt Kongens forordninger utallige ganger og ventet bare på at han skulle bli ferdig.

Så var det fogden sin tur. Han reiste seg og gikk ut på gulvet mot henne.

– I er bragt til tinget fordi flere har anklaget Dem for trolldom. Det er mange som har følt og sett Deres onde gjerninger. Sjokkert løftet Elli hendene avvergende mot dem og tigget taust om forståelse. Hun hadde aldri drevet med trolldom, bare hjulpet til med litt suppe og et par lykkegivere mot urolig hav. Amtmannen tok en munnfull vin og mønstret henne bak glasset, før han satte det ned igjen.

Første klagepunktet kom fra høvedsmann Lars Hemming. Elli Jonsdatter hadde bundet noe knusk til en stein. Denne amuletten, som hun kaller lykkegiver ga hun til Hemmingsens dreng, Martin Andersen, som hadde den med på sjøen. Den andre anklagen var fra handelsmann Bras, for å ha kastet trolldom på hans ben da de sist var i krangel. Tredje klagepunkt kom fra høvedsmann Lars Olsen. Hun hadde prøvd å forgjøre båten hans da de var på havet, i skikkelsen til en sort svane. Men karene ombord kjente igjen ansiktet hennes.

Elli lyttet mens vantroen vokste. Tok de henne for en annen, kanskje? Det med suppa og giveren forsto hun ville komme, men alt det andre? Hun ranket ryggen og flyttet på beina så hun sto stødig.

– Fjerde klage kommer fra Ragnars kone, Marte Andersen, fra Åseby. Hun har sett deg fly over Domenfjellet, raste amtmannen.

– Drikk-Marte? ropte Elli. – Alt er løgn! Jeg har bare gitt litt hjelp for å få dem hjem fra havet.

Fogden ignorerte svaret og fortsatte:

– Femte anklage kommer fra barnet, Karen Iversdatter. I og Solveig Sivertsdatter har danset med Fanden på Domen.

Elli slo tafatt ut med hendene.

– Barnet---?

– Så, I aldri vært hos handelsmannen og kranglet?

– Jo, det har jeg. Men Bras snyter oss på oppgjøret for fisken! ropte Elli. – Alle har gjeld til han og den bare vokser og vokser. Ingen får vite hvor mye fisk som er levert og hva de har tjent. Det holder han hemmelig. Fogden og amtmannen kikket på hverandre og letta på øyenbrynene.

– Hvert ord jeg sier er sant, ropte Elli. – Bras lyver og stjeler fra oss fattige.

– Et sterkt rettslig indisium på at en kvinne er en trollheks, er de ondskapsfulle ord som kommer fra hennes munn. I, Elli Jonsdatter har gitt eders tunge til Satan og kan derfor ikke styre den. Hvem har lært Dem trolldom?

– Jeg kan ikke slikt! Jeg---.

– Bevare meg vel, kvinne! Amtmannen avbrøt henne. – Tror du at du kommer noen vei med disse idiotiske utfluktene? Du har beviselig solgt en trolldrikk og trollamuletter. Han lente seg bakover i stolen og lo en kort latter.

– I har før fått en advarsel, av lagmannen selv. Likevel står I her og sier at I har velsignet noe knusk og stein og solgt det til ulykkelige mennesker, som Guds underverk, sa fogden og snudde ryggen til henne, gikk de få skrittene tilbake til stolen og satte seg igjen. Han kneppet hendene oppå brystkassen og de tynne, stramme leppene revnet i et smil. Elli slo hendene foran ansiktet.

– Elli Jonsdatter, Kan I nå innrømme at I er en trollheks. Og hvem lærte Dem trolldommen?

– Jeg har aldri vært på Domenfjellet. Jeg---. Fogden reiste seg igjen og slo i bordet.

– Svar på spørsmålene! Hvem har lært deg trolldom og hvordan fikk du det i deg?

Knærne skalv og Elli tok skrittet tilbake og lente seg inn mot veggen. Hun måtte finne pusten igjen.

– Marte lyver!

– Hun kjente deg igjen på hodeplagget, fogden pekte på blondekanten.

Fogden nikket og strøk seg over fippskjegget.

– Vil I så tilstå at I er en trollheks?

Elli ristet på hodet.

– At I har ridd på Domenfjell med djevelen?

– Nei! Aldri. Elli kastet et raskt blikk bort på fruen. Fruen hadde ikke sagt ett ord mens de holdt på. Ansiktet hennes var lukket og blikket hun sendte henne sa ingenting. Elli så på mennene bak bordet. Hvordan hadde hun kunnet være så dum å håpe på forståelse fra disse menneskene, disse morderne som nå bare ventet på å felle sitt neste bytte? Det føltes uvirkelig å stå slik foran dem, men hun visste det var sant at det skjedde, hørte det, følte det.

Fogden rensket halsen og bøyde seg mot vinglasset. Han tok en dyp slurk før han satte det fra seg igjen.

Amtmannen slo klubba i bordet og forkynte:

– Da hun nekter å være en trollheks må vi la vannet fortelle sannheten. Det hellige vannet vil frastøte djevelskapen. I skal prøves på sjøen.

– Soldater! Soldater! Bevare meg vel, soldater! skrek fogden.

Soldatene kom løpende. – Før henne opp til bøddelen! Hun skal på vannet!

Soldatene dro Elli med seg ut fra tingssalen, over gårdsplassen og opp trappen i det lille våpenhuset. Åpnet døra og skjøv henne inn. Forfjamset ble Elli stående og se seg rundt i det halvmørke rommet med avskallede murvegger. To fakler lyste på hver sin vegg og kastet et dunkelt lysskjær over bøddelen som satt på en krakk i det ene hjørnet.

Bøddelens ansikt hans var som ei nyhogd steinblokk, fullt av djupe furer. Han satt dyster og taus, som vanlig. De hudtunge øynene ga ham et trist uttrykk. En gang hadde han vært en beryktet stortyv. Etter flere års forsøk klarte fogden endelig å fange ham og dømte ham til å miste sitt hode. Mens han satt og ventet på at dommen skulle iverksettes, ble gammel-bøddelen syk og døde. Kristoffer Størkersen hadde bukket og takket ja til jobben, da han fikk tilbudet.

Elli ble stående der soldatene slapp henne. Hun skimtet konturene av utstyr hun aldri hadde sett maken til før, en slags hjulbenk, med kjettinger boltet fast i sidene, strekkbenken, gjettet hun. En stol med lenker og kjettinger festet til seg, tenger og en bøtte med glødende kull sto klar ved stolen. Visste han allerede at hun skulle komme, var det avtalt mellom dem? Storøksen var blankpusset og sto lent mot veggen ved grua. Ved siden av sto et avlangt og blodflekket tømmerbord.

– Kle av deg! sa bøddelen.

– Kle av meg?

– Kle av deg! sa han og reiste seg. Han tok et skritt mot henne. Elli trakk seg bakover, men da hun kjente den kalde murveggen i ryggen visste hun at hun ikke hadde noe valg.

Hendene skalv da hun begynte å kjeppe opp knappene i jakken og de skalv enda mer da hun dro av seg skjørtet. Mestermannen hadde

226

henrettet og lemlestet folk i mange år og viste aldri nåde, eller andre følelser. Hun nølte med ullbuksen.

– Alt!

Naken sto hun med ryggen mot han.

– Legg deg på bordet.

Elli bøyde seg og ville ta med klærne.

– La dem ligge!

Bøddelen ventet ved det grove, lave trebordet og ga tegn til at hun skulle legge seg der.

– På ryggen?

Han nikket, men møtte ikke blikket hennes. Hun fulgte hver linje i ansiktet, men ikke en eneste rykning fortalte hva han følte. Han bøyde seg og dro knærne hennes fra hverandre. Elli kjempet sjokkert imot. Da hun prøvde å løsne grepet slo han. Hardt.

– Ligg for helvete i ro! sa han med et grynt og brøt knærne hennes fra hverandre. Elli skrek og knep lårene hardt sammen, men bøddelens jerngrep strammet og åt seg inn i lårene. Bøddelen var sterkest. Brutalt stakk han de grove fingrene inn i varmen hennes. Først foran, så bak og grov rundt, mens Elli skrek i smerte og avmakt.

Da han var ferdig vrei han hennes nakne underliv mot seg og holdt henne i et jerngrep mens han fiklet med buksen.

– Fant du stål? Det var amtmannen. Bøddelen slapp henne og Elli krøkte seg sammen. Bøddelen ristet på hodet og lusket de få skrittene bort til krakken i hjørnet. Satte seg ned og ventet.

Fogden og amtmannen så bort på bordet der Elli lå med tynne, hvite armer og prøvde å dekke den nakne kroppen.

– Fy for en heksekropp, sa fogden og spyttet i gulvet. – Fanden har noe å forlyste seg på.

Elli så den oppriktige avskyen i ansiktet hans og skrumpet bort.

– Du får gjøre deg ferdig! Amtmannen viftet bøddelen med en finger tilbake til arbeidet.

– Tenk at trollheksene stapper seg full med stål for å skjule djevelskapen. Utrolig. Han ristet på hodet.

Bøddelen sto med en nyslipt kniv i hånden og Elli trakk seg unna med et skrik.

– Sitt i ro! snerret han og dro Elli i håret. En myk hårtust gled nedover kinnet og Elli klarte ikke å stoppe tårene. Nakken og hodet føltes blottet, nakent og hun skrek igjen. Hun prøvde å skyve vekk hendene hans, men da han satte kniven mot ansiktet hennes slapp hun taket. Skrekken lammet henne og hun lot han drive på.

Bøddelen tok tak i ene øyenbrynet, la det kalde stålet mot pannen hennes og gjorde et raskt snitt. Ett til. Han bommet og Elli kjente en sviende smerte. Han ba henne løfte armene og skrapte armhulene fri for hår.

– Legg deg ned og skrev ut! Han grep om knærne og presset dem fra hverandre. Den ene hånden gled videre ned til varmen. Knep i den ene leppen og holdt stramt, mens bøddelen skrapte med den andre. Da han var ferdig tørket han kniven på bukselåret og gikk tilbake til kroken sin.

Amtmannen, fogden og presten ventet.

– Gå opp på stolen der! sa fogden og pekte.

– Opp med farta, ropte amtmannen!

Elli sto på krakken, skrevde ut og løftet armene, mens mennene studerte hver millimeter av kroppen hennes. Kongens menn jaktet på merket som skulle avslørte henne, djevlemerket. Hun lukket øynene og levnet den forsvarsløse kroppen til dem. I mørket bak øyelokkene gynget verden faretruende. Hun åpnet dem og festet blikket på den rustne kroken som var skrudd inn i veggen over døra. Bøddelen skrapte med en skitten negl på den myke huden når han ble bedt om det. Elli ble grundig undersøkt.

De lette etter bitemerker, kloremerker eller fødselsmerker og arr som kunne være et tommelavtrykk fra Djevelen. Merket skulle hun ha fått da hun forsvor Gud Fader og lovet Fanden full tjeneste. Svart, usynlig, eller verkende kunne det være, men også følelsesløst. Mulighetene var mange, for ingen kjente Fandens sluhet, men han merket alltid sine kvinner i det øyeblikket han fikk sin tilfredsstillelse. I ekstasen grov han klørne dypt inn i sin kvinne mens han pumpet henne full av seg selv, og hun ble ett med han. Slik sto det beskrevet i litteraturen mot hekseri.

Da de var ferdige hentet bøddelen fram en lang nål og stakk den inn i kroppen hennes. Hvis stikket ikke gjorde vondt, var det et bevis på at hun sto i kontakt med Fanden. Elli skrek av smerte og ramlet av stolen. Bøddelen trakk ut nålen og slepte henne bort til bordet igjen og stakk på nytt. Igjen skrek Elli.

Årene med hardt arbeid hadde satt sine spor på kroppen hennes, den var full av merker og arr. Øvrigheta fant det de lette etter, et arr øverst på venstre lår. Et merke hun alltid hadde hatt og aldri tenkt to ganger over, ble beviset de trengte for å gi på med alt de hadde. Nå manglet bare tilståelsen hennes.

– Denne heksekroppen---, jeg vemmes ved å måtte komme så nær Satans legeme, grøsset fogden og vasket hendene i bøtta med sjøvann som alltid sto klar.

– Gud er fortsatt villig til å ta imot en angrende sjel, minte presten på. – Vi må huske, at selv om vi finkjemmer kroppen etter de ytre merkene, finnes det en annen side, den vi ikke får øye på. Den ubevisste evne til å skade, som enkelte kvinner har.

229

– Jaha, sa fogden. Den ubevisste evnen til å skade? Da må vi stole på det folket sier. De vet.

Fogden viftet utålmodig med hendene mot Elli. Hun skulle stå opp fra bordet og pelle seg til å få på seg klærne.

– Se bare på det der. Ei trollheks som forvandler seg til en sort svane, en kråke eller måke eller hva det nå er. Som danser og drikker med selveste Djevelen, oppe på Domen. Fy for svarte! Amtmannen spyttet mot henne.

Elli sto bare der og så ned i gulvet. Smerten og ydmykelsen truet med å senke henne og hun støttet seg umerkelig mot bordet. Fingrene glei over der det svei mest. De ble klisne av blodet som rant fra såret. Nå visste hun at halve øyebrynet var skåret vekk inntil beinet. Han hadde bommet. Elli tok etter klærne, men igjen brøt svetten fram og hun ble seig og treg.

– Fort deg! brølte fogden. Hendene skalv så hun ikke klarte å få på seg klærne. Det var som om kroppen levde sitt eget skjelvende liv. Hun fant ikke skjørtelinningen, eller armhulene på blusen. Tårene silte lydløst sammen med blodet nedover ansiktet og gjorde henne halvblind. Hendene ristet og ingenting ville på plass. Hun kastet et blikk på det lange håret sitt som lå i skjødesløse dunger med skitten på steingulvet. Så kjapt hadde alt skjedd. Hun kunne ikke tro det, slett ikke. Hun var hos bøddelen. Prosessen var i gang.

Hun bøyde seg og plukket opp en hårlokk. Den dinglet lett mellom fingrene som om det fortsatt var liv i den.

– Se å få opp farta da, raste han borte ved døråpningen.

Elli slapp lokken og kneppet de siste knappene. Fogden ropte på soldatene som kom og dro henne ned i fjæra og om bord i robåten der de kneblet henne på hender og føtter og knyttet fast et tau mellom, så hun ikke kunne røre seg.

Bøddelen gikk sist om bord. Som en dødens vokter satt han på aktertofta, taus og stiv.

Havet var urolig og de vugget rykkvis utover, mens hun skimtet folk og øvrigheten som samlet seg i fjæra. Den ene soldaten bandt et tau rundt livet og strammet, til Elli skrek i smerte.

– Idiot! utbrøt den andre soldaten, – Skal du strupe henne?

Bøddelen løftet hånden mot alle inne på land og fogden svarte med samme bevegelse.

De kommer til å berge meg. Snart drar de meg opp fra dypet og da er jeg er fri, tenkte hun. Gud er med meg. Elli var oppstemt og lukket øynene da bøddelen kastet henne over ripa og ut i det iskalde vannet.

Sjokket da havet lukket iskloen rundt henne og trengte inn i den varme kroppen, fikk henne til å åpne munnen og gispe etter luft. I det samme husket hun forrige møte med kaldt hav og knep igjen. Snart var hun oppe på overflaten igjen og heiv etter pusten. Fylte lungene med luft og sjø. Hostet og spyttet. Tauet strammet rundt magen og hun ble dradd opp i båten igjen. Frosten trengte ned i hver minste lille krik av henne. Soldatene rodde mot land. De dro henne over sylskarpe fjæresteiner som reiv dype flenger i den bløte huden, og mot øvrigheten og allmuen som sto i fjæra og ventet. De hadde fått beviset de trengte.

31

Våt og skjelvende sto Elli framfor dem i den kalde snoen.

Fogden flirte mot henne.

– Vi har ved selvsyn konstatert at I fløt på vannet. Guds rene vann nektet å ta imot deg. I er altså infisert av Djevelen. Vil I nå tilstå eders synder?

– N---, n---, nei. Hun ville si så mye, nekte på alt, men tennene klapret da hun snakket og kroppen skalv ukontrollert. – Ssskjørtet---, – fløt.

– Ha, ha. Fogden lo – Skjørtet. Han og lo igjen og snudde seg mot legmennene og sorenskriveren. Som også skrattet. – I ville kanskje foretrukket å bli kastet naken ut i havet? Så lo han enda mer.

Amtmannen løftet hånden og mante til ro.

– Vi dømmer deg, Elli Malene Jonsdatter til å bli avhørt med smerter, sa amtmannen og kikket bort på legmennene som nikket. Alle var enige, uten unntak.

Fogden takket for dommen og pekte mot Elli.

– Soldater, før henne til fengslet, til Trollkvinnehullet!

– Unnskyld, herr fogd, men der er det stappfullt.

– Akkurat ja, sa fogden og dro seg i skjegget igjen. – Det stemmer, vi er i manko på brensel. – Før henne til Treeren. Vi fyller opp der fra nå av.

Soldatene dro henne med seg, skjøv henne inn i et stinkende mørke og kastet et teppe etter henne.

232

Elli kledde av seg de våte klærne og var takknemlig for at de hadde latt henne beholde dem på, det var ikke alltid slik. Så husket hun teppet. Hun beveget seg møysommelig langs veggene og søkte med beina for hvert skritt. Grøsset hver gang hun trådte i en gjørmeklump og møkka omfavnet tærne hennes. Da hun endelig fant teppet var sjalet hennes også der. Hun kunne nesten ikke tro det. Hun tullet seg inn i varmen fra sjalet og ullteppet, og sovnet straks.

Elli våknet igjen da nøkkelen gikk rundt i den rustne låsen. Hun reiste seg halvveis opp og myste mot lyset fra lampen soldaten holdt i hånden. Han fant veggfestet, og hengte lampen fra seg der.
– En lyd og jeg sender bøddelen på deg! hveste han og lukket døra bak seg. Lynraskt kom Elli seg på bena. Soldaten gikk mot henne og klemte henne mot veggen, mens han fiklet med buksen sin. Elli reiv seg løs og skrek. Soldaten ravet etter henne og de ru hendene gnisset mot huden hennes hver gang han nesten hadde henne. Så fikk han tak bakfra, rundt magen med den ene hånden, og dro henne mot seg. Den andre grov seg mot kjønnet. De kalde knappene stakk i den nakne ryggen og hun kjempet mot favntaket. Men soldaten holdt grepet og da fingrene gled over varmen hennes, stønnet han tungt.
– Vær så snill! Jeg skal hjelpe deg, peste han og presset de varme, våte leppene mot den nakne skulderen hennes og sugde ivrig. Men et langt liv med hardt arbeid og innpåslitne mannfolk hadde gitt Elli erfaring. Hun slet seg løs og skrek og skrek. Soldaten sto forfjamset tilbake med hendene uvirksomme langs sidene, mens Elli fortsatte å skrike. Så tok han lampen og forsvant ut.
Skjelvende og med en pust som gikk i dype tak lente hun seg mot veggen. Etterpå da pusten gikk jevnere famlet hun seg tilbake til halmdungen, husket veggfestet til lampen, og hengte de våte klærne opp.

Endelig kunne hun legge seg ned og tulle seg inn i teppet og sjalet igjen. Aldri hadde hun trodd at et menneske kunne synke dypere enn inne hos bøddelen, men nå forsto hun at dypet på slottet var bunnløst.

Neste dag kom soldatene og hentet henne igjen. Hun gransket dem. Det var umulig å plukke *ham* ut. Cellen var for mørk og hun hadde vært for skrekkslagen til å merke seg detaljer. Ingen av soldatene ville møte blikket hennes. Ansiktene til de unge mennene var harde og lukkede.

Idet hun kom inn til bøddelen slepte andre soldater en livløs kvinne ut.
– Ingeborg! Elli skrek etter henne. Selv om hun ikke klarte å kjenne igjen ansiktet var hun sikker på at det var henne.
– Ingeborg, Ingeborg!
Brått og uventet slo fogden til henne. Knyttneven traff henne i haken og hun deiset overende. – Kom deg opp, heksekjøtt! Snerret han, og sparket henne i magen, igjen og igjen. Elli rullet rundt i smerter og buldrende stemmer, og kom seg ikke opp mer den dagen.

Tilbake i fengselet tørket hun blodet og forbandt sårene som best hun kunne og ba den gode Gud om å sende henne hjelp snarest. Søvnen hun fikk var urolig og flere ganger våknet hun av kvinneskrik som trengte gjennom dørsprekkene og murveggene. Hun la hendene over ørene.

234

32

Da døra igjen gikk opp, myste Elli mot det svake lyset fra lampen. Personen i døråpningen var liten, mye mindre enn vaktene. Da øynene hadde vent seg til lyset så Elli at det var den høylærde fruen som sto foran henne.

– Er du Elli Jonsdatter?

– Ja---. Elli ville reise seg, men kroppen verket og hun ble sittende.

– Fogden og amtmannen har avhørt deg, uten at du har samarbeidet. Vi vet du er ei trollheks og at du har bundet deg til Satan. Det har også Guds hellige vann vist oss. Hvem har du lært trolldom av?

– Frue, jeg har aldri gjort noe imot Gud. Aldri!

– Du nekter altså at du har lært og utøvd trolldom?

– Det nekter jeg, sa Elli og håpet kvinnen ville forstå at hun snakket sant. Anna gikk to skritt nærmere Elli og bøyde seg ned mot henne. Hun kom så nær at Elli kjente duften av henne. Hun luktet som ferske blomster. Godt.

Elli så bare konturene av kvinnens ansikt, men truslene var ikke til å ta feil av. Plutselig rettet kvinnen seg opp og gjorde korsetts tegn over henne og ropte.

– Du vet hva som venter deg! Innrøm sviket mot Gud fader! Hun stakk skotuppen inn i siden på Elli og sparket lett. Det lille sparket kunne være forvarslet om noe mye verre og Elli trakk teppet tettere rundt seg.

– Om du ikke bekjenner at du er Satans tjener, vil du bli pint gruelig, med strekkbenken og med glødende tenger. Svar meg på hvem har du lært trolldom av? Skotuppen var der igjen.

235

– Hvordan fikk du trolldommen inn i deg? Svar! Et nytt spark.
– Hvem andre var der på fjellet og danset sammen med dere. Svar!
Elli tidde og presset seg hardere inn mot veggen.

　　　Men Anna ville ikke gi seg. Hun stakk skotuppen i henne,
sparket flere ganger og befalte henne å svare, men Elli hadde bestemt
seg. Anna fortsatte å spørre og sparke. Til slutt ga hun opp.
– Deg skal det sterk lut på! ropte hun. Hun trakk mot døra og
forsvant ut. Nøkkelen gled jamrende rundt i den usmurte låsen og
Elli pustet ut. Stillheten suste i ørene hennes, åndedrettet dirret i
brystet og kroppen verket. Elli slo hodet mot veggen og brølte til
tårene sluttet å renne og fløyelsmørket var en danseplass for røde,
gule og blå lysglimt.

***

Anna låste fangedøra bak seg og ble stående et lite minutt og puste.
Hun avskydde å gå inn i fangehullene og priste Gud hver gang hun
kom helskinnet ut, og for at hun og Rode kunne bo i langhuset mens
de ventet på kongens tilgivelse og løslatelse. Alle visste at trollfolk ikke
kjente smerte, at de hadde fraveket sin Gud og bundet seg med
Djevelen. At de var for udyr å regne. Hun lukket øynene og ristet
vekk bildene inne i hodet. Hun og Rode som bare lengtet etter guds
fred og rettferdighet. At hun skulle ende opp slik, utenfor døra til ei
trollheks. Ei trollheks som spredte sine illgjerninger og demoner
raskere enn alminnelige mennesker trakk pusten. Hun dro nøkkelen
ut av låsen og gikk opp den de steinete trappetrinna. Måtte de bare
komme seg vekk fra Vardø snarest.

　　　Amtmannen, fogden, presten, handelsmannen og deres fruer
satt småpludrende rundt det store eikebordet dekket med arve-

porselenet til fruens familie. Bordet var fylt med ris, poteter, reinsdyrsteik og erter og i glassene var det god vin og konjakk. Talglysene i de to seksarmede kandelaberne blafret i trekken som seilte gjennom rommet. Amtmannen kakket forsiktig en skje i det skjøre krystallet og reiste seg

– Dere har alle gjort en formidabel innsats i kampen mot troll-dommen. Han løftet glasset og bukket mot hver og en.

– Jeg vil takke dere gode menn, sa han og bukket lett mot dem. Han bukket så mot kvinnene.

 – Dere også, koner og mødre, for den støtte og det mot dere viser under disse vanskelige forhold, ved å ville være her sammen med deres menn. I tillegg tar jeg meg den ustyrtelige frihet å utbringe en skål for ekteparet Rhodius. De har med sin fremsynthet og sin velvilje vært til stor hjelp for oss og jeg håper det gode samarbeidet fortsetter til vi har utryddet hver minste lille djevelspire her i Danmark-Norges mørkeste avkrok.

– Den skålen er jeg mer enn gjerne med på å utbringe, sa fogden og reiste seg. Presten og handelsmannen nikket og løftet glasset. Fruene smilte, og mennene skålte på det også.

– Det er brent en del hekser i den siste tiden og det krever årvåken-het av oss alle. Men vi er på rett vei og jeg er trygg på at vi skal få rensket grundig opp i amtet. Igjen løftet amtmannen glasset og utgjøt sitt håp om at bålene vekket folket her oppe og skremte dem bort fra den mørke veien de hadde så lett for å velge. De løftet glassene, skålte og drakk ut.

– I tillegg ser regnskapene fra de siste rettssakene ikke dårlige ut. Det ble ikke underskudd i alle fall. Amtmannen lo fornøyd og satte seg. Fru Orning kakket lett med teskjeen i glasset.

237

– Ikke for å klage når det endelig ser ut til å gå bedre her. Men jeg beklager at vi bor i en gammel rønne, langt unna familie og venner.

– Festningen har ikke vært opprustet på tre hundre år. Tenk på det! Tre hundre år! Hun lo gledeløst. – Jeg lengter bare til den dagen vi reiser sørover igjen til Orning gård. Ja, det er den dagen jeg lever for.

De skålte for det også, men i det samme snodde et iskaldt gufs seg rundt anklene deres. Den gamle døra var glidd opp igjen. Amtmannen gryntet grettent og reiste seg, gikk bort og ga døra en hard dytt, skeiv som den var.

– Ja, dere skjønner. Han nikket mot døra. – Den er ikke verre enn resten av festningen, men det er jammen ikke noen trøst, sa han og satte seg ned igjen.

Maten var vellaget og amtmannen fylte pånytt fatet med stek og erter. Like etter knaket det i gammelt treverk og pånytt gikk døra opp.

– Slik lever vi, sukket fruen. – Er det rart jeg ønsker meg vekk herfra, og ja---, jeg vet ikke. Jeg vet sannelig ikke.

Amtmannen reiste seg. – Naturen kaller. Unnskyld meg. Han bukket høflig.

Ute i borggården traff den friske brisen ham i ansiktet. Han lukket øynene og trakk pusten dypt. Det var godt å komme unna selskapet. Argusøyne fulgte hver minste bevegelse han gjorde. Han ville bort fra øya snarest. Øya som til og med dens egne innbyggere kalte Djevleøya.

Han ristet av, og kastet et blikk på bolighuset, så skjevt og forfallent. Det var en hån å sende ham og familien oppover til Vardø. Hadde noen fra øvrigheten sørfra kommet og sett hvordan de bodde her oppe, ville de fått enda en grunn til å le av han. Var det rart de plagdes med helsa, han og kona? Han svor. Hver minste krok i denne landsdelen putret av ondskap, og daglig kjempet de det godes kamp mot det onde. Den kampen skulle og måtte de vinne.

Nesten alt han eide hadde han tapt i uforsiktige investeringer i skipsfarten, og måtte låne penger av onkelen som til gjengjeld tok pant i gården hans på Vestlandet. Amtmannen var også overbevist om at den onde forfulgte ham i alt han gjorde. Derfor hadde hans investeringer vært mislykket og derfor var han i Vardø nå. For å lutres, gjøre bot ved å hjelpe det han kunne mot ondskapen. Kongen visste om hans interesse for mer enn bare Jesus Kristus. Alle hadde en eller annen gang fått et overbevisende foredrag av ham, om det ustoffliges gjøren blant mennesker. Om krigen som raste mellom Gud og Djevelen. Om trollfolket som stadig økte i antall.

Ingen nevnte det med et ord, men selvsagt var det derfor de sendte ham til Norges ytterste øy med en vrangvillig kone. Det eneste han nå kunne gjøre var å arbeide hardt og tjene opp formuen igjen. Når det var gjort skulle han sette nesen sørover og aldri mer reise nordover igjen. Han skulle sørge for at ettermælet hans ble det beste. Arbeidet mot trolldommen gjennomsyret alt her oppe. Den skulle han bekjempe. Ydmykelsens tid skulle snart være over.

Noen dager senere gikk døra til Ellis celle opp igjen. Gjennom det blafrende lampelyset skimtet hun Mester Mogens høytidsstemte ansiktet.

– Jeg kommer med Guds budskap, Elli. Jeg ønsker å be med deg, De kommer til å pine deg gruelig. Fru Rhodius---.

Elli spyttet. – Fru Rhodius! Hvis jeg er et troll, slik dere påstår, hvorfor kan jeg ikke bruke kunstene da? ropte hun mot ham.

I skyggene fra det blafrende lampelyset levde prestens sorte kappe sitt eget liv og det beinete presteansiktet så umenneskelig ut.

Elli trakk seg mot veggen igjen og mester Mogens la stemmen i et mildere leie.

– Slik er Satans sanne natur. Han har deg i sin makt, men trenger du hjelp, vil Satan heller se deg pines for å forlyste seg selv, enn å hjelpe. Liv må gjerne ofres, til hans muntrasjon.

Det høytidsstemte ansiktet levnet til mens han snakket seg varm om kvinnene og deres største svakhet, skjødet. Skjødet som var Djevelens port til kvinnens sjel.

– Vi må takke den gode Gud som endelig har sendt de rette hjelperne hit til Finnmark. Amt-mannen og fogden forstår hvor viktig det er å rense Guds gode jord for de Satanbesatte som prøver å overta den. Vi må lete opp troll-pakket og rense deres deres besudlede kropper med ild og brann! Slippe sjelene deres fri! Det er øvrighetens bidrag til allmuen.

Prestens tordentaler var de alle vant med, men å se ham preke så nært seg var en merkelig opplevelse for Elli. Han ble nesten menneskelig der han sto.

– Kjære Mester Mogens, du som er Gud Faders nærmeste her på jorden. Kan ikke du se at jeg er en gudfryktig tjener?

– Jeg kan se at du kjemper en kamp. Ditt ansikt er sønderrevet. Er det fra din kamp mot Satan?

Mismodigheten sank innover henne og Elli kastet seg på kne foran presten og omfavnet føttene hans. Hun klamret seg til dem mens hun gråt og ba.

– Vær så snill! Hvordan kan presten tro at jeg er et troll? Jeg har alltid vært Gud Faders mest ydmyke tjener.

Presten sparket seg forsiktig løs fra de tynne armene som klamret seg rundt beina hans. Han så ned på henne og rettet en pekefinger mot ansiktet hennes.

– Ved å bli den ondes tjener tror du at du får makt over djevelen, men slik er det ikke. Selger du deg i det ondes tjeneste er du fortapt. Når en kvinne har hatt intim kontakt med Satan, tvi, tvi, han spyttet, – er kroppen infisert og kan kun renses ved ildens kraft. Da først kan din sjel atter finne veien til Guds rike. Hvis du tilstår din ugjerning, vil jeg gi deg din nattverd og din sjel er ren. Fortell tinget om djevelskapen du har utført og tilstå hvem som er dine allierte! Da skal du få se Guds godhet.

Det var mulig at ei vanlig kjerring uten boklig lærdom som henne, var et lett bytte da Fanden satte sine øyne på henne, det hadde hun hørt før. Elli foldet hendene og så opp på ham.

– Mester Mogens, se i nåde til meg arme, syndige menneske. Du kjenner meg! Du har viet meg til min mann og du vet at jeg trofast har møtt til hver eneste gudstjeneste. Jeg har bedt den Gode Fader om tilgivelse for alle de vonde tanker jeg har tenkt og trodd at jeg fikk forlatelse.

Mester Mogens var lang og rank. Han måtte bøye nakken for å stå oppreist inne i fangehullet, der hun så vidt rakk opp til taket med fingerspissene. Han minnet henne om russetømmeret, langt, rett og småknudrete. Ansiktet passet godt til kroppen. Det eneste som stakk ut var nesen og de bustete brynene.

– Du har mange spørsmål, kvinne. Best kan du svare på dem selv.

– Men jeg har jo ikke gjort noe, gråt Elli. – Ikke har jeg hatt onde ønsker som jeg har fått oppfylt heller. Jeg prøver bare å hjelpe andre med Guds velsignelse, og dere behandler meg som det verste troll. Når jeg forteller sannheten, legger dere ordene i munnen på meg. Jeg er alene mot alle! Elli skrek, hylte ordene mot ham.

– Så, ro deg ned! Vi tror ikke at du er alene. Du har din allierte. Og, ja---, vi tror fullt og fast på at du har forbrutt deg mot loven om trolldom og signing. Det står skrevet i den hellige bok, andre Mosebok kapittel 22, vers 18. En trollkvinne skal du ikke la leve.

– Jeg kan ikke lese, hvisket Elli.

Mester Mogens ble stille. Lenge.

Så sa han:

– *Det* er ingen unnskyldning for at du ikke skal kjenne Guds befalinger.

– Jeg kan min katekismus.

Mogens nikket sakte og ble mildere og mer belærende i stemmen. – Det er derfor Gud har prester som kan lese og håndtere det skrevne ord. Menn som kan lede de villedede tilbake på den rette vei. Menn satt på jorden, i Guds sted.

Blikket hans var rettet oppover mens han snakket og Elli fulgte det. Hva så han der oppe? Et vidunderlig vakkert slott, av det pureste gull. Der vinden viftet deilig om sommeren og sola varmet bedre enn den beste ovn om vinteren? Jomfru Maria som satt ved et overfylt bord og engler som flakset rundt henne, eller Gud selv? Elli så bare de brunsvarte takplankene.

Mester Mogens enset ikke Elli mer og prekte i grenseløs ømhet og velvilje.

– Din time kommer, Elli. Tenk over det jeg har sagt i dag. Min oppgave er å opplyse dem som ikke kan lese i den hellige bok, om Den Allmektige Gud Faders ord. Han sukket dramatisk og fortsatte.

– Ordene fra vår gode Fader er klare og rene. De er skrevet slik for at vi ikke skal levnes i tvil om betydning av det enkelte ord og dets komposisjon. Jeg sier det bare fordi du ikke kan lese, at det er farlig å tolke Guds ord. Fornemmer du at sjelen din gledes nå når jeg er her?

Elli svarte ikke, ristet bare på hodet. Ventet på at han skulle gå.

– Når det står skrevet i Bibelen at en trollkvinne ikke må leve, er det min plikt å følge opp påbudet fra Gud. Han trakk pusten og skiftet emne. – Når jeg er her, holder Guds gode ord den onde unna. Fordi Gud er sterkere enn Satan, tvi, tvi. Føler du Satan svekkes i deg og at din sjel nyter det?

– Nei, sa Elli hardt, – jeg kjenner ingenting. Var det opp til meg, slengte jeg dere på bålet alle sammen og frydet meg når flammene slukte deres onde legemer.

– Vokt din tunge, kvinne! Pekefingeren sprellet. – Den er en av grunnene til at du sitter her. Det er Djevelen som snakker nå.

– Du sa nettopp at når du var her, måtte styggen vike.

Ordene dinglet i lufta og prestefingrene pillet rådløst med boka.

– Du har valgt nå, Elli. Det er opp til deg om dine pinsler skal fortsette, eller ikke. Jeg skal be for din sjel, Elli, sa han og gikk ned på kne. Den blanke skallen skinte i lampelyset. Han ba inderlig for hennes sjels frelse, korset seg og mumlet. Da han var ferdig støttet seg med den ene hånden på veggen. Årene med det ugjestmilde klimaet på øya, langt oppe i Nordishavet hadde gjort kroppen hans stiv og umedgjørlig. Omsider kom han seg opp i stående og børstet kappen nøye.

– I morgen henter de deg til nytt avhør. Om vår forstand ikke hjelper deg, må vi forstå det slik at ditt begjær til Satan er sterkere enn din kjærlighet til den Gode Fader. Martin Luther har uttrykkelig formant oss mot dem som bryter Guds første bud. Nemlig de som i sin perversitet driver med trolldom, svartekunster, ser i krystallkuler, farer på kapper, eller stjeler melk. Den store mesteren sa også at en trollheks alltid må brennes, selv om hun ikke hadde gjort noe galt. Det er tilstrekkelig grunn at hun stå i pakt med Satan. Presten sendte henne et blikk som fortalte om nådeløsheten hun kunne forvente av ham og alle andre, om hun ikke sa sannheten.

Mitt begjær til Fanden? Elli tenkte seg om og prøvde å kjenne etter om det skjedde noe særegent inne i henne da presten forsvant ut. Men hun følte seg bare tom og ordløst forlatt. Hun var vokst opp i den kristne tro og hadde levd et liv med tanke for sine neste. Slik var det. At hun laget lykkegivere og suppe til dem som skulle på havet var kun gammel hjelp. Havet var mektig og uten nåde. Så mange hadde de mistet opp gjennom årene at alle trengte ekstra hjelp når været var uregjerlig. Prestens ord om å tilstå og spare folket for mer trolldom ringlet fortsatt i årene hennes, men tilsto hun ville hun bli brent som et troll i alles påsyn. Elli la seg ned og trakk teppet tett rundt seg. Hun stirret ut i mørket. Slapp de henne nå, skulle hun rett hjem, pakke sine få saker og sin himmelblå lykke og komme seg om bord i første båt og trygle om å få være med sørover. Hun ville og hun skulle leve.

Hver dag hentet de Elli inn til avhør. Dro henne opp trappa til bøddelens rom, der de med alle midler prøvde å pine sannheten deres ut av henne. De la ordene i munnen på henne, hun skulle bare gjenta dem og si ja, hun var ei trollheks, men Elli nektet. Andre dager slepte de henne inn i amtmannsstua, der de også la ordene i munnen på henne. Skriveren satt med penna i hånden klar til å skrive ned de avgjørende ordene. Hun skulle bare gjenta det de sa og alt det vonde ville være over. Men Elli forsverget alt de påsto om henne. Skrek ut sine ville nei.

Oppe hos bøddelen fortsatte spørsmålene. Elli gråt og tagg mens slag og spark dunket henne, som om hun var et teppe som skulle bankes grundig. Når de var lei, eller hun svimte av og de ikke orket vente til det ble liv igjen, lempet soldatene den forslåtte kroppen hennes tilbake til fengselet.

33

På nytt ble jernnøkkelen vridd om i den knirkende låsen.

– Nå---, ordet kom langsomt.

– Du er her ennå? Soldaten klemte ut noen grynt som skulle forveksles med latter.

– Satans frille er fornøyd når den onde klarer å friste et stakkars menneske til å begå dødssynd? Han satte fra seg lampen. Kom mot henne, trakk henne brått opp og klemte henne inn mot kroppen sin. De ru fingrene gled over knokkelranden hennes og Elli ble en filledokke i armene hans. Hun ville vri seg unna, ble kvalm av den sure stanken han pustet ut, men maktet ikke å kjempe. Hun var nummen i kropp og sjel, som om hun ikke eide seg selv mer. Han fiklet med skjørtet og dro det opp. Da fingrene hans fant hennes forsvarsløse varme stønnet han inderlig. Skjelvende av iver snudde han henne rundt og tok grådig for seg mens Ellis kraftløse kropp ristet av anstrengelsen ved å stå oppreist. Fingrene lette febrilsk for å finne feste på den klamme veggen mens han peste og arbeidet bak ryggen og inni henne. Jeg skal drepe deg! Jeg skal drepe deg! en dag, var det eneste hun tenkte mens ansiktet skrapte rytmisk og vondt mot den klamme murveggen. Så var han ferdig. En kort stund sto han og peste i nakken hennes, så trakk han seg tilbake. Varmen rant nedover lårene, men hun rørte seg ikke.

Soldaten rettet på klærne.

– Du er ikke rare tausa, men kan Fanden forlyste seg på deg, kan vel jeg også få litt. Han lo.

Elli ventet til døra var lukket og låst. Ventet til det heslige mørket var det eneste hun sanset. Så seg hun ned på kne.

246

Smerten var blitt en giftig slange som ikke slapp taket, den hadde bitt seg fast i hver trevl i kroppen. Satt i hver tanke hun tenkte, og hver følelse hun våget å slippe løs. Den fikk henne til å ule sin smerte ut i det tomme mørket og til grådig å dra neglene nedover og innover, i kjøtt og blod. Den avsindige smerten når den tynne ansiktshuden åpnet seg for de møkkete neglene, var forløsende. Fra sin trygge, mørke lille flekk langt inne i seg selv hørte hun kroppen kjempe for å holde fast på livsflammen. Langt der innefra hørte hun de lave knurrelydene sive ut av munnen sin. Hun var et mislykket slakt. Ikke levde hun og ikke klarte hun å dø. Raseriet steg og trakk henne nådeløst og motstrebende ut fra dypet.

– Jeg forbanner meg selv for alt jeg har gjort og tenkt i hele mitt liv! skrek hun.

Jeg forbanner alt heslig liv i denne jammerdal!

Jeg forbanner all grusomhet og hat!

Jeg forbanner alt!

Og alle!

I flere dager lå hun som den drepte katta i fjæra og tørket inn, mens neglene ble lengre og grådigere for hver dag. Det var sant. Hun var ikke rare tausa Det hadde hendt, når alt ble for ille, at hun tok seg selv i hånden, dro seg med opp til himmelens største elv og drakk rent elvevann med Jesus og Gud. Andre ganger slepte hun seg med ut til en gressvoll, der hun satt og så ut over havet som speilet eller buktet seg forsiktig ettersom været var den dagen. Eller vandret på høststier med sort og vått løv under føttene og fylte hele seg med den friske lukten av vann og fruktbar jord.

Døra gikk opp. – Her har du! Et! De første ukene hadde sulten revet i henne. Nå trengte hun ikke mat, men spiste fordi hun hadde bestemt seg for å overleve.

Elli følte seg fram i mørket. Fant bøtta og grov oppi den og undret seg over å finne et brødstykke der. Det var første gangen hun hadde fått brød siden hun ble hentet til fengslet.

Den aller første gangen hun fikk mat inne på cella hadde hun krøpet til matbøtta og løftet den opp, klar til å helle i seg suppa. Men stanket av råtten fisk slo opp i nesen og hun brakk seg. Avfall fra amtmannens kjøkken. Ingen kokte slik gjørme til mat. Hun hadde holdt pusten og svelget. Og skylt næringen ned med ølet. Om ølet var usmakelig og beskt var det likevel en velsignelse.

Elli snuste nå på brødbiten, og drakk kruset med øl fort ut. Ølet var virkningsfullt. Velværet fløt gjennom kroppen og roet de urolige tankene. Hun famlet seg tilbake til redet sitt og satte seg godt til rette. Hun ville spise brødet med andakt. Hver munnfull ble tygget langsomt. Hun lukket øynene og nøt. Men ble brått revet ut av den beskyttende døsen da nøkkelen pånytt skranglet i låsen.

– Kom igjen, ropte soldaten. – Du skal til bøddelen. Elli ristet forsiktig liv i den stive kroppen og kom seg opp på beina.

– Ja, ja. Få opp farta da, maste soldaten.

Var det han som gjorde det mot henne. Elli klarte ikke å skjelne stemmen til den som var inne hos henne, og det plaget henne. Hadde hun bare visst hvem det var. Hun prøvde å se inn i ansiktet hans, møte blikket hans, det ville avsløre ham. Inne hos bøddelen spente soldaten henne fast i stolen og boltet fast hals, hender og føtter.

– De kommer snart, sa han og forsvant ut døra. Og de kom. Treenigheten, amtmannen, fogden og presten. Ingen sa noe. Like etter kom bøddelen og to soldater til. Mellom seg slepte de kvinnen hun hadde sett små glimt av tidligere. Hodet hang slapt ned mellom skuldrene. Fogden nikket at de skulle føre henne til Elli.

Foran Elli grep fogden tak i hårtustene til kvinnen, og Elli stirret rett inn i Ingeborgs mishandlede ansikt. Det var opphovnet og flekket av gamle og nye slag. Øynene var lukket og munnen hang halvåpen og blodig. Elli lukket øyene og snudde seg vekk. Hun ville bort, rømme i tankene til Sildevikas varme kilde. Gjemme seg bort og gråte ut smerten over den mishandlede venninnen som gapte sanseløs og blodig foran henne. Fogdens stemme holdt henne tilbake.

– Vi vet dere kjenner hverandre og at dere har utført djevelkunstene deres sammen.

Elli fortsatte å knipe øyene sammen og hørte at de slepte Ingeborg bort mot strekkbenken. Et sviende slag med pisken tvang henne til å åpne dem igjen. Et sinne som lignet vanvidd tok henne som lynet fra den klare himmelen og hun skrek:

– Usle mordere!

Elli buktet seg i lenkene og skrek. Fogden nikket til bøddelen og han smelte pisken igjen.

– Svar på det I blir spurt om, sa han rolig.

Elli enset ham ikke.

– Ingeborg, hører du meg, ropte hun.

Ingeborg lå livløst over bordet der bøddelen hadde slengt henne fra seg.

– Hold kjeft, brølte fogden. Ansiktet var illrødt. Men Elli holdt ikke kjeft. Hun hadde ikke mer å tape.

– Gud hjelper oss, Ingeborg! Jesus er med oss! Gud velsigne deg! Der smalt det igjen. Pisk mot kropp. Smertene ble for store, tårene tørket og Elli tidde.

– Få henne på benken, beordret fogden og pekte mot Ingeborg. Elli lukket øynene og flyttet tankene tilbake til Senja der hun la seg på en tørr lyngflekk og kikket åndeløst utover den evige himmelen og på det mektige storhavet. Men hun ble dratt tilbake til bøddelens rom da det knirket i den tunge tredøra og fru Rhodius kom inn i rommet.

– Fru magister, sa amtmannen. – Nå får vi se om I kan hjelpe.

– Vi er klare for sannheten, svarte fruen med overraskende myk stemme og knelte foran Ingeborg.

– Alles mektige Fader Jesus beskytter oss mot Djevelens onde krefter. Vi ber om at sannheten må komme fram, slik at all ondskap kan utryddes og Jesus Kristus' rettferdighet skje.

Fogden skiftet urolig tyngden fra den ene foten til den andre. Han så på fru Rhodius med flakkende blikk. Det var ikke dette hun skulle gjøre. Hun skulle utspørre trollheksene, ikke be for dem. Det var prestens oppgave å svekke Djevelen i dem.

Amtmannen rensket strupen igjen og pekte på Ingeborg som nå lå fastspent på strekkbenken. Blodet rant fra munnviken hennes.

– Er det klokt å avhøre henne, med tanke på de to som døde? Vi kan vente til presten kommer.

Da gikk Anna fram. Stilte seg foran Ingeborg og pekte.

– Ikke la dere lure. – Trollhekser føler ikke smerte. De bare later som! Alltid. Satans makt over dem er sterk. Ikke glem det, sa hun og viftet med hendene. De kunne fortsette.

– Ingeborg Krogh, vil I nå tilstå at De har bundet dem til Fanden? ropte fogden. Ingeborg ynket seg.

– Vil du nå bekjenne at du er ei trollheks? spurte Anna.

Elli lukket øynene og ba. Fylte hodet med tankelyd for å slippe bort fra grusomheten. Anna Rhodius hevet den ene armen og tegnet et kors over Ingeborgs kropp og ropte:

– Se, det er Djevelen dere har å gjøre med nå. Ikke la ham slippe unna. – Hui, hui, Satan! Ut! Presten sto med bibelen i hendene og bad høylytt og fogden kom med små, oppmuntrende tilrop. Selv den uttrykksløse bøddelen hadde et skjær av noe fremmed i steinansiktet.

– Se til å bekjenne dine horerier med Satan. Tilstå din pakt! Da slipper vi deg i dette øyeblikket, ropte fogden.

– Bare pin min kropp, men min sjel klarer dere ikke å pine, stønnet Ingeborg.

– Stram, ropte fogden! Bøddelen grep om hjulet og vrei. I det samme hørte de en dump lyd og Ingeborg slapp et tydelig sukk. Den dumpe lyden fra Ingeborgs kropp sendte kvalmen rett i Elli og hun brekte seg. Stinkende oppkast rant nedover haken og blandet seg med blod og jordflekker på kjolen. Fastbundet og ydmyket løftet hun hodet og så rett inn i hatet fra den høylærde.

– Ikke rør henne, skrek fruen, og slo ut med armene, som for å vegre de andre mot å komme nær Elli.

– Djevelen er løs, men Gud skal seire! Vi, Hans medarbeidere her på jorden skal sørge for det.

Fru Rhodius foldet hendene og ropte. – Gud skal seire!

Så løp hun ut av rommet.

34

Knærne skalv og Anna nærmest ramlet inn døra til Langhuset. Rode
så forferdet opp fra arbeidet.

– Bøddelen drepte enda en kvinne der i dag. Det gjorde de, Rode.
Anna sjokket inn på soverommet og la seg ned på sengen. Rode kom
etter. – Drepte de en kvinne til?

– De strekte benken for langt. Det knakk i henne---. Anna jamret og
vred seg. Rode dro stolen inn til sengen og satte seg ned.

– Men hvorfor er du så opprørt? Det var vel bare nok ei trollheks
som bøtte med livet---.

– Jeg vet ikke, Rode. Jeg vet ikke. Det er første gang jeg opplever at
noen dør under avhør. Jeg vil ikke mer, men kan ikke avslutte,
stønnet Anna. Jeg kan ikke det.

Hun snudde hodet inn mot veggen og la hendene over ansiktet. Så
mye hun enn var overbevist om at det var trollhekser de arbeidet
med, klarte hun likevel ikke å ta lett på at de døde under avhørene.
Det var ilden som skulle rense trollheksene og---. Så nært på døden
hadde hun aldri vært. At folk døde av pest og annet var hun selvsagt
ikke uvant med, men at de døde brått og rett foran øynene hennes,
slik som på slottet, rørte henne på en måte hun ikke forsto. Hun
kunne da ikke ha medynk med trollhekser. Rode satte seg på sengen
sammen med henne og strøk henne over ryggen.

– Anna, du kan ombestemme deg. Vi kan ombestemme oss.

– Aldri, mumlet Anna. Jeg ser hvem som er trollhekser. Jeg ser det i et glimt liksom, skjønner du? Hun snudde seg og så Rode rett inn i øynene. – Jeg vet at det jeg gjør er for Gud Fader i himmelen. At det er rett og at dette er vår oppgave gitt oss av Gud, men jeg kjenner meg syk av dette. Hun stønnet og vridde seg urolig i senga. – Kanskje får jeg takk og vi kan komme hjem igjen. Men jeg forstår det ikke. Jeg forstår det virkelig ikke.

Rode lot henne være og gikk tilbake til stua og satte seg ned igjen. Å jakte trollhekser var kirkens arbeid. Gjennom hele oppveksten og som voksen hadde kirkens menn advart folket mot å kontakte trollhekser. Ja, de advarte folk mot å tro på slikt.

Rode ble ikke klokere etter hvert som arbeidet til Anna skred fram. Men som tiden gikk forsto han mer og mer at det de hadde gitt seg inn på var en stor feil. Det onde ville slite ut hans kone før hun klarte å få has på trollheksene her oppe. Han var bekymret over hvordan dette hadde utviklet seg. Hun skulle hjelpe litt til, det var avtalen. Men nå som hun også var inne med bøddelen når han utførte sitt virke, klarte han ikke å akseptere eller tro at det var bra for henne. Selv brukte han dagene sammen med Madsen som ble gråere og mer sliten for hver dag som gikk, til å lære barna katekismen og hjelpe Anna med utspørringen av dem. Han utførte også enkle legegjerninger til folket, når han ble bedt om det. Det var en heller utakknemlig jobb, for medisiner fantes nesten ikke. Ikke var det mulig å dyrke noe heller.

Han bestemte seg. De måtte bort fra Vardø snarest. Anna måtte bare fortsette sitt arbeide. Han skulle ikke stoppe henne.

Elli hadde besvimt da Ingeborg døde. Hun våknet brått da en bøtte iskaldt sjøvann sprutet over henne. Soldaten som hadde tømt bøtta kastet et raskt blikk på henne og forsvant ut igjen. Ingeborg lå fortsatt fastspent på hjulet. De var alene i rommet. Elli kjempet mot skjelvingen som ristet hele henne.

– Gud, hvordan skal jeg holde ut? Hvorfor lar du meg ikke bare få dø, slik som Ingeborg? Hvorfor skal et lite menneske som meg gjennomgå alt dette? hvisket hun, mens den durende lyden som hadde plaget henne siden fogdens første besøk ble sterkere.

Elli våknet igjen da hun ble slept mot fangehullet. Utenfor døra slapp soldaten henne ned på gulvet mens han lette etter rett nøkkel. I et halvt øyeblikk lå hun alene. Uten å være bundet. Utenfor fangehullet. Jeg gjør det, ja jeg gjør det! Nå! Hvis jeg løper som en gal er jeg fri, tenkte hun og var akkurat begynt å reise seg, da soldaten bøyde seg, tok henne under armene og dro henne etter seg mot døråpningen. Med et spark plasserte han henne innenfor. Elli krøp bort til kroken sin, til jordflekken som var blitt hennes trygge sted i rommet. Der hun hadde tørt gress og det varme ullsjalet. Hun dro forsiktig av seg de våte klærne og hengte dem opp på lampe-kroken.

Det var mange år siden hun og Ingeborg hadde plukket bær sammen. Femten, tjue? Hun telte ikke årene.

Hva hadde skjedd på Omgang? Hvorfor Ingeborg? Det fantes knapt den kvinne der som var mer forsiktig enn henne.

Brått var hun skråsikker. Vi er uskyldige alle som en, tenkte hun. Alle kvinnene som var blitt brent var like uskyldige som hun var nå. Tilståelsene var banket og truet ut av dem. Og Nils, den svikefulle. Han kom heller ikke. Ikke med en matbit engang. Om det var redselen som styrte ham var hun ikke overasket. Verst var det om han ikke brydde seg, og at det var greit at fogden hadde tatt henne.

Kjente hun Nils rett, brukte han tiden til å holde seg inne med de feige og de drukne. De som rottet seg sammen i trolldomsangst og smisket med kjøpmannen.

Utenfor døra varslet lydene at noen var på vei mot hennes celle. Skrikene fra en kvinne trakk Elli ut av døsen.

Døra gikk opp og kvinnen ble slengt inn i mørket til henne. Hun famlet seg fram til døra og dundret knyttnevene i den.

– Slipp meg ut! Slipp meg ut! skrek hun.

Elli husket da hun selv ble stengt inne i fangehullet. Hun hadde sparket og skreket i dagevis.

I det ene øyeblikket tryglet kvinnen for sitt liv. I det neste forbannet hun dem som stengte henne inne i mørket. Da Elli ble lei av å vente på at hun skulle roe seg sa hun:

– Gud bevare!

Gråten stoppet opp.

– Gud bevare deg, sa Elli igjen.

Kvinnen svarte fortsatt ikke. Bare den ujevne pusten hennes brøt stillheten. Hun hikstet et par ganger, så ble hun stille igjen.

– Er det du, Elli? sa hun plutselig.

Kvinnens redsel var følbar og Elli kjente igjen sin egen, som hadde tatt kvelertak på henne mange ganger.

– Ja, det er meg, hvisket Elli. – Hvem er du?

– Det er meg, Sirri.

Sirri var den søte tjenestejenta til Bras. Alltid blid og hyggelig mot alle som kom til handelsmannen med ærende. Elli krøp mot stemmen og de omfavnet hverandre.

– Elli! Det er bare bein igjen av deg! sa Sirri og trakk seg unna.

– Ikke rare maten her, nei. Rart var det ikke hjemme heller, men her. Ja, du ser. Kom, vi setter oss her, inntil veggen. Elli orienterte

255

seg like sikkert som rottene som pilte rundt dem i mørket. Hun dro den famlende Sirri med seg.

– Fortell Sirri. Hva er du anklaget for?

– Jeg vet ikke, gråt Sirri. – De kom bare og hentet meg, hjemme hos handelsmannen. Jeg sto og lagde mat og visste ikke noe da fogden raste inn og sa at jeg skulle bli med han.

Da jeg nektet sendte de soldatene på meg. De dro meg med ut og stengte meg inn i buret og kjørte meg gjennom været. Alle stirret og ropte etter meg.

Elli nikket i mørket. Husket sin egen prosesjon til tinget.

– Og da vi kom hit tok de meg inn i amtmannens stue og der fikk jeg vite at Bras hadde vært hos amtmannen og påstått at jeg var borte om natta. Og at det skjedde underlige saker i huset og med dyrene. Og Maren, jentungen hos de høylærde, hadde sett meg og deg holde på med noe i fjæra.

– I fjæra. Har du hørt sånt? Alle går jo dit og henter tang og rekved.

– Men det sa dem. Sirri innrømmet at det var sant at hun ikke sov på benken sin om natta. Men det var fordi Bras var nærgående. Han brukte å sitte i storrommet og drikke om kveldene, og når han var passelig full ble han hyggelig. Ville klappe og slikt. Derfor begynte hun å holde seg mest hos dyra, sov med dem også, fortalte hun. Heller det enn å ta sjansen på at han skulle finne henne. Men så ble det galt det også. Hun var redd Bras. Han var så snarsint og tålte ikke svinn, da fikk han «tuilltak» og slo den første han fikk tak i. Det var også sant at ei søye døde under vårslippet. Dyrene hadde stormet av gårde som vanlig, for å finne noe spiselig. Men ei søye hadde løpt rett ned i fjæra der den kastet seg over en leverdunge og åt den i seg. Da Sirri oppdaget det, var det for sent. Søya hadde slafsa i seg mesteparten. Da Bras fikk høre dette ble han så sint at hun trodde han skulle slå henne i hjel. Heldigvis kom Johan inn, drengen. Han avledet Bras med å spørre om noen melsekker.

– Jeg har vært livende redd etter det. Men aldri, aldri trodde jeg at han skulle gå til amtmannen og få meg fengslet for trolldom---.

Elli trakk seg nærmere og la en arm om skulderen hennes.

– Sirri, du har alltid har vært snill mot alle. Ikke er du som oss andre, som snakker i tide og utide heller.

Sirri gråt og Elli vugget henne.

– Alle stirret på meg da de kjørte meg hit---.

– For kongens menn er fattigfolk byttinger og derfor skal vi tuktes.

– Byttinger?

– Vet du ikke hva de gjør med byttinger? De banker dem så brutalt at huldremora synes synd i ungen og skynder seg og bytter den tilbake.

De satt en stund uten å si noe.

– Hva gjør de med deg her? hvisket Sirri.

– Det fins ikke ord, sukket Elli. Noen ganger er jeg sikker på at jeg drømmer.

Elli ville ikke skremme jenta. Hun kunne ikke fortelle alt hun hadde opplevd. Men Sirri måtte forstå at å nekte på anklager betydde tortur.

– Først ber de deg tilstå at du er ei trollheks, så vil de vite hvem som har gitt deg trolldommen. De kommer til å presse deg hardt, Sirri. De vil ha deg til å si navn på andre trollkjerringer. De kommer til å tvinge deg til å tilstå at du har solgt sjela og kroppen din til Djevelen. Jeg har bodd i Vardø i snart tjue år og vet hvem som er farlig, hvem som løper til fogden og forteller historier. Se bare på Tinne, Anders si. Hun løper rundt som ei geit og sprer løgner. Slike som henne er farlige.

257

Hun burde halshugges, og så kunne de tredd hodet på stakene, ved fjærekanten, som de bruker å gjøre.

Elli og Sirri ordnet høyet og lyngen til to liggeplasser. Det var alltid kaldt og rått i rommet og Elli hadde tenkt at hun kunne fryse i hjel. I dag var en slik dag. Selv i det tette mørket plaget svimmelheten henne stadig mer når hun reiste seg. Hun støttet seg mot den kalde murveggen. Sto der en stund for å gjenvinne balansen.

– Det er sant. De var ikke snille med deg, mumlet Sirri. Husker du den gangen han Hemming slo deg midt i ansiktet? Da du skulle hente sleiva kjerringa lånte, men nektet å gi tilbake.

Elli husket altfor godt. Slikt kunne de gjøre mot henne. Men truet hun noen i sin hjelpeløshet, ropte de at hun hadde kastet ondt på dem.

– Ja, jeg har mye å fortelle, men hva nytter det?

Hun kunne fortalt om snørrete småunger som kastet stein og ropte etter henne ute. Om blikkene som vendte ned når hun møtte noen ute. Om ensomheten---, men hun tidde.

– Du skulle ha rømt da fogden kom og spurte etter deg, Sirri. Fortere enn Fanden skulle du pakket knyttet ditt, røsket til deg Brasens bustete sopelime og tatt løs, eller fløyet som havørna. Seilt over de store myrene og elvene. Latt de store, seige vingene dine ført deg langt av gårde. Flakset ovenfor skyene. Til du kom så langt at du ikke visste hvordan du skulle komme deg hjem igjen. Sirri presset frem en latter.

– Men før jeg dro, skulle jeg ha sveivet innom slottet her og skremt vettet av alle. Gjort meg om til en kjempekvinne og stukket hånden min inn i fangehullet slik at du kunne krype opp i den ventende neven. Med den andre skulle jeg pekt på slottet. Og i det samme

skulle slottet stå i brann. Hele steinslottet skulle gløde rødt. Jorden
skulle riste og det skulle knake i fjellgrunnen.

– Og bakken skulle åpne seg, som en diger steinbitkjeft og sluke hele
slottet og alle de onde som bor her, lo Elli.

– Mens vi og de andre kvinnene fløy jublende av sted.

De to kvinnene lo. Lyden av den dyptfølte henrykkelsen kaklet rundt
i steinveggene og gleden steg opp i Elli. Hun lot følelsen bergta seg,
lot den drive henne inn i fryden. Bort fra elendigheten. Elli lo til den
magre kroppen ristet og kjevemusklene svei.

    Som det evig tilbakekommende lynet, jog en rivende smerte
gjennom magen hennes og blandet seg med lidelsene og hatet. Elli
krøket seg sammen og skrek:

– Onde demoner som har stengt meg inne her! Slipp meg ut!

Gang på gang skrek hun, til magesmertene tvang henne opp på kne
og den halvråtne middagen sprutet opp og spredte seg usynlig og
illelukt-ende ut i mørket.

Sirri skrek også.

– Gud forbarme, Gud forbarme. Soldater! Hjelp, ropte Sirri og
kravlet unna henne.

– Ikke vær redd lille Sirri, hvisket Elli. – Jeg bare har så vondt. Ikke
gråt, Sirri. Elli sank sammen. – Jeg skal bare hvile litt. Så sovnet
hun.

35

Elli våknet da nøkkelen gikk inn i låsen.

Døra gikk opp og to soldater sto i åpningen.

– Fy for svarte, for en stank. Hit inn går ikke jeg, sa den ene. Den andre protesterte og en hissig diskusjon fulgte. Elli glippet med øynene, mot lyset og festningsvokterne som sto i døråpningen.

– Ha deg hit du Sirri Andersdatter, ropte den ene og pekte bydende.

– Fortere enn Fanden danser!

Sirri skrek. Ropte at hun ikke hadde gjort noe.

– Måtte styggen ta deg! brummet soldaten og grep stokken utenfor døra. Han stakk den med rå kraft inn i Sirris vettskremte kropp. Også Elli fikk smake. Stokken traff dem flere ganger, men da stokken traff Elli rett i brystet slo den pusten ut av henne og hun falt sammen. Likevel fortsatte soldaten å stikke med kjeppen.

– Enten kommer du, eller jeg fortsetter til du er dau, ditt uvesen.

– Ikke mer. Jeg kommer, gråt Sirri og krøp mot døra. I det samme hun nådde åpningen, grep soldatene tak i henne og dro henne ut.

Elli lå i mørket og hørte på stillheten. Hun visste altfor godt hva Sirri hadde i vente. Bare ikke Sirri trakk inn flere uskyldige. Det hadde hendt at en kvinne som hadde tilstått havnet på bålet samme dagen. Ryktet sa også at de var særlig hardhendte i dagene før en båldag. Et navn kunne raskt bli til en kjede av kvinner, som nå. Hvor mange kvinner hadde de anklaget? Det måtte være minst tretti, bare på noen måneder.

Elli døste av igjen og våknet med et rykk. Sirri! Halvt i ørske lå hun og gruet for gjensynet. De siste ukene hadde det stadig skjedd at hun bare sovnet og ble borte. Det var en velsignelse.

Elli holdt pusten og lyttet, men ingen fortrengte skrik klarte hun å pine ut av lydløsheten. Likevel var hun ikke i tvil om at bøddelen brukte alle metoder for å få Sirri til å tilstå. Håpet om å komme fri var ikke større enn et sandkorn, men hun beholdt det likevel.

– Jeg gir ikke opp, hvisket Elli ut i mørket. Også Jesu Krist måtte pines. For Hans navns skyld! Hun måtte ikke glemme Gud og at han av og til dro vingene av sine vakreste sommerfugler.

Forrige gang de avhørte henne, satte de det glødende jernet mot huden, til skrikene hennes smalt i veggene. Likevel nektet hun alt. Mester Mogens hadde stått ved siden av og bedt for hennes sjel, vært tilstede for å knekke Satan slik at hun lettere skulle tilstå sine ugjerninger. Fru Rhodius hadde stått der med alle spørsmålene sine. Hun ville vite hvem som hadde lært henne trolldommen, hvem hun hadde danset på Domenfjellet sammen med og når hun forbandt seg med Djevelen og frasa seg Gud Fader i himmelen. Men Elli holdt på sitt. Aldri hadde hun inngått pakt med noen! Aldri, hadde hun vært sammen med Djevelen, aldri hadde hun ønsket å skade noen! Aldri! Hun var Guds ydmyke tjener og innrømmet ikke engang at hun hadde ønsket vondt over noen. Selv om hun hadde det, noen ganger, når alt ble for stort.

Så kom de tilbake med Sirri. De lempet henne inn sammen med et ullteppe Hun lå der hun landet og gispet etter luft.

– Sirri? Stemmen var som nykardet ull. Elli krøp dit gråten kom fra. Først fant hun foten, så skulderen.

– Sirri, kom hit. Elli tok om den hulkende jenta, la hodet i fanget sitt og strøk over restene av den lyse manken. – Bare gråt du. Jeg har også grått. Den første tiden her inne våknet jeg alltid med saltsmaken i munnen.

– Jeg fløt som en duppell Elli! Tenk på det!

– Det er slik det er, sa Elli. – Men nå må du få av deg de våte klærne. Ellers blir du syk. Jeg skal hjelpe deg. Elli dro av henne den søkkvåte skjorten og skjørtet.

– Og nå. Opp og hopp til du blir varm!

Sirri hoppet til pusten gikk i raske hiv.

– Det er nå rart at de gir oss tepper, hva? Sirri tullet det stikkende teppet rundt kroppen og la seg ned på høyet.

– Nei. Det er ikke rart. De håper vi overlever, til de får oss dømt og brent. Det ser bedre ut overfor Kongen. Hadde det ikke vært for Kongen hadde de bare kastet oss rett på bålet, tror jeg.

Snart pustet Sirris jevnt og Elli tidde. En liten stund nøt hun lyden av Sirris pust. Hun var ikke alene mer og det var trygt og godt. Så sovnet hun også.

– Elli? hvisket Sirri.

Elli mumlet et svar og ville sove videre. Hun hadde vært så uendelig langt borte og hun hadde drømt. Hun og Sirri hadde vandret i fjæra da en mann kom bort og sa at de ikke hadde lov å gå der. Han pekte og viste dem en annen vei. De kom inn i et trangt smug. Veien de gikk på var ujevn, brun og sleip. Lengre inn mellom husene, begynte veien å røre på seg. Den brune gjørmen fikk små buler, tett i tett, som fortsatte å vokse til de sprengtes og rotter i tusentall veltet ut av gjørma. Rottene pep skingrende og de gråsvarte vesenene myldret rundt dem. Elli og Sirri løp tilbake, mot fjæra, men mannen som hadde bedt dem snu, sto der og sperret veien.

– Jeg hadde bare en ond drøm, Sirri.

– Uff, da, jeg trodde du var blitt syk. Du var så urolig og stønnet og hulket. Hva drømte du?

Elli strekte seg forsiktig og la seg på rygg. – Fortell heller hvordan det gikk med deg.

– Mestermannen---. Sirri vrei på seg. – Jeg nektet for alt de beskyldte meg for. Slik du sa.

– Jeg sa ikke at du skulle nekte?

– Du sa at jeg måtte nekte for alt. Jo, det gjorde du!

– Sa jeg det? Jeg mente bare at du ikke måtte snakke om andre, men du gjør som du vil. De viser ingen nåde uansett og snart er det min tur igjen. Jeg vil dø bare ved tanken på glødende kull på brystet. Strekkbenken er verst. De spenner deg opp og sliter deg i to biter, like lett som et morkent skinn. Jeg var der da de strekte benken for langt og Ingeborg trakk sitt siste sukk. Sirri krøllet seg sammen og lente seg tungt inn mot henne.

– De er mordere, alle som en, sa Elli og bredde teppet tettere rundt dem.

– Det er bedre å bli avlivet inne hos bøddelen, enn å brenne på bålet. Sirri stønnet og begynte å gråte. – Jeg dør bare ved tanken på flammene under beina mine.

– Ikke gråt! Tilstår vi blir det en rask ende på det hele. Jeg burde tilstå, bli ferdig med det. Jeg slipper ikke unna uansett. Du burde også tilstå Sirri! Si ja til alt de spør om og legg til mer. Du får komme til Paradiset og englene. Det blir fint, sukket hun og lukket øynene.

Elli ville se for seg himmelriket en stund, hvile i bildet, men Sirri kavet seg opp og begynte å hyle. Elli måtte gi slipp på drømmestunden. Hun ville kravle seg bort og trøste jenta, men orket det ikke. Snart var Sirris utbrudd over. Hun sank hulkende sammen.

– Mestermannen tok meg før vannprøven. Det gjorde han. Sirri gråt igjen og Ellis følelse av maktesløshet var som storfjellene hjemme på Senja.

– Derfor er det best å tilstå og bli ferdig, Sirri!

– Skal jeg tilstå at jeg har hatt meg med djevelen og danset med Han oppe på Domen. At jeg trollmelker kyrne, og ---. Sirri begynte å gråte igjen.

– Men skal vi bare tilstå og bli brent med en gang?

– Du velger selv, men jeg har bestemt meg! Misunnelsens kraft er sterk og jeg aner ikke selv hvor ond jeg er, sier presten. Derfor vil jeg dø.

– Ikke si slikt Elli, sa Sirri bedende. Jeg blir redd deg.

– Redd meg? Du også eicr den ubevisste kunsten å ønske ondt på andre? Presten---.

– Tror du at livet blir som før, om du blir frikjent?

– Men jeg vil leve! Jeg kjenner det. Her, sa Sirri og la hånden på brystet.

– De dreper oss uansett! Nekter du, fryder de seg ved å pine og voldta deg. Jeg ville også leve, seile med store skip og smake på mer spennende krydder enn pepper. Jeg ville reise til Bergen. Det har jeg drømt om å gjøre hele livet. Gå i gatene der, på torget. Handle hvetekake og se mennesker fra hele verden i rare klær. Men nå er alt det bare tåpelige drømmer. – Jeg vil bli fri fra jammerdalen, stønnet hun og strøk hånden over foten som plutselig begynte å verke. Men jo mer hun strøk, desto mer verket den. Sirri kunne hulke og gråte alt hun orket, men selv ville hun ha en slutt på dette.

Sirri var først taus, så sa hun:

– Det er Kongen som lager lovene. Kongen er innmari overtroisk. Jeg har hørt at han hadde ei urtekone som han stolte på, men så prøvde hun å ta livet av han med trolldom og da ble han helt gal. Så var det noen samer som kastet gand på han så han måtte utsette bryllupet til søsteren sin fordi samene hadde kastet et rasende uvær over han. Det var etter det han sverget at alt trollpakk skulle letes opp og drepes.

– Bare fjas, sa Elli og stønnet. – Jeg vil bare sove, men foten verker og---.

– Noen har ønsket ondt på deg, Elli!

– Noen har banket ondt på meg, svarte Elli hardt.

Sirri fortsatte å snakke og Elli hørte halvveis etter, så sovnet hun. Brått våknet hun og så seg rundt i mørket. Lyttet. Men det eneste hun hørte var Sirris jevne pust. Tankene vandret til enetalen hun holdt før de sovnet. Bestemmelsen om å tilstå skulle hun holde på.

Noe senere raslet det i jern utenfor døra. Døra gikk opp og bøtta med mat og to krus øl ble satt innenfor.

– Fikk vi mat, mumlet Sirri halvt i søvne.

Elli mumlet bekreftende og reiste seg opp.

Sammen grov de etter de få fiskebitene som gjemte seg på bunnen. De silte innholdet gjennom fingrene. Da de var sikre på at alle godbitene var funnet, drakk de resten av suppa rett fra bøtta. Elli tok som vanlig ølet i en slurk. Foten var bedre og hun følte seg litt nærmere en oppløftet tilstand.

– Å bli brent på bålet er ikke verre enn smertene hos bøddelen, sa hun, mens hun la teppet om seg. – De venter til det er vindstille før de tenner bålet. Så skyver de stigen mot det brennende bålet og det hele er over. Vi får fred, ingen smerter mer.

Sirri hvisket:

–Bare å brenne seg på fingeren---.

Den lille antydningen til sitring i stemmen økte mens hun snakket og da neste spørsmål kom var skjelvingen så påtakelig at Elli nesten ikke forsto hva hun sa.

– Jeg er så redd! Sirri heiv etter pusten.

Elli akte seg mot henne.

– Demonene---, hveste Sirri.

– Pust sakte inn gjennom nesen, nå. Elli la hendene på Sirris ristende skuldre og holdt fast.

– Trekk pusten, Sirri. Pust slik jeg gjør!

Elli pustet regelmessig og lydfullt og Sirri peste for å finne rytmen. Etter noen dype åndedrag pustet de i samme takt.

– Takk Elli! Takk, hvisket Sirri.

– Jeg vet ikke hvem du skal takke, sa Elli og den som hørte ordene hørte den bitre undertonen. – Var det opp til meg, sluttet du å puste der oppe hos bøddelen, og kunne reist rett til englene, men en annen vil det ikke slik.

– Slutt! skrek Sirri, – Har du pustet Styggen inn i meg?

Elli gapte. Skulle mareritet aldri ta slutt?

– Fru Rhodius sa at du var ei ekte trollheks og at jeg måtte passe meg for deg, og nå har du pustet med meg. Elli valgte å overse ordene.

Jenta var redd og forvirret. Klart det var lett å skremme ei ungjente, og hun skulle ikke være den som la stein til byrden. Fru Rhodius var farlig, det hadde hun både sett og erfart. Og det måtte Sirri forstå. Men Sirri var overbevist om at fru Rhodius kunne se inn i øynene på et menneske og vite om Fanden var i dem, for det sa alle, fortalte Sirri.

Elli hadde vært der da de drepte Ingeborg. Hun så det, hørte det. Istedenfor å prate tull burde jenta tilstå alt de anklaget henne for og bli ferdig. Elli sa ordene. Sirri reagerte med å skrike mot henne at Elli ville tilstå fordi hun var ei ekte trollkjerring som ville lure henne til Helvete. Og at det var hun som hadde vært på gården til Bras og trollmelket kyrne hans.

Utenfor økte vinden på. Snart raste ragnarok og snøen dreiv loddrett. Vinden fant alltid en sprekk å trenge gjennom og på slottet var det mange. Elli og Sirri krøp tett inntil hverandre. Den gjensidige varmen økte fortroligheten. Sirri fortalte at hun hadde hørt at Elli dreiv Nils ut av huset og ned på skjenkestua. At hun dreiv med trolldom og at Nils ble redd for å være i samme hus som henne. Sirri kunne like gjerne ha stukket kniven i Elli og vridd rundt. Sviket hun levde med var en skam og hun bøyde nakken.

– Jeg hørte Nils selv si at det var like godt de hentet deg, sa Sirri. – Hadde ikke andre anklaget deg, måtte han ha gjort det selv. For du var som et troll å ha i hus. Du kjeftet og smelte og svor hjemme, hele tiden. Og så sultet du ham.

– Sultet ham? Elli satte seg opp. – Han drakk opp pengene våre. Vi hadde aldri gått sultne til sengs om han holdt seg unna skjenkestua! Sirri hadde mange spørsmål. I mørket så hun ikke smerten i Ellis ansikt og avmakten i armene som hang slapt ned.

– Jeg har hørt at du solgte trollsteinene og drikkene helt til fogden kom og hentet deg. De sier at du er besatt og ikke klarer å la være.

I det søvnen holdt på å overmanne dem gikk nøkkelen i låsen igjen.

– Sirri Andersdatter! ropte soldaten.

Elli foldet hendene og bad Den gode fader hjelpe jenta til å tilstå. Når synden først var nevnt, ble den aldri glemt. Andre som ble anklaget for trolldom, men hadde gått fri, levde som henne, utstøtt. Demonene som slet i mange andre, hadde latt henne være i fred. Bare en gang, foruten magesmerten som hadde plaget henne i det siste, hadde hun hatt verk i ei tann. Smeden dro den ut og Elli hadde drysset pepper inni hullet og kastet tanna på havet.

Så hørte hun dem igjen – skrikene. De var ikke til å ta feil av. Hun holdt for ørene og mumlet. – tre ganger tre, tre ganger tre, tre ganger tre---. Men hun klarte ikke å vegre seg. Lydene, skrikene trengte gjennom steinveggene og inn i hodet hennes. Hun sank ned på kne og foldet hendene.

– Kjære Gud, Jesus Kristus! Hjelp Sirri! Hjelp henne til å si det de vil høre.

Hun lukket øynene og så dem for seg, fogden, fru Rhodius og de andre. Hun badet dem i Guds lys, lot det trenge inn i deres harde hjerter og mildne dem. Et øyeblikk dro hun fingrene ut av ørene. Skrikene var der fortsatt, men svakere.

Så ble det stille.

Elli våknet da Sirri dyttet borti henne.

– Elli, hvisket hun. – De har tatt sjela mi.

– Sjela di?

Elli gnidde seg i øynene og gjespet. Hadde de banket vettet av jenta? Knust henne med et avhør?

– Elli, jeg ønsket å si og gjøre alt de ba meg om, men svimte av. De kløp meg over hele kroppen med en glødende tang, slo meg, og ropte---. Det svir overalt, Elli. Jeg klarer ikke mer.

Sirri gråt og krøllet seg sammen og Elli krøp mot henne igjen. Strøk henne forsiktig.

268

– Ikke rart du har vondt Sirri. Hadde jeg bare hatt noe å lage omslag av.

Det kunne ikke fortsette slik. De måtte gjøre noe. Lage en felles tilståelse og framsi den snarest. De måtte si ja til alt uten å nøle og uten å anklage andre kvinner. Elli strøk over restene av Sirris hårmanke, fant fram trøstende ord til hun igjen pustet jevnt.

Neste morgen våknet de av at den gamle tredøra smalt inn i murveggen. Soldatene dro dem ut av fangehullet og slepte dem opp trappa til bøddelen. Elli var rolig hele veien. Dette hadde hun opplevd så mange ganger før og hun visste at ingenting hun gjorde ville hjelpe dem. Sirri derimot skreik og sloss hele veien opp. I det samme de kom inn i bøddelens rom rev Sirri seg løs. Hun grep kosten som sto i nærmeste hjørne og løftet den truende mot dem. Bøddelen som satt på krakken i hjørnet lo en ublid latter, reiste seg og rev kosten fra henne og kastet henne ned på gulvet. Så løftet han armen, klar til å slå. Elli stormet mot dem, men han sparket til henne så hun for som ei fille bortover gulvet. Bøddelen snudde seg mot Sirri igjen. Men da han dro henne opp etter hodet, løp den ene soldaten bort og nappet ham forsiktig i ermet. Bøddelen heiv seg rundt og snerret til soldaten.

– Men vi har fått ordre fra amtmannen om å sette de to i jern. Nå! sa soldaten.

Bøddelen tørket svetten og kastet et blikk på Sirri som lå livløs på gulvet. Han ga henne et siste spark, og gikk og satte seg på krakken igjen. Sirri blødde fra munnen og prøvde å reise seg opp, men kom bare halvveis før soldatene dro henne bort til strekkbenken og festet jernene på henne. Hun skulle i lenkestolen igjen. Soldaten fiklet med

269

jernet og svertet og sverget. Det var aldri noe som passet; først manglet bolten og mens han leita etter den forsvant skruen. Helvete! Elli skalv. Hele kroppen ristet og mer enn noen gang før ønsket hun å dø. Men de skulle slippe å pine henne. Hun skulle være som smør mellom hendene deres nå. Gjenta alt de sa. Soldatene var akkurat ferdige idet fogden, amtmannen, presten og fru Rhodius kom inn.

– Hva har skjedd her? Amtmannen nikket mot Sirri og blodet som rant frisk fra munnen hennes.

– Hun ville rømme, sa bøddelen.

– Enkelte har ikke bedre vett. Amtmannen smilte svakt og ristet på hodet.

Fru Rhodius gikk bort til Elli. Sto foran henne med armene i kors over brystet en stund, så gikk hun til Sirri som lå fastlenket på strekkhjulet.

– Ja ha, sa hun. – To trollhorer som ikke vil bekjenne sine synder mot Gud. Du er Sirri Andersdatter?

Sirri snudde seg vekk og hulket. Anna bøyde seg mot henne og ropte:

– Er du Sirri Andersdatter?

– Ja, hvisket Sirri.

– Du skal svare med en gang jeg snakker til deg.

– Ja, hvisket Sirri igjen.

– Soldat, kom med vann. Fru Rhodius vinket til soldaten at han skulle skynde seg. Han løp av gårde og kom tilbake med to bøtter fulle av sjøvann. Hun nikket mot Sirri, og soldaten tømte den ene bøtta over henne. Sirri gispet av sjokket.

– Du er anklaget for horeri med Satan. Tilstår du dine ugjerninger?

– Sirri! Si ja! ropte Elli.

Bøddelen var på plass før Elli rakk å unnskylde seg, og sveivet pisken over henne.

270

– Nå, Sirri Andersdatter. Kan du svare på det jeg spurte deg om?

– Si det Sirri! Tilstå! ropte Elli.

Elli viftet med den fastspente hånden.

– Herr fogd, ærede amtmann, hør på meg. Sirri skal si at vi har danset sammen på Domen. Det er det hun vil! Tilstå!

– Tilstå at hun har danset på Domen?

Fogden la hendene på ryggen og gikk bort til Sirri. Han så ned i det blodige ansiktet hennes med et vennlig smil. – Det var spennende. Og hva var anledningen?

– Jo, i natt, mens jeg sov kom to svarte katter til meg. De freste og truet meg. Den ene av dem var Sigri, kona til klokkeren.

– Sirri! Elli skrek mot henne. – Hva sier du?

Et lite rykk med fru Rhodius øyebryn og bøddelen var hos Elli og feide pisken iltert over henne. Elli krøkte seg sammen og tidde.

Fru Rhodius snudde seg tilbake mot Sirri.

– Sigri? Er det klokker Eilifs hustru du snakker om?

– Ja. Jeg så henne, ropte Sirri gråtkvalt

– Hvem var den andre katta?

Det vet jeg ikke, hun var bak Sigri hele tiden.

Fru Rhodius gikk mot Elli. – Du har kviknet til igjen? Er det sant det jenta sier?

– Nei, hun lyver, sa Elli. – Men *jeg* er ei trollheks og vil innrømme alt.

Bøddelen satte jernbøtta ved siden av stolen hennes og fisket opp en rødglødende bit. Elli skrek i vanvidd. Hun ville jo tilstå alt!

Så spurte de henne om Anne. Elli kikket forvirret fra den ene til den andre. Hvem var Anne?

Presten som hadde holdt seg ved døra mente Elli trengte mer ild for å svekke Djevelen i seg. Elli ulte da det glødene kullet landet på brystet. Det svei og brant mer og mer inntil den velsignede

271

summende tonen i hodet kom og hun svimte av.

Hun våknet igjen da iskaldt vann skyllet over henne og kikket nedover seg selv. Huden på brystet var svart og gråsvidd, med røde områder. Brått husket hun Sirri og kikket mot strekkbenken. Sirri var ikke der. Panikken steg, men så la hun merke til Sirri, på en stol like bak. Elli pustet ut.

Jenta satt som livløs, hodet hang framover, blusen var brettet til side og de unge runde brystene med svartsvidde brystvorter lå blottet. Men hun pustet.

Døra gikk opp og fogden og de andre kom inn. Fogden kremtet.

– Nå? Er I nå villig til å fortelle oss alt om Sigri og Anne fra Vadsø? Elli lukket øynene. Smertene på brystet økte. Nektet hun, var strekkbenken neste. Visste hun sikkert at hun fikk dø raskt, ville hun bare fortsette å nekte. Men øvrigheten ønsket ikke at det skulle være lett å dø, det var bare slik at uhell skjedde.

– Jeg innrømmer alt, også pakten med Djevelen.

Ingen sa noe på en lang stund. Fogden pekte på Elli.

– Trollheksen vil tilstå.

– Vil hun det, ja? Amtmannen kastet et raskt blikk på Elli. Så klappet han seg på magen. – Nei, nå gir vi oss for i dag. Han klappet seg på magen igjen. – Det er tid for mat.

– Men, jeg---. Elli nektet å gå ned til fangehullet igjen uten å ha tilstått. Men amtmannen slo ut med hånden mot soldatene.

– Før disse elendige til fengselet, ropte fogden og åpnet døra.

Soldatene løsnet lenkene og smertene i brystet økte. Elli stønnet.

– Hold kjeft! Sa den ene soldaten hardt. – Tror du ikke jeg vet at dere bare later som, hele tiden? Fru Rhodius har fortalt oss alt.

Dere kjenner ikke smerter. Da dere handlet med Djevelen, fikk dere ordnet det slik at dere ble følelsesløse.

– Fru Rhodius lyver! ropte Elli.

– En høylærd som henne? Hah! Dere remjer og ber, så vi skal synes synd i dere. Soldaten snakket høyt og innett mens han løste henne fra lenkene. Innimellom bantes han på jernene. De skulle vært oljet. Han hadde sagt ifra til bøddelen at han måtte holde utstyret i orden. Men det eneste han holdt skinnende blank var retterøksa. Den sto alltid nyslipt i kroken sin.

Soldaten gryntet. – Vanlige kvinner ville aldri holdt ut. De ville dødd for lenge siden.

Plutselig husket Elli på en prest i Nordland hun hadde hørt om. Han hjalp flere trolldomsanklagede å rømme. Mester Mogens kunne hun bare glemme, men soldaten? Hva kunne hun så love ham til gjengjeld?

– Jeg er ingen trollkjerring, sa Elli rolig. Jeg kan gi deg penger om du hjelper oss ut herfra.

– Hold kjeft, ditt utyske, freste soldaten og dro henne opp fra stolen. Prøver du å friste meg slik Satan fristet deg?

– Bare tenk på det. Penger---.

– Hold kjeft! Ellers knekker jeg nakken på deg.

Elli tidde. Soldatene på slottet var unge menn fra enkle kår. Sendt til Vardø for å gjøre tjeneste for kongen. De fleste ønsket seg vekk fra øya, hekseriene og ondskapen, det hadde hun hørt. Hun hadde sådd et frø i tankene hans. Nå skulle det få spire. Men hvor skulle hun få penger fra? Hun eide ikke en skilling. Han ville kanskje ta til takke med den store jerngryta. Den hadde hun stelt godt med og var et praktstykke av ei gryte.

273

36

Da Sirri også var ute av lenkene ble de jaget mot kjellertrappa. Elli var svimmel som vanlig og støttet seg mot veggen. Bena lystret ikke og hver bevegelse verket i brannsårene. Men merkelig nok var ikke smertene verre enn at hun holdt dem ut. Hun hadde vært sikker på at hun skulle dø da de la kullet på henne. Kanskje var hun død allerede, undret hun. Var det derfor kroppen ikke smertet verre, at hun vandret som gjenferd her? Og var det derfor de fikk gå bak soldatene for første gang?

Ved døra inn til fangehullet stoppet Elli og snudde seg mot vakten.

– Er jeg død nå? Stemmen var uvanlig hes og ru, og hun hostet lett. Soldaten stivnet med nøkkelen i hånden og flakket med blikket mot henne. Elli ante ikke hva som styrte henne, ordene bare kom.

– Hvis dere ikke slipper oss nå, kommer styggen og tar dere! Forskrekket slapp de to soldatene som holdt i Sirri. Hun falt sammen med et stønn. Overrumplet over soldatenes reaksjonen deres ble Elli modigere. – Og dere må leve evig i det brennende helvete, sa hun og tok et forsiktig skritt mot soldatene, som rygget bakover. Kroppen ristet av redsel, men hun lot seg ikke stoppe og freste mot dem som ei villkatt.

– Den Onde venter utenfor, ropte hun og smalnet øynene mot soldatene. Kommer dere etter, tar Han dere. Elli la hånden rundt livet på Sirri, fikk henne opp i stående, og så løp de. Den vidåpne borgporten var friheten, og bare få meter unna.

Elli så for seg båtene som vanligvis lå og duppet i vannet nedenfor festningen. En av dem skulle hun ta, og så skulle de ro til Tsar-Russland.

De var utenfor porten da presten ropte bak dem. Elli økte farten. Likevel kom prestens stemme stadig nærmere. Blodsmaken fylte munnen hennes, likevel økte hun tempoet, men for hver meter ble Sirri tyngre å dra på.

– Sirri, ropte hun, – Løp! For guds skyld. Løp!

De tok av mot fjæra. Båtene lå på rekke og hun siktet mot den nærmeste med årer i. De spisse steinene åt seg gjennom huden og Sirri ble umulig å bakse med. De var få meter fra fjæra da Sirri ikke orket mer og sank sammen igjen. Elli slapp henne henne og løp mot båten. Hun tok tak i rekka og skulle akkurat til å løfte foten og krype om bord da skjørtet hengte seg fast i en fjærestein. Med et par harde rykk fikk hun det løs og skulle til å skyve båten fra land, da hun kjente soldatens harde grep rundt armen. Hun ga opp med en gang. Soldaten slepte henne med seg over steinene som om hun var en sekk med møkk. Snart var den andre soldaten også der. Presten og soldatene førte rømlingene tilbake til fengselet.

– Jeg kommer tilbake til dere to senere, sa Mester Mogens i døråpningen. Han snudde seg mot vaktene. – Og dere åpner ikke døra inn dit, han pekte, før jeg kommer tilbake.

Elli ristet av kulde. Hun måtte komme seg bort til lyngflekken i kroken, men det var som å kjempe seg opp av ei våt myr. Hun kavet og kavet, men kom ingen steder og forsvant inn i mørket.

Flere timer senere våknet hun. Brannsårene på brystet svidde fortsatt, men ikke mer enn sulten.

Forundret over den følelsen, reiste hun seg og famlet langs veggen de få skrittene mot der matbøtta pleide å stå. Bøtta sto der og hun stakk hånden ned i den. To brødstykker. Forundret grep hun det ene og tok en stor bit. Hun var knusktørr i munnen og famlet etter ølet. Fant det og tok en grådig slurk, vætet brødet og tygget. Det smakte så godt at det sprengte på i øynene hennes. Hun ropte til Sirri at det var brød å få, men Sirri mumlet bare, og ble liggende.

Elli tok med øl og brød og ga til Sirri.

– Hvorfor sa du det om Sigri? undret Elli. Sirri bare gråt. Elli ville trøste og minte henne på turen de hadde gjort tidligere i dag, utenfor borgen. Men Sirri husket ingenting av det. Ikke i et glimt engang.

– Det er bedre å lide urett, enn å gjøre urett, Sirri. Vi kan dø når som helst. Ja, jeg kan nesten ikke forstå at vi er i live, etter alt kroppene våre har lidd. Jeg trodde jeg skulle dø første gangen de pinte meg. Nå har de pint meg så mange ganger, uten å ha meg på strekkbenken, at jeg tenker det skjer neste gang. Hver gang. Dreper de meg ikke da, blir jeg lemlestet for livet. Og de smertene er som det evig brennende helvetet, har jeg hørt.

Døden var eneste utvei. Det sto klart for dem at de kunne planlegge hvordan de ville dø, om planen var god. De brukte fingrene som huskelapper. Tommelfingeren var Bras, pekefingeren Hemmingsen og så videre. På hver finger hektet de det de skulle si til anklagene. Så sydde de historien sammen slik de husket anklagene hadde vært, og hvordan de måtte være for å bli dømt til bålet. På slutten la de inn en tale. Den skulle Elli si. De hadde ingenting å tape, men himmelen å vinne. De ønsket å tilstå overfor presten og sendte bud på ham.

Amtmannen lukket døra til langhuset og trasket over gårdsplassen. Ekteparet gjorde et godt arbeide. Barna ble jevnlig avhørt og det var ikke småtterier ekteparet Rhodius hadde fått ut av dem. Rett ut rystende var det å høre heksebarnas fortellinger. Aldri hadde han vel trodd det var så mange trollskinn på øya. Om noen tilsto fordi de ble pint, var ikke nøye. Så lenge deres navn sto på hans liste over mistenkte trollfolk, så var de det. Men han hadde andre bekymringer også. Slottets økonomi var elendig, verre enn for bare få måneder siden. Det kostet å fø på trollhekser.

I aften hadde han på nytt invitert til middag, men denne gangen måtte han også legge fram sine økonomiske bekymringer. Også festningens elendige tilstand måtte diskuteres. Det gikk på helsen løs å bo på slottet. Hosten han slet med ble verre og verre. Han regnet også med at å ta trollhekser inn i hjemmet, på tinget, som han var nødt til, var rett ut farlig. Hva visste han vel om trolldommen de la igjen i krokene i huset? Han ruslet mot festnings-porten. Det var et under at den fortsatt var der, at den ikke var ramlet helt sammen som østmuren, men det kunne skje en dag. Småsteinene som stadig ramlet ned var et tegn. Før det gikk et storras kom det alltid småstein i dagene eller ukene foran. Alle var redde for å gå gjennom festningsporten. Han måtte også informere lagmannen om de døde trollheksene. Bedre føre var, om det ble spørsmål. Egentlig var han ikke særlig bekymret. Ingen brydde seg om ei heks døde. Tvert imot.

Siste punkt, og det pinligste på gjørelisten var brevet han fikk forrige uke. Det var et direkte angrep på ham og kunne koste ham stillingen om han ikke la en nøye plan for å komme seg unna. Fiendene til de bergenske handelsmonopolistene anklaget ham for å ha sett mellom fingrene på handelsmann Bras ugjerninger, som de kalte det, og kanskje var han delaktig i dem. De mente handelsmannen utnyttet og undertrykte lokalbefolkningen med feilinnstilte vekter og kraftig underbetaling for fisken. Av den grunn ble ikke lokalbefolkningen i stand til å betale skatten eller å kvitte seg med gjelden. Amtet var anmodet om snarest å be biskopen og lagmannen komme på besøk. Den invitasjonen skulle han sende, men brevet inneholdt også beskyldninger om korrupsjon. Det var alvorlige anklager og han måtte snarest rydde i papirene sine. Fant de uregelmessigheter kunne han miste embetet og måtte flytte hjem til gården han hadde pantsatt. Den skammen ville ikke kona hans tåle.

Etter middagen var det på tide med de nødvendige samtalene. Fruene samlet seg om kniplingene ved rundbordet og mennene trakk seg til ene siden av langbordet.

Amtmannens første sak var strekkbenken, og de som hadde dødd ved den. Ryktene om at de drepte mennesker i Vardø, hadde nådd lengre enn godt var, og det var hans plikt å sette de andre inn i saken. Han begynte med å fortelle om hvordan strekkbenken fungerer som middel til å få fram sannheten.

– Ved å kontrollere hvor mye man sveiver på tromlene, kan smerten påføres gradvis. Derfor er dette instrumentet også egnet for å frambringe tilståelser, enten disse er sanne eller ønskede. Den torturerte vet at uønsket svar gir større smerter og lemlestelser. Utover de fysiske smertene kommer de psykiske, ved at man kan høre sine egne ledd og ben bli ødelagt.

– Forferdelig instrument, sa presten. Helt forferdelig.

– Men effektivt, svarte amtmannen. – Effektive instrumenter er det viktigste for å fravriste beistene sannheten. De er jo omtrent

følelsesløse, disse kreaturene. Men, som vi vet har vi et par ganger
ikke vurdert korrekt hvor mye den enkelte tåler, noen er jo skjøre
som glass og sprø som kavringer. Vi starter alltid avhørene forsiktig.
med glødende tenger og svovel på deres bryst. Det er først når
ingenting av dette fører fram at vi må ta i bruk strekkbenken, slik vi
måtte med Peder Krogh sin kone. For et gjenstridig uvesen. Vi fikk
ingenting ut av henne. Hun bare ropte at hun ikke kunne lyve på seg
selv eller noen annen. Så da strammet vi tromlene.

Amtmannen løftet flasken og fylte opp glasset igjen, så bød han de
andre.

– Ja, disse kreaturene. Etter min mening og forstand burde vi ha dem
rett på strekkbenken. Det ville spart oss tid og penger. Og penger
trenger vi. De skålte på det.

– Gud takker deg, sa presten med en alvorlig mine, – og alle oss
andre for den tjenesten vi gjør ham. Amen, sa han før han tørket seg
nøye rundt munnen med servietten.

Amtmannen hostet lett og bad om ordet igjen.

– Vi hadde også et par andre tilfeller med eldre trollhekser som døde
under avhørene. Fattigmanns kvinner, som tok almisser. De ble hatt
på bålet sammen med andre trollhekser. Alt dette sier jeg dere fordi
det kan komme spørsmål angående de døde og da er det godt at vi
har snakket sammen, mine herrer. Vi må huske hvor vi bor og
handle deretter. Men, sa han og reiste seg, – Vi har større
bekymringer enn disse. Amtmannen grep vinglasset og gikk til
vinduet. Han bøyde seg lett og kikket ut gjennom det lille vinduet og
ut i den mørke kvelden. Så nikket han diskret at de andre mennene
skulle komme til ham. Amtmannen kastet et raskt blikk bort på
kvinnene og snakket med lav stemme. – Vi trenger ikke uroe fruene.
Saken er den at flere av de vi har i trollkvinnehullet er ubemidlede,

og vi må koste maten deres. Det tærer hardt på festningens økonomi og jeg vil be om at den som har noe til overs, donerer en skjerv så vi kan fortsette kampen mot Satan, til vi har vunnet. Mennene nikket tankefullt til det han sa, og hevet glassene.

– Vi vet alle at det finnes fiender av handelsmonopolet, de som ønsker frihandel og kaos. Noen av dem, vi vet ikke hvem, har sendt brev til stattholderen i Christiania om at herr Bras sine vekter ikke er korrekte, og at folk ikke får betalt for fisken de leverer. Bras ble rød i ansiktet, men amtmannen løftet hånden og roet ham.

– Dette skal vi også ordne opp i, min gode mann. Vi vet alle her at alt er i den skjønneste orden nede på ditt handelshus. Likevel vil jeg gjøre meg et ærede der, så jeg kan skrive et brev som bekrefter at vi er utsatt for løgner og tomme beskyldninger. De løftet glassen og skålte for det.

– Så vil jeg takke dere alle for at vi makter å stå samlet i disse hårde tider, samlet i kampen mot korrupsjon og trolldom.

37

Elli og Sirri var ikke blitt hentet ut av cella på flere dager. Kreftene begynte å komme tilbake og sårene helet. Soldatenes rasling med nøkler og sure grynt var kontakten de hadde med omverdenen.

Endelig kom Mester Mogens. Forbauset møtte han to kvinner som kaptes om å tilstå sine misgjerninger mot Gud og sin pakt med Djevelen. Forskrekkelsen over detaljene i djevlepakten klarte han ikke å skjule. Ellers holdt han ansiktet i rolige folder gjennom hele samtalen.

– Jeg ber deg, Mester Mogens, hjelp oss, sa Elli og knepte hendene.

– Det er ikke sant at vi ikke kjenner smerte. Vi gjør det, vi kjenner alt og nå makter vi ikke mer---.

– Dere kjennet altså smertene, sier dere. Han tenkte seg litt om, så sa han: – Gud tilgir angrende syndere når sjelen settes fri. Jeg skal snakke med fogden. Det er best å få dette raskt overstått.

– Men Anna fra Vadsø har vi aldri hørt om, sa Sirri. – Vi kan ikke lyve på ei vi ikke engang vet om, kan vi?

– Lyve skal man selvsagt aldri gjøre. Men det er ikke jeg som fører anklagene og leter opp beviser. Det er fogdens arbeid. Jeg kan ikke svare for hva han gjør, eller mener med det han gjør. Det er best dere tilstår alt dere blir spurt om neste gang dere avhøres, uansett om dere kjenner kvinnene eller ei. Jeg skal snakke med fogden med en gang.

Presten foldet hendene, bøyde nakken og ba for dem. Elli og Sirri bøyde også nakken og foldet hendene.

– Her er de, sa presten og puffet dem mot bordet i amtmannsstua.
– De har tilstått til meg. De er nå villige til å svare ærlig på alt dere spør om. Men de sverger at de ikke kjenner noe til Anna fra Vadsø.

Elli og Sirri ventet mens presten snakket for dem. Fogden, amtmannen og skriveren satt bak bordet, alle klare til endelig å få avsluttet denne saken. Sirri skalv og Elli la en hånd på ryggen hennes.

Elli og Sirri fortalte og utdypet alle spørsmålene mens sorenskriverens penn danset og skrapte over papiret. Av og til løftet han blikket opp fra papiret og kikket seg forbauset rundt, som om han aldri før hadde hørt maken.

Da de var ferdige, takket amtmannen for å ha spart dem for mer bryderi. Elli dristet seg til et siste spørsmål.

– Er det lenge til lagmannen kommer til Finnmark?

– Ha, ha, lo amtmannen og tok et par dype slurker av vinglasset. – Det kan dere bare glemme. Han kommer ikke før til vårtinget.

– Men er ikke det ganske snart, sa Elli.

– Soldater! Før disse to tilbake til fengselet, sa amtmannen.

Fogden satt tilbakelent i stolen med et uttrykksløst ansikt. Han sa ingenting. Men at han var fornøyd med det som var blitt sagt var det ingen tvil om.

Presten fulgte Elli og Sirri tilbake til fengslet. – Mester Mogens, er det ikke noe du kan gjøre? Kan vi få utsatt saken til vårtinget? Det ville vært det beste for oss alle. Lagmannen---.

– Det har jeg ikke myndighet til, men jeg kan undersøke saken, sa han og lukket døra bak dem.

– Vi klarer oss til lagmannen kommer, det tror jeg, sa Elli.

– Men er det noe mening med å vente til lagtinget? Vi vet hva som venter oss, sa Sirri usikkert.

– Mange blir frikjent av lagmannen. Jeg ble jo det den gangen for tjue år siden. Lagmannen krever ofte beviser før han dømmer noen, så vi har en sjanse der. Elli sukket. Det var dette knøtt lille håpet som ikke ville slippe taket.

– Presten er en god mann, sa Sirri. – Jeg tror han hjelper oss.

– God? Han er en hund.

– En hund? Han hjelper oss jo.

– Hjelper oss? Han får en stjerne hos fogden og de andre, og legger saken fram som om det er han som har fått oss på bedre tanker. Hadde han vært noe til prest ville han hjulpet oss ut herfra. Jeg har hørt andre prester som har hjulpet trolldomsanklagede. Mester Mogens hjelper oss opp på bålet. Har du ikke forstått det?

38
TINGET

Det gikk et sus gjennom tingstua da Elli og Sirri kom inn døra. Elli kastet et blikk på Sirri, og med folkemengden i bakgrunnen ble Sirris skitne og forslåtte oppsyn en vond kontrast. Den søte jenta med det lange fløyelshåret var i løpet av noen uker forvandlet til et skremsel. Noen skitne tuster var det som var igjen av lokkene. Det ene øyet hennes var halvt gjenklistret og den sprukne overleppa skjelte ned til ene siden. Klærne var fillete og skitne som om hun hadde rullet seg i en møkkedunge.

Elli kikket nedover seg selv. Hun så ikke bedre ut. Hun snudde seg litt unna folkemengden og gnidde bluseermet kjapt over ansiktet, glattet på skjørtct og strøk fingrene gjennom de flokete hårtufsene. Skoene fikk hun aldri tilbake etter vannprøven og føttene som stakk fram under skjørtekanten var inntullet i møkkete filler som hun hadde knytt sammen oppå.

Ansiktene i den overfylte stua, lukten av skitne klær og urolige stemmer ble brått til truende demoner og Elli rygget bakover mot døra, men soldaten dyttet henne framover igjen og lukket døra bak dem.

– Se på Elli, du. Det var ikke lenge hun trengte å sitte i fengslet før trollet viste seg, ropte Drikk-Marthe.

Skammen var overveldende. Sirri og Elli trakk seg mot hverandre og sto tause mens hånordene og forakten skyllet mot dem. Amtmannen dunket klubba i bordet og ropte på ro i stua. Elli benyttet sjansen og lette med forsiktige øyne etter Nils, mannen som var viet til henne i gode og onde dager. Inneklemt mellom to svirebrødre satt han og stirret ned i gulvplankene. Som om han kjente blikket hennes på seg så han opp, og den korte tiden øynene deres møttes var nok. Elli forsto. Den beksvarte sorgen og skrekken for overmakta var sterkere enn alt annet. Han var ikke kommet for å hjelpe. Minnene flommet over henne. Dansen i fjæra, plystringen i fjøset. Gleden da hun endelig ble med barn.

Sorenskriveren banket klubba i bordet og surret stilnet.

– Stille! Tinget er satt!

En spent ro bredte seg. Amtmannen reiste seg, rensket halsen og leste de kongelige forordningene og lovene om trolldom av 1617, av hans majestet kong Christian IV.

– Da er vi klare, sa fogden og bukket mot amtmannen som satte seg igjen. – Vi har to trolldomsanklagede her i dag. Elli Jonsdatter fra Senja. Bosatt i Vardø i tjue år. Og Sirri Andersdatter, fra Nordland. Tjenestejente hos handelsmann Bras. Bosatt i Vardø i tre år. De har begge tilstått sine synder mot Gud og mennesker.

– Vi begynner med Elli Jonsdatter. Er det slik at du kan trolldomskunster? spurte fogden.

– Ja, svarte Elli. – Det kan jeg!

– Det var det jeg visste, sa en mannsstemme. Elli klarte ikke å skjelne hvem.

– Hvordan lærte I trolldommen?

– Jo, sa Elli. En dag satte stemoren min et krus med melk og vann på ilden. Hun ba meg følge med når det skummet. Da tok jeg en skje, dyppet den nedi og slikket den ren.

– Og da var I i Fandens makt?

– Ikke helt. Elli nølte. Tankene fløt og hun ble usikker på hva hun hadde sagt tidligere.

– Men du lærte trolldom?

– Jeg vet ikke. For da stemor kom tilbake, ble hun sint og sa at hvis jeg hadde slikket opp alt slik jeg ble bedt om, ville kua fått en sort oksekalv. Nå fikk den isteden en hvit kvigekalv. Men noen måneder senere skar hun pattene av dyret og red bort på dem.

På nytt ble det uro i stua. Fogden grep klubba og banket iltert i bordet. Så nikket han mot Elli.

– Dagen etter kom mor tilbake med to sopelimer. Den ene ga hun til meg og sa: "Er din for kort, binder vi dem sammen". Den var altfor kort og hun bandt dem sammen og så red vi til Dovrefjell.

– Til Dovrefjell. Hvorfor så langt?

– Det var der min mor hadde sine stevnemøter med Den Onde. Fogden grøsset, men så viftet han at Elli skulle fortsette.

– Ja, så fløy vi. Vi satt på sopelimen som om vi var sydd fast og stemor skrøt av meg og sa at jeg var det fødte troll. På nytt suste det i folkemengden. Elli ignorerte dem og fortalte at de reiste over fjell og vann så hun fikk se hele riket mellom Senja og Dovre.

– Jeg så hjortene og reven rød, som sprang langt der nede.

– Nå, nå, kom til saken, sa amtmannen og slo i bordet.

– Dette er ikke noe eventyr. Han var tydelig irritert. Elli tidde noen sekunder, så begynte hun å fortelle igjen.

Stemoren mestret kunsten å ri på kosteskaftet og de landet mykt på bakken. De steg av skaftet som om de hadde kjørt i den fineste hestevogn opp til fjellet. Og så, helt brått, kjente hun noe bak ryggen sin og da hun snudde seg, sto han der. Han så fæl ut, sa Elli. Hårete og grå og med horn i pannen. Hun fikk panikk og ville rømme derfra, men stemoren roet henne ned. De satte seg ned og spilte kort og moren vant over dem begge og fordi Elli ikke vant, måtte hun love Ham sin tjeneste. Hun skulle få alt hun ønsket seg, sa han.

Mens hun fortalte økte uroen på tinget. Noen kom med små utrop og plutselig spyttet en mann mot henne og ropte:

– Tvi for svineri. Se til å få trollet på bålet.

Flere stemte i. Men da uroen økte grep amtmannen klubba og roet dem.

Elli fortsatte. Stemoren hadde forvandlet seg til en hval og henne til en sort svane. Elli hadde flakset rundt båtene og laget det styggeste målet, for å skremme vettet av mennene mens stemoren svømte kjapt inn under båtene og løftet dem over vannet før hun tok en knapp sving og slengte dem av seg. De kullseilte etter tur. Alle om bord ramlet i havet, mens de ropte og skrek. Og da de var ferdige med udåden steg stemoren opp av vannet, tørr og fin.

Det var lenge helt stille på tinget, så kviknet fogden til og lente seg over bordet.

– Dette var eders første onde gjerning på havet, altså?

Elli svarte bekreftende.

Neste sak gjaldt Zakharias spillemann, som omkom på havet i et forlis. Elli innrømmet at hun og Sirri var ansvarlig for det forliset også.

Amtmannen kikket bort på Sirri som nektet å løfte blikket fra gulvplankene, men nikket bekreftende. Dette gjorde de fordi de var sinte på en som rodde ved samme båt, for han hadde lurt Sirri til å tro at de skulle forlove seg. Denne gangen brukte de lykkegiveren for å fremkalle storm. De kastet den på sjøen og ropte ut besvergelsene. Sjøen flødde øyeblikkelig og storfloa drev ut vågen etter båten, og den forliste.

– Denne lykkegiveren din kunne brukes til både godt og ondt?

– Det var ikke ment slik, men det ble sånn, svarte Elli.

287

Resten av anklagene besvarte hun som i en døs. Beina ville ikke bære henne og det var vanskelig å følge med, og si ja på de rette stedene. Hodet var som et tåkehav. Hun lente seg umerkelig mot Sirri. Fogden snakket om drengene til Ole Olsen som hadde fått hver sin tråd, en av ull og en av lin, som de skulle binde til sine angler, om at hun og Sirri var blitt observert på hjellene sammen.

– I hadde to hoseband. Av det ene fikk I mjød og av det andre fikk I godt øl. Stemmer det? Og så denne knusken og steinen---. Fogden bladde i papirene. – Det er blitt fortalt at I ga en slik til Hemmingens drenger, som tok den med på sjøen. Om sjøen ble urolig skulle han kaste det ut i og si eders navn tre ganger. Dermed ville sjøen straks legge seg. Stemmer det?

Elli innrømmet det også.

– Det er en tragedie at I har gått fri hele denne tiden og fått sjansen til å utføre all denne djevelskapen. Fogden ristet oppgitt på hodet. Amtmannen reiste seg.

– Som alle nå forstår, har vi med alvorlig trolldom og sort ondskap å gjøre. Det er slutt på de tider da trollheksene kunne ture som de ønsket. Vi har sett vårt ansvar og gir oss ikke før samtlige er brent. Han kremtet, satte seg ned igjen og grep om glasset.

– Hun har gitt ungene sine til Styggen, ropte Tinne plutselig. – Hun har født to stykker og ingen har hun igjen. På nytt surret snakket i rommet. Fogden snudde seg overrasket mot Elli.

– Hva sier I til det---?

Før Elli eller andre rakk å svare ropte Birthe.

– Det er ikke sant. Hva hun ellers har gjort, er det løgn at hun har gitt barna til den onde. Ungene var Guds engler. De ble født for tidlig. Det kan flere vitne om.

– Forsvarer du ei trollkjerring, ropte amtmannen?

– Nei, men det med ungene---. Alle vet at det var en ulykksalig hendelse, sa Birthe.

– Nei! skjøt Elli inn. Det er riktig som Tinne sier. Hun vet mye den kvinnen, mer enn de fleste---. Tinne ble hvit i ansiktet, den forræderiske munnen åpnet seg. Men hun tidde og satte seg ned.

– Du ga dine egne barn til Satan? måpte fogden. – Hvor er de nå?

– Det vet jeg ikke, sa Elli lavt. – Jeg måtte gjøre som jeg fikk beskjed om av min mester. Slik er det. Ungene har det bra.

Uroen fra allmuen kom som et stormkast. Folk ropte kalleord og spyttet mot dem. Amtmannen klubbet og klubbet. Gemyttene roet seg igjen og Elli ventet på neste utfall. Hun skulle ikke knekke som en gammel tørrkvist, men vaie med vinden som den saftigste bjørka, til det hele var over. Fogden fortsatte avhøret og Elli svarte og malte med bred pensel der hun fikk sjansen. Det var forunderlig enkelt å servere disse historiene, og hun sparte ikke på noe.

– Ja vel, ja vel, ropte fogden. Vi holder oss til anklagene. Neste punkt angår Ole Olsens dreng, Martin. Han har fra denne kvinnen mottatt en drikk og en amulett, for ikke å omkomme på sjøen. Er det riktig? Fogden snudde seg mot Martin, som var grå i ansiktet av redsel. Han reiste seg keitet, halvveis opp mens han fiklet med ull-lua som om han holdt en glødende kullbit mellom nevene.

– Ja, jo. Begynte han.

Men det tråklet seg til og han fikk bare levert noen ubestemmelig lyder. Fogden ble stram i ansiktet igjen.

– Har I mottatt en amulett og suppe fra Elli, som skulle hjelpe eder på havet? Martin fiklet enda en stund med lua. – Ja, og hun lovte meg på tro og ære at det var det beste fra Gud. Jeg er bare så redd for å bli igjen på havet. Jeg visste ikke hva jeg gjorde---.

289

– Greit, greit. Sett deg ned, sa fogden og viftet ham av. Han snudde
seg mot Elli igjen.

– Nå. Hva fikk I i betaling for suppa?

– En gang en skjorte, en annen gang en gammel snørehatt.

– Samme slags drikk tilberedte I og bydde fire andre menn i Vardø?

– Ja, men de var redde og torde ikke drikke den.

Fogden nikket fornøyd. – Men, vi har flere punkt i anklagene mot
deg, Elli Jonsdatter. Høvedsmann Lars Hemming fortalte at han var
på havet, da han så deg i skikkelsen til en sort svane. Sirri var også
med. I skikkelsen til en måke. Likevel fikk dere utrettet såpass at
båten fikk slagside?

– Ja. Lars Hemming ropte og skrek til meg når det bød seg en
anledning. Han slo meg også. Store mannen. Vi ville hevne oss.

Tilhørerne bak bordet ristet på hodet. Fogden bladde i papirene, tok
seg en slurk av vinen og slapp et lydfullt smatt. Så var han klar.

– Er det riktig at klokkerenes kone, Sigri i Kiberg, har forgjort kona
til Nils Andersen så at hun ikke kan røre den høyre armen?

– Ja, svarte Elli og bøyde hodet.

Sigri, som satt ved siden av sin mann skrek høyt. Men Elli fortsatte.

– Sigri sa at hun skulle gi kona til Nils en skikkelig runde fordi hun
hadde snakket stygt om henne. Det fortalte hun sist julenatt, da vi var
oppe på Domen og dansa.

På tegn fra amtmannen løp soldatene bort til Sigri. De slepte
den svartkledde, og ellers så avmålte kvinnen ut av lokalet, mens hun
fortsatte å skrike. Klokkeren satt urørlig og uttryksløs tilbake.

For en gangs skyld virket det som fogden hadde følelser. Han sto
med åpen munn uten at det kom ut en lyd mellom leppene. Det var
amtmannens evige hoste som fikk ham ut av forferdelsen. Han
snudde seg mot Elli igjen og ba henne fortsette. Men skammen over

det hun nettopp hadde sagt, var tyngre å bære enn hun hadde trodd. Hun fikk ikke fram et ord, sto bare og så mot døra der de hadde dratt den skrikende Sigri ut gjennom.

– Da fortsetter vi! ropte fogden.

– Var klokkerens kone med deg?

– Ja---. På Domenfjellet danset og drakk hun øl og vin.

Fogden leste med fingrene nedover punktene i anklagene. Han stoppet og så opp på Elli.

– Holdt dere på lenge?

– Omtrent halve natten. Vi kunne holdt på lenger, men det kom kvinner fra både Vadsø og Ekkerøy og da dro vi. For vi ville ikke være i deres selskap.

– Ikke det? Hva var grunnen?

– Nei, de var slike kjedelige kjerringer. Elli slo ut med armene. Vi ville ikke være sammen med dem. Fogden bøyde seg over papirene og ristet på hodet. Lista over tilståelser var den lengste han hadde sett hittil. Elli tilsto også at hun hadde planlagt et attentat mot amtmannen og handelsmannen, men at begge var vanskelige å få has på fordi de bad så mye og ofte. De hadde bare klart å mane fram litt smerte her og der.

– Da er det klart at Elli Jonsdatter er for trolldomskyndig å regne og at hun har forbundet seg til Satan på det mest avskyelige?

– Er det noen i dette rommet som har noe de vil si? Det var mange som hadde noe å si. Den ene etter den andre sto opp og fortalte at de var glade for at det nå var åpenlyst for ei trollkjerring Elli var. De har hatt ubehag av henne i mange år.

Bras reiste seg og ropte. – Er det ikke det jeg alltid har sagt. – La den røde hane gale over hennes hode!

Nils reiste seg. De andre kunne si hva de ville om henne, men Nils! Hun lukket øynene og lente seg mot Sirri. Handelsmannen satte seg, la beina i kors og hendene i fanget og så mot Nils, som nølte.

– Jeg ville bare---. Han kremtet, – fortelle til alle som er her, hvor reddsomt jeg har levd. Han hadde hatt mistanke om at Elli var ei trollkjerring og han hadde levd som en hund sammen med henne. Om han en sjelden gang våget seg hjem, sto hun som oftest og rørte i den dampende trollgryta si. Hun skulte på ham med onde øyne og lurte på om han ville smake. Uansett hvor sulten han var våget han aldri å spise av suppa, og for dette kjeftet hun og han fikk aldri fred. Derfor spiste hun alene, og smattet og smilte ondskapsfullt mot ham. Alle stirret på Elli. Tenk, ikke unne mannen sin maten. Da Nils fortalte at han ble redd for å komme hjem, nikket alle forståelsesfullt.

 – Fortell dem om de blå greiene, ropte Johannes.

– Ja, det er sant, sa Nils. – En dag kom hun hjem med et blått, gulldekorert potteskår og fortalte at det var en bit av himmelen.

– En bit av himmelen?

– Det sa hun ja, men jeg tok henne på fersken da hun snakket med styggen sjøl gjennom skåret.

– Men det er ødelagt nå, forsikret Nils. – Jeg knuste det til pulver og kastet det på havet en uværsdag.

– Det er ikke småtteri vi får vite her i dag. Har I mer å tilføye? Nils ristet på hodet og satte seg.

39

– Takk for vitnemålet. Fogden bladde i papirene.

– Vi har ei trollheks til her som har tilstått at hun er garvet, på tross av sin unge alder. Hun er 19 år. Sirri Andersdatter! Kan I fortelle til alle her om hvor I har lært eders kunster?

Da Sirri fortalte at hun hadde lært sine kunster av Elli Jonsdatter, reiste Lange-Lauritz seg og hyttet med begge knyttnevene mot Elli og brølte.

– La den røde gane gale! Ødelegge unge jenta sånn. Tvi tvi tvi!

Men da flere begynte å rope grep amtmannen klubba og slo i bordet. Det ble stille. Fogden snudde seg mot Sirri og ba henne fortelle hvordan hun fikk trolldommen i seg.

Sirri fortalte med bøyd nakke. Hun hadde fått et stykke brød hos Elli. Hun hadde vært så sulten at hun ikke kunne la være å spise det, selv om hun var redd for at Elli hadde hatt trolldom i det. Da fogden spurte henne om hvordan hun kunne være så sikker, fortalte hun at hun skjønte det fordi hun ble så svimmel og forvirret.

– Jeg visste ikke annet enn at jeg var i helvete. Og der møtte jeg min apostel, Leur.

– Høyere! Snakk høyere! Leur? Ja, ja videre, befalte fogden.

– Han kom alltid til meg i skikkelsen av en hund og ham måtte jeg tjene. Når jeg ville utrette noe ved hans hjelp, befalte han meg å si pretrum, pratrum, nestrum, nostrum. Deretter skulle det jeg utrettet bli enda kraftigere.

– Så, I forlot Gud i himmelen for å tjene denne apostelen, Leur, stemmer det? Sirri nikket svakt. Elli hørte dirringen i stemmen og var redd Sirri skulle bryte sammen. Men fogden viste seg som den drevne anklageren han var. Lirket med henne og la ordene til rette.

– Og i belønning for å tjene Satan skulle I få fine klær og alt annet I hadde bruk for?

– Jeg tror det.

– Svar skikkelig!

– Hva spurte herr fogden om? Hun neide unnskyldende.

– I har tilstått det jeg nå leser opp for eder. I skal bare bekrefte overfor retten at det er dette I har sagt. Svarer I ja, spurte jeg?

– Ja, sa Sirri.

Sirri tilsto så at hun på sin apostel, i en hunds skikkelse red til Hekkelfjell med Elli. Men fordi hun ikke tålte å ri så langt falt hun av på Dovrefjell. Der lå hun og ventet til Elli kom og hentet henne. Hun tilsto også at Sigri, klokkerens kone, hadde undervist henne i hvordan de skulle forgjøre folk til sjøs. De gjorde det ved å sette to eggeskall i en stamp med vann.

– Ja, fortsett. Fogden reiste seg halvt opp, nikket til soldaten og pekte på det tomme glasset. Han satte seg igjen.

– Da jeg gikk ut andre gangen for å se, lå skallene om kull, og da var båten gått ned. Det var det det betydde, sa Sirri. Hun slo hendene for ansiktet og hulket.

Fogden snudde seg mot Sirri igjen.

– Heksetårer og skuespill vil vi ikke ha her på tinget.

– Jeg er uskyldig. Jeg vet ingenting, ropte Sirri og begynte å gråte.

Fogden reiste seg og pekte på henne.

– Vi fortsetter der vi slapp. Sirri Andersdatter, må vi tilbake til bøddelen?

Bøddelen var stikkordet for å ta seg sammen. Hun innrømmet alle anklagene, og sa at hun var nesten helt sikker på at Sigri, klokkerens hustru var sammen med dem. Det var mørkt, men hun kjente igjen stemmen.

Alt dette tilsto hun, men da fogden ba henne bekrefte tilståelsene, nektet hun. Alt var bare løgner hun og Elli var blitt enige om, sa hun. Hun kunne ikke lyve seg fra livet likevel. Men fogden nektet å godta nektelsen og krevde at sorenskriveren ikke førte inn alt tullet Sirri nå sa. Det ble godkjent av amtmannen. Nå kunne de dømme henne.

– Nei, gråt Sirri. – Vi har løyet om alt, om Sigri og eggeskall og ulykkene ---.!

Fogden røsket opp bunken med anklagene og viftet dem mot tinget, så kraftig at Elli kjente suset av de blafrende arkene. Han knyttet den ledige hånden og kjørte den inn i papirbunken, som om han ville dunke tilståelsen fra papiret inn i hodet hennes.

– Her er tilståelsen. Vi er ferdige med denne saken, ropte han og slengte fra seg bunken. Arkene seilte utover bordet og han snudde seg mot forsamlingen. – Er det noen her som vil vitne på at Sirri Andersdatter er et godt og dugelig medmenneske?

Fogden snudde seg mot Sirri igjen. Om hun nektet for at hun kunne forbudte bønner?

Sirri nektet.

Fogden og amtmannen nikket til hverandre og ba kvinnene legge sin høyre hånd på den andres skulder og tilstå at den andre var ei like god trollheks som dem selv.

– Sirri Andersdatter er like god trollkvinne som meg. Det sverger jeg på. Nå skulle Sirri legge sin hånd på Ellis skulder og si det samme,

men hun sto urørlig. Fogden reiste seg og la hånden til Sirri på Elli
sin skulder. – Nå, si det!
– Elli Jonsdatter er like god trollkvinne som meg. Det sverger jeg på,
hvisket Sirri.

Fogden snudde seg mot sorenskriveren og lagrettemennene.
– Jeg ber om at de andre kvinnene som er nevnt her, skal prøves på
sjøen, fordi de nå er anklaget for trolldom. Saken mot Elli Jonsdatter
og Sirri Andersdatter er klar for domsavsigelse.
– Da går vi ut og drøfter saken, sa sorenskriveren og reiste seg.
Fogden banket klubba i bordet og forkynte at retten tok en pause, for
å avsi dommen. Sirri sank ned på kne.
– Jeg vil ikke dø. Jeg vil ikke dø! gråt hun
– Ikke la dem se deg slik, Sirri! Reis deg, hvisket Elli.
Noen minutter senere var de tilbake. Dommen var klar. Amtmannen
reiste seg.
– Dette er dommen. Siden Elli Jonsdatter nå, som i tidligere avhør,
fullt og fast tilstår at hun har gitt seg fra Gud og bundet seg til
Djevelen og ved hans kunster brakt til veie atskillig ondt, slik det
fremgår av hennes bekjennelser, finner vi alle bevis som trenges for å
avsi dom. Hun har også lagt fram bevisene på trolltrådene, en av ull
og en av lin. Han åpnet et brettet papir og holdt opp de to trådene så
alle kunne se dem.
– Den eneste riktige dom for en slik trollkvinne er at hun skal
dømmes til ild og bål for sine ugjerninger. Derfor blir hun for sine
misgjerninger tilfunnet å straffes på sitt liv til ild og bål.
–Når det gjelder Sirri Andersdatter, fortsatte han. – Hun har nå i
dag, her for retten, bekjent å ha lært trolldomskunster og utøvd dem.
Derfor kunne vi ikke rettere kjenne enn at også hun, for slike
gjerninger skal lide på kroppen til ild og bål. De som mottok drikken

og amuletten fra Elli Jonsdatter, dømmes å stå offentlig skrifte. Samt
å bøte av sin ytterste formue. For de trollkvinnene Elli Jonsdatter og
Sirri Andersdatter har utlagt, finner retten at de skal prøves på sjøen,
selv om de er uberyktet. De kan også overleveres i bøddelens
hender. Amtmannen snudde seg mot legmennene.

– Er lauget enig?

Alle nikket og sorenskriveren banket klubben i bordet. Dommen var
gyldig.

I det de ble ført ut stoppet Elli. Hun snudde seg mot tinget og ropte
at hun hadde mer å si. Hun hadde hørt hvordan amtmannen spilte
og drakk seg til fant i Bergen. Det var bare i Vardø han kunne leke
storkar over mennesker og dyr.

– Boet etter de dømte tilfaller amtmannen og fogden, ropte hun.
Amtmannen ble rasende og brølte til soldatene at de måtte få
trollheksen snarest tilbake i fangehullet.

– Bålet tennes i morgen formiddag. Møt opp!

40

Neste morgen da døra gikk opp var Elli og Sirri våkne. Mester Mogens kom inn.

– Mine barn, det er godt at dere tok til vett og bekjente deres synder. Jeg har med brødet og vinen. Vi kan ta nattverden nå og frigi deres sjeler, sa han og famlet med å finne lampekroken.

– Jeg tar imot nattverden, sa Elli. – For å få forlatelse for alle onde tanker dere har påført meg og for å rense min kropp.

– Rense din kropp kan bare ilden, men sjelen kan vi frigi her og nå, sa presten. – Nattverden er å ta imot Kristus som Guds Sønn og verdens frelser og bli ett med ham. I nattverden er Kristus selv her og gir sitt legeme og blod i brød og vin. Den som deltar, mottar Kristus og de som mottar i tro, får ved ham tilgivelse for syndenc og oppreisning til nytt liv, sa han i ett åndedrag, og slo ut med armene.

– La oss be. La oss alle be!

Mester Mogens bøyde de stive beina og gikk ned på kne med et stønn. Han la en hånd på Sirris hode og den andre på Ellis og ba.

– Mens de holdt måltid, tok Jesus et brød, takket og brøt det, ga disiplene og sa: «Ta imot og spis! Dette er min kropp.» Og han tok et beger, takket, ga dem og sa: «Drikk alle av det! For dette er mitt blod, paktens blod, som blir utøst for mange så syndene blir tilgitt. Matteus 26, vers 26 til 28.

Sirri hulket lavt. Presten ristet oppgitt på hodet og reiste seg med stort strev. Vel oppe la han bibelen til rette under armen. – I morgen er dere hos Gud, om været holder seg rolig. Sov trygt og vær sikker på at dere har gjort det riktige. Han tok den flakkende lampen i hånden og forsvant ut døra. Mørket klemte seg rundt dem.

– Kjenner du noe? spurte Sirri etter en stunds taushet.

– Kjenner hva da, at Gud atter har inntatt min sjel? Jeg har alltid Jesus herren i mitt hjerte. Sirri svarte ikke, men rotet rundt på plassen sin. Elli lukket øynene. Forræderiske og nedslående tanker kaklet i hodet hennes, stilte seg opp og hånlo mot henne. Så husket hun usynlighetssteinen, som faren fortalte om den en gang han kom hjem fra Bergen.

– Vet du at det finnes en stein som kan gjøre mennesker usynlige, sa Elli ut i luften.

– Usynlig?

– Ja, usynlig. Først må man finne en ravneunge, så må man drepe den og henge den opp i en tråd ved redet. For da flyr ravnemoren bort og henter usynlighetssteinen, som den stikker inn i nebbet på ungen som straks blir usynlig. For å finne den steinen må man følge tråden ravneungen er hengt i.

– Det er redningen vår Elli! Vi finner noen som kan hjelpe oss å lete opp en slik stein. Sirri ble ivrig, krøp bort til Elli og røsket henne i armen. – Vi kan rømme og ingen vil finne oss.

– Det kan vi. Men hvem skal hjelpe oss? svarte Elli. Igjen angret Elli på det hun hadde sagt. At hun aldri skulle lære seg kunsten å tenke først og snakke etterpå!

– Elli vi må prøve. Vi må det.

– Vi får se i morgen.

Sirri ville protestere, men slapp taket og krøp tilbake til plassen sin. Et par ganger trakk Sirri pusten dypt som om hun ville si noe. Men så sovnet de.

Da de våknet, sa hun:

– Elli? Hvorfor sa du det til amtmannen, det om pengene?

– Fordi jeg hater ham, mest av alle.

299

– Amtmannen? Enn fogden, bøddelen og presten?

– Dem også, men mest hater jeg amtmannen. Det er han som er øverste myndighet. Uten hans velsignelse hadde de aldri kunnet holde på slik de gjør. Men han skal få. Bare vent.

Natten hadde glidd bort i en likeglad passasje der Elli i tankene tok farvel med alle hun elsket og avskydde. Innimellom sov hun, og våknet da de slitne hengslene på døra jamret seg. Mester Mogens kom inn, med de siste trøstende ordene. Da han var ferdig kom soldatene og grep tak i armene deres, klemte hardt til og drog dem med seg ut.

Utenfor, i den halvmørke januardagen åpenbarte himmelen seg som en kaskade av røde, gule og oransje farger. Ydmyk overfor guds verden la Elli seg på kne og tryglet presten om å la soldatene slippe grepet, bare en liten stund. Presten ristet på hodet og soldatene førte henne til vognen. De skjøv henne opp og inn i buret til Sirri. I det øyeblikket soldaten la slåen over døra så han rett på Elli, og da visste hun det. Det var han som hadde gjort det mot henne. Det var ikke lett å skille soldatene fra hverandre, hun så dem bare i glimt i mørket. De var alle unge menn, som mer eller mindre frivillig måtte tjenestegjøre for kongen. Han som møtte blikket hennes var den siste hun ville mistenke til en slik handling, så var det ham likevel. Det var også ham hun hadde forsøkt å kjøpslå med. Soldaten dro til seg blikket og stengte døra omhyggelig med bolten. Kusken smattet på hesten, og med et rykk var deres siste reise i gang.

Sleden bar dem mykt over snøen mot Steilneset. Elli presset ansiktet mot de vindslitte tre stengslene og prøvde å nyte fargene på himmelen. Hun la armene rundt Sirri og trakk den lille kroppen inn mot seg, la den ene hånden under haken hennes og løftet hodet opp.
– Se, Sirri! Se på himmelen!
Men Sirri bare gråt og klamret seg til henne.
Da sleden kom ned til bebyggelsen stimlet folk sammen og fulgte etter. To trollkvinner i buret ga grunn til ekstra opphisselse. Elli fulgte fargespillet på himmelen. Alt annet enn Sirri som hulket i armene hennes, stengte hun ute.

På Steilneset sto øvrigheten samlet i god avstand fra bålet, som var klart, men ennå ikke tent. Bak dem og over dem var himmelen enda prektigere og man ante en skimrende solstripe i skjæringen mellom hav og himmel.

Sleden stoppet og soldatene satte fingrene i dem. Så dro de dem ut av buret.

Under himmelens fargespill, løsnet noe i Elli. Ikke som et vått lite puff, men som et helt skred, som ingen ende ville ta. Elli skrek og skrek. Hun kjempet for å komme løs fra hendene som holdt, som dro henne mot bålet. Hun ville løpe, alt hun maktet over engene, til hun ble en prikk i horisonten. Hun ville bort. Hun ville leve.
Soldatene strammet grepene og dro i henne, men Elli klamret seg til buret og ulte som et dyr. Hun var umulig å få løs. De grep fatt i Sirri som klemte seg vettskremt inn i det andre hjørnet i buret og dro henne ut etter bena, mens hun skrek i vettløs redsel. Hun var hjelpeløs mot soldatene som slepte henne bort til stigen og knyttet henne fast med solide tau. Så løp de tilbake og hjalp dem som sto ved buret og slet i Elli. Hun kjempet fortsatt, beit seg fast i nakne hender, myke kinn, tykt vadmel og trandynket skolær,

301

der hun kom til. Fingrene satt som sydd fast i en av stengslene. De brakk dem løs, en etter en. Til slutt ble overmakten for stor og soldatene slepte henne til stigen. Det harde tauet strammet tett rundt henne. Presset luften ut av lungene og strammet kvelende til rundt halsen.

I et glimt så hun flammene fra bålet. Elli lukket øynene og skrek mens varmen snek seg tettere innpå.

– Kjære Gud. Hjelp meg! Hjelp!

Plutselig var prestens stemme like ved henne.

– Ta det med ro mitt barn! Din sjel er ren og hos Gud. Snart er ditt infiserte legeme brent og frigjort fra djevelen. Alt blir godt.

Sorenskriveren leste opp dommen og presten velsignet fullbyrdelsen.

– Elli, Elli! ropte Sirri. – Vi sees i himmelen!

Det var ordene Elli trengte. Himmelen, Gud, moren, faren, bestemoren, John. Portalen var smerten, men etterpå, etterpå. Himmelen.

Soldatene dro stigene til bålet, reiste dem opp og på klarsignal fra amtmannen slapp de dem inn i varmen.

I et glimt så Elli menneskene i ringen rundt bålet.

– Jeg tilgir dere alle, for dere vet ikke bedre, hvisket hun.

41
JUNI 1663

Vårsommeren var kommet til øya. Snøen var smeltet av bergene, og de små gressflekkene var grønne da lagmannen fra sør i landet seilte inn til Vardø en dag i juni. Trollkvinnehullet på Vardøhus var fortsatt fylt opp av kvinner som ventet på sine dommer, eller på å bli brent. Barna som fikk anket sin sak, ble hensatt hos ekteparet Rhodius. At små barn ble satt i varetekt hos et ektepar som også var fanger, var betenkelig. Han hadde aldri før hørt om slik praksis og likte det ikke.

Aldri før, ingen andre steder enn i Vardø, hadde han møtt et slikt omfang av trolldomssaker. Trettien kvinner var anklaget og hentet inn til festningen i løpet av få måneder. Atten var allerede brent. Og så barna, da---. Sakene deres var anket til lagtinget. Fogden hadde bedt om å få dem dømt på januartinget. Men for en gangs skyld var legmennene uenige med fogden og amtmannen og krevde at saken til barna ble anket til en høyere domstol fordi de aldri før hadde dømt små barn, de var genuint usikre. Og i Trollkvinnehullet satt de som ikke hadde fått dom og noen som allerede var dømt, men ikke brent.

På lagtinget, foran lagmannen innrømmet Maren at hun hadde løyet om alle trolldomsanklagene. Alle kvinnene hun hadde beskylt for trolldom var uskyldige, fortalte Maren. Anna Rhodius hadde lagt ordene i munnen hennes og truet med at bøddelen skulle voldta henne om hun ikke gjentok det Anna sa. Opp fra fangehullet og ut i den klare junidagen førte fogden to trollkvinner som har allerede hadde fått dom og ventet på å bli brent. De første som ble kalt inn på tinget var Gjertrud, lille Kirstens mor, som måtte føde barnet sitt i det skitne fangehullet. Tre dager etter fødselen ble barnet overlatt til hennes søster. Gjertrud fortalte at de ble skremt av fru Rhodius til å lyve på seg selv, slik alle andre også ble det. Fruen hadde også bragt datteren hennes ned i fangehullet og fått jenta til å spytte på sin mor og si at hun var ei ekte trollheks. Fruen truet dem stadig med strekkbenken, knipetenger og glødene kull om de ikke tilsto. Derfor, i håp om å berge livet hadde de tilstått alt de ble beskyldt for og lagt ut andre uskyldige kvinner.

– Vi angrer så på det vi har sagt at ord ikke kan beskrive det, sa Gjertrud. Hun hadde vært særlig bekymret for sitt ufødte barn, at barnet kom til å dø av alle pinslene hun måtte gjennom og fordi fruen hadde skreket mot henne at hun ikke bar på et barn, men på Satan. Gjertrud takket lagmannen for frifinnelsen, og Gud for at han alle disse månedene hadde holdt sin hånd beskyttende over dem.

Gjertrud var den første som kunne gå fra tinget som en fri kvinne. Lille Kirsten ble også frikjent og sammen fikk de dra hjem til den nyfødte. Karen, som var anklaget for å ha vært sammen med Gjertrud ble også frikjent.

Lagmannen leste gjennom notatene til sorenskriveren. Da han kikket opp fra papirene så han rett på Rode og Anna som satt ytterst på benken og ventet.

– Hva ekteparet Rhodius angår har fengselsoppholdet på Vardøhus på langt nær vært så strengt som den kongelige befaling lød på. – Men, han løftet pekefingeren og så utover tinget. – Herr magister Rhodius er lege og må hjelpe når folk er syke, selv om han er en fange. Hva fru Rhodius angikk og anklagene mot henne ville han undersøke nærmere. Han pekte på Anna.

– Kom hit og svar for dem, fru magister!

De hadde hjulpet amtmannen med å få has på trollhekser, slik amtmannen ba dem om. Aldri hadde hun ventet at de skulle bli anklaget. Anna rørte seg ikke.

Lagmannen slo klubba i bordet og beordret Anna Rhodius ut på gulvet. Anna satt som forsteinet på benken helt til Rode reiste seg og nærmest dro henne opp. Anna vaklet to skritt bort fra benken.

– Svar for dem fru magister! Har De vært med å avhøre kvinnene som ble anklaget for trolldom? Og har De truet dem?

Anna og så rett på lagmannen da hun svarte.

– Det er sant at jeg beskrev pinslene trollheksene skulle få om de ikke sa sannheten. Hvordan kan man ellers lokke sannheten ut av trollhekser? Anna ranket ryggen og snakket uredd mot lagmannen.

– Jeg var i min fulle rett. Amtmannen ba oss om hjelp, og jeg har gjort mitt ytterste for å arbeide mot trolldommen som er overalt her i Finnmarkens amt.

– Men fruen er jo selv en fange. Hva fikk Dem til å tro at de hadde myndighet til å avhøre mistenkte trollkvinner?

– Amtmannen bad oss om hjelp. Det var derfor. Ja, han holdt også ting i vår lille stue.

Lagmannen sperret opp øynene, så ristet han umerkelig på hodet og fortsatte.

– Amtmannen og fogden benekter at fruen er gitt en slik myndighet. De hevder fruen selv har tatt seg til dette.

Anna foldet hendene og bøyde nakken. For et svik! Dette var takken for hjelpen de hadde gitt dem, barna de hadde tatt vare på og lært

Guds ord til. Amtmannen og fogden satt bak bordet foran henne, men ingen ville se henne i øynene. Det hele hadde vært en løgn. Nok en gang lå æren deres i grusen. Hun strammet fingrene og begynte å be:

– Ditt aller helligste navn, og disse land og riker til befrielse av disse store synder. Den skyldige til straff og Guds barn til trøst og glede. Amen. Jesus i ditt navn. Amen!

Lagmannen ristet på hodet og bøyde seg over papirene og leste.

– Vi fortsetter avhøret av dem i morgen.

Så ble Maren kalt fram. Jenta gråt, og ba om å bli sett i nåde til. Det var sant at hun hadde løyet men det var fordi fru Anna truet henne og de andre barna om at bøddelen skulle voldta dem om de ikke sa det fruen ønsket hun skulle si.

– Fru Anna truet meg så mye at---. Fruen sa alt om djevelen og dansen på Domenfjellet. Jeg måtte bare lære det utenat og si det samme til amtmannen og fogden. Hun sa også at styggen kunne få unger med kvinnfolk. Maren fortalte så om hvor redd hun hadde vært de månedene hun bodde i langhuset sammen med ekteparet og presten. De andre barna var også redde. Hver dag maste fruen på dem. Derfor løy hun så mye. Maren gråt og angret på alt.

Lagmannen dømte Maren til to år på tukthus i Bergen. Hun var tolv år og burde vite forskjell på løgn og sannhet. Lagmannen ba så om at de avsluttet tinget for dagen. Det var fortsatt mange saker som skulle opp på tinget, og det kom til å gå over flere dager.

I det Anna og Rode reiste seg, løp Birthe mot dem og spyttet Anna i ansiktet, og før de rakk å reagere spyttet hun også på Rode.

– Her er takken fra meg, for at dere drepte et edelt menneske; ho Elli, ropte hun og spyttet igjen på Anna som snudde seg og dro sjalet over hodet som verge mot spyttklysene. Plutselig sto Lange-Lauritz og Gjertrud og Karen der også. Kalleordene haglet. De var troll og æreløse krapyl, rotter, hunder, gale katter og den ondes horer. Det var skriveren som til slutt reiste seg og jaget dem vekk så ekteparet kunne forlate rettslokalet.

42

Tilbake i langhuset sank de ned på benken. Fremoverlente med hodet i hendene og albuene på knærne satt de tause og tomme. Utenfor krakset noen kråker, lyden fikk Anna til å reise seg for å se ut av vinduet. De hadde ikke tatt tegnet den dagen bokfinken kom. Det burde de gjort. Nå var alt for sent. Kråkene hakket og krakset der ute, så lenge det var noe å krangle om. Hun øste vann opp i gryta, og satte den over ilden. En kopp te trengte de nå, lyngblomstte ville styrke dem. Hun så mot Rode som fortsatt satt i samme stilling. Aldri før hadde hun sett ham slik, og en murrende redsel vokste.

– Vi må være sterke nå, Rode. Det er nå vi må huske valget vi tok om å hjelpe Gud fader i kampen mot Djevelen. Men vi skulle nok tatt advarselen da den bokfinken kom.

Rode stønnet og ristet på hodet som han fortsatt støttet i hendene. Anna smøg seg ned på huk foran ham, satte hendene på knærne hans, og ville se ham inn i øynene, men Rode bare stønnet og unnvek blikket hennes. Anna hvisket at hun skulle hjelpe ham å finne en bedre sittestilling og fikk ham til å legge seg over bordet istedenfor å sitte sammensunket.

Anna strøk over den slitne mannen. Strøk og strøk til tevannet kokte. Hun kom tilbake med teen og satte koppen ved nesen hans så han kunne snuse inn lukten av varm lyng. De var blitt gamle på den korte tiden de hadde vært på øya. Rode var over seksti og hun nærmet seg. Alderen hadde ikke tynget dem den gang livet var godt, men nå---. – Min kjære, drikk teen din nå. – Takk så mye, Anna, hvisket han og så på henne med et skjevt smil. – Du og jeg, sa han og slurpet i seg av teen. Han lyste opp og tok en ny sup.

– Nå er det bare du og jeg her. Det skal bli godt med ro.
Maren---. Hun ville slett ikke, men reagerte spontant da han nevnte navnet til piken.

– Den fordervede Maren, sa hun hardt. – Henne tror de på. Helt fram til lagtinget ble satt, har jeg arbeidet for amtmannen og mot trolldommen. Lagmannen burde berømme meg for arbeidet. I stedet snur han seg mot meg, slik også barna, amtmannen og fogden har gjort og kaller min gjerning og alt mitt arbeide for ugjerning. Og så spyttet de på oss i ansiktet, alle sammen. Jeg kan ikke tro det, det er som om det ikke er meg.

Anna reiste seg og fylte mer te i koppene, da rommet plutselig begynte å gynge. Hun støttet seg i bordkanten og festet blikket inn i glørne i peisen. Den ene løgnhistorien etter den andre trillet ut av dem hun hadde stolt på. Da svimmelheten avtok satte hun seg ned med tekoppen. Varm te var det hun trengte. Svimmelheten hadde øket de siste ukene. Kampen mot all djevelskapen hadde tæret på kropp og sinn. Hun tok en dyp sup og nøt varmen som spredte seg fra magen og utover i de stive fingrene.

– Hvordan kan Herrens hånd være så hård med oss! Rode stønnet og løftet tekoppen til munnen igjen.

– De har druknet meg!

– Druknet deg?

– Ja! De hadde nakketak på meg, og holdt hodet mitt under vann så jeg ikke kunne se klart. Mine beste år har dette landet fortært. Nå er jeg kneblet og må holde munn, og kan ikke gjøre noe.

Han kjørte fingrene inn i håret, førte dem oppover langs den anspente skallen og banket lett, som om han måtte roe ned støyen inni der.

– Angst og bekymring har vært vår verden, Anna. Hvem skulle trodd det? Vi ønsket et enkelt liv i pakt med Gud. Men se nå---. Han slo ut med armene mot det trekkfulle rommet de kalte stue. – På mine gamle dager har jeg handlet som da jeg var ung, av ærlig kjærlighet. Og den tilliten har brakt meg hit---.

Dagen etter kom beskjed om å møte på tinget igjen. Rode nektet. Han var ikke anklaget for noe. Anna ville svare for seg selv.
Anna møtte på tinget med et brev med ti punkter som hun ba om å få lese opp. Det fikk hun. Om ikke amtmannen hadde kommet til dem og spurt om hjelp til å finne trollhekser? Om fogden kunne nekte at det er blitt holdt ting i deres fangestue. Om ikke fogden der løste håndjernene av Barbra, en trollkvinne---.
        Fogden reiste seg brått og benektet at det var holdt ting i langhuset. Aldri hadde slikt skjedd. Og om han hadde løst hånd-jernene av Barbra, eller noen hadde befalt ham det, så handlet han som kongens betjent og kunne ikke forstå hva fru Rhodius hadde med det å gjøre.
Lagmannen ba Anna legge vekk brevet. Retten ville ikke ta hensyn til det som sto skrevet der.
På tinget dagen etter reiste flere seg og ba øvrigheten en gang for alle befri dem for Magister Rhodius og hans hustrus urolige hode, spørsmål, angivelser og annet klammeri, som verken kom Gud til ære eller noe menneske til nytte.
Lagmannen dømte Anna og Rode til portforbud på Vardøhus festning.

Fire nye kvinner ble hentet opp fra Trollkvinnehullet og til tinget. Solveig Nilsdatter, Dorthe, Maren og Ragnhild. De hadde alle tilstått det Maren anklaget dem for. At de gjorde seg om til hvaler og jaget fisken så langt fra land så at fiskerne ikke fikk noe fangst. At de ofte sto i fjæra og jaget fisken fra land med tarelegger, og at de hadde festet og drukket øl sammen med Djevelen oppe på Domenfjell. Men siden Maren nå hadde trukket alle sine anklager, var de derfor fri fra mistanke om trolldom. De kunne forlate tinget og gå hjem når de måtte ønske det.

***

Anna satt på kne ved sengen og ba. For de dårlige knærne hadde hun brettet et teppe og lagt under dem. Helst ville hun gått i kirken og søkt råd i Guds eget hus. Men lagmannen hadde gitt dem portforbud.

Hun løftet blikket fra den oppslåtte bibelen og mønstret Rode der han satt ved bordet og skrev. Armen hans beveget seg i kjente mønster, som om hun kunne se hva han skrev av bevegelsene hans. Innimellom dyppet han pennen forsiktig ned i blekkhuset. Fjærpenner og blekk hadde amtmannen sørget for. De måtte skrive ned det barna sa. Derfor var han allerede begynt på ankesaken. Han skulle selv sende brev til kongen og be om nåde. Prest Madsen hadde holdt seg på rommet de dagene lagmannen var i Vardø, og kom bare ut for å gjøre sine utendørs ærender. Men de var enige om at amtmannen og fogden var listige hunder. Og at de selv var ofrene. Anna bøyde hodet og ba.

– Gud Herren vet at vi har gjort vårt ytterste for å hjelpe. Gud Herren vet også at vi alltid vil være hans ydmyke tjenere. Vi ville aldri latt en trollkvinne leve. Aldri.

Anna stønnet og la hodet i hendene. Som hun savnet duften av roser! Savnet kom brått og ofte, som når hun var sliten og bare ville vekk fra øya. Men Luther hadde advart folk mot å la trollhekser leve. Ja, han hadde formant dem til å få trollhekser brent snarest, selv om de ikke tilsto.

Hun og Rode hadde kjempet mot ondskapen som kravlet som lus i tiggernes klær, og tapt. Tenkte ikke lagmannen på at jentungene allerede hadde danset kryssdans med Fanden? Med røde sko på de små beina, sammen med sin egen mor? Skulle man så ta på silkehansker før man strøk utyskene over ryggen, var det det lagmannen mente?

Anna foldet hendene igjen.

– Jeg ber deg Jesus Kristus, se til disse løgnere. Se hvor lett de lyver der de påstår at alt arbeidet jeg har gjort er løgn. Kjære Gud, hermed ber jeg og formaner alle guds barn, at de alle alvorlig ber!

Du sterke nidkjære Gud,

som hjemsøker fedrenes ondskap

i tredje og fjerde ledd,

blant dem som hater deg.

Og viser barmhjertighet

mot dem som elsker deg

og holder dine bud!

Anna reiste seg. Det var et slit å komme opp. Kroppen var sundtæret av alle lidelsene. Hun ristet ut teppet, la det i sengen og krøp oppi og kikket opp i det morkne taket. Bare Gud visste hvor lenge det ville holde.

Anna var sikker. Alt hun hadde gjort var til ære for Gud og menneskeheten.

312

www.ingramcontent.com/pod-product-compliance
Lightning Source LLC
LaVergne TN
LVHW051253080426
835509LV00020B/2946